디저트의 모험

DESSERT: A TALE OF HAPPY ENDINGS

디저트의 모험

달콤하고 황홀한 해피엔딩의 인문학

제리 퀸지오 지음 박설영 옮김

프시케의숲

오늘날의 아름다운 디저트들.

디 저 트 의   아 름 다 운   유 혹

여름날 가림막을 친 베란다에서 먹는 홈메이드 스트로베리 쇼트케이크든, 고상한 레스토랑에서 셰프가 다채롭게 내놓는 섬세한 페이스트리든, 디저트는 정찬을 마무리하는 완벽한 음식이다. 디저트는 완벽한 퍼포먼스의 대미를 장식하며 관객을 기쁨에 흠뻑 취하게 만드는 앙코르 공연이다. 어른이 되면서 디저트는 내가 가장 좋아하는 코스가 되었다. 지금도 변함이 없다. 내가 즐기는 디저트는 커피 아이스크림 한 스쿠프처럼 소박할 때도 있고, 버터를 넣은 레몬 타르트처럼 넉넉할 때도 있다. 꼭 세련될 필요는 없다. 그냥 디저트이기만 하면 된다. 디저트가 없다면 나의 식사는 불완전해질 것이며 내 삶도 덜 달콤해질 것이다.

음식에 얽힌 가장 좋은 기억 중에는 디저트와 관련한 것들이 꽤 있다. 어릴 적 어느 여름날, 부모님의 친구분이 만들어주신 아이스크림을 한 입 먹었을 때 입안에 퍼지던 놀랍도록 신선한 배 맛을 나는 아직 잊지 못한다. 어느 크리스마스에 손수 만든 플럼 푸딩을 휘감던 그

짧은 푸른 불꽃과 그 불꽃이 깜깜한 방을 비추던 몽환적인 장면도 기억한다. 파리에서 맛본 완벽한 크렘 브륄레를 설탕 껍질부터 아래쪽 크림까지 스푼으로 푹 찔러넣었을 때 나던 그 바사삭거리는 소리도 아직 생생하다. 이런 디저트들을 생각하면 미소가 절로 번지면서 그 맛을 전부 다시 음미하게 된다.

설탕을 너무 많이 섭취하면 비만과 당뇨 같은 문제가 생기는 건 안다. 그러므로 과도하게 섭취해서는 안 될 것이다. 하지만 우리가 소비하는 설탕은 대개 가게에서 파는 짭짤한 음식에서 섭취하는 것이다. 그런 음식을 줄이고 디저트가 주는 기쁨과 사랑스런 추억에 마음을 열어보는 건 어떨까. 혀가 누리는 약간의 사치는 정신 건강에도 좋다고 믿는다. 그리고 그것이 내가 이 책을 쓰는 이유다.

책을 쓰는 동안 나는 친구, 친척, 지인들에게 디저트에 얽힌 기억을 물어보며 "어떤 디저트를 가장 좋아하나요?"라는 질문을 함께 던졌다. 무엇을 선택하는지 아는 재미도 쏠쏠할 것 같았고, 얼마나 비슷한 대답을 내놓을지도 궁금했다. 놀랍게도 그들은 굉장히 진지한 태도로 심사숙고했다. "어느 자식을 가장 아낍니까?"라는, 대답하기 난처한 전형적인 질문을 던진 것만 같았다. 몇몇은 하나 이상 답해도 되느냐고 애처롭게 물었다. 나는 '가장 좋아한다'는 건 좋아하는 여러 개 중 하나가 아니라 가장 좋아하는 단 하나라는 뜻이니 하나만 골라달라고 부탁했다. 그럼에도 첫 번째에 이어 이름을 한두 개 더 대는 사람들이 있었다. 다른 디저트의 기분을 상하게 하지 않으려고 애쓰는 것만 같았다.

통계적으로 유의미한 조사가 아니었음에도 응답자의 국가, 인종, 연령 구성은 다양했다. 고심 끝에 나온 그들의 대답은 다소 놀라웠다. 내 예상보다 초콜릿 디저트를 고른 사람의 수는 적었다. 초콜릿 컵케이크는 어디로 갔을까? 브라우니는? 가장 사랑받는 디저트는 우유 맛이 강하고 부드러운, 가장 오래된 부류들이었다. 크렘 브륄레, 커스터드 파이, 티라미수, 다양한 맛의 아이스크림 등 모유처럼 마음을 편안하게 해주는 디저트들이 선두였다. 많은 사람들이 레몬 머랭 파이, 파블로바, 플로팅 아일랜드처럼 머랭이 들어간 크리미한 디저트를 선택했다. 사과 파이는 어디로 간 것일까? 수플레는 아무도 안 좋아한단 말인가? 겨우 두 사람이 신선한 과일을 선택했다. 내가 가장 좋아하는 디저트는 아이스크림이다. 그렇지만 좋아하는 맛은 기분, 날씨, 계절, 환경에 따라 달라진다.

우리에겐 저마다 가장 좋아하는 디저트가 있다. 디저트를 즐기지 않는 사람조차 그렇다. 누가 뭐라 해도 달콤함은 사람들이 가장 좋아하는 맛 중의 하나이며, 우리의 몸은 단맛을 좋아하도록 타고난 듯 보인다. 하지만 모든 사람이 단맛을 좋아한다 해도 모든 문화권이 식사후에 디저트 코스를 즐기는 건 아니다. 모든 사람이 서양에서 디저트로 여기는 음식을 즐기는 것도 아니다. 오늘날 식사 문화가 빠르게 세계화되는 것과는 별개로, 예나 지금이나 많은 나라에서 식사의 전통적인 마무리는 생과일, 말린 과일, 시럽에 넣고 조린 과일 등 종류를 막론하고 과일이다. 중세 유럽에선 익히지 않은 생과일이 건강에 좋지 않다고 여겨서 대개 대추나 건포도처럼 말리거나, 꿀과 설탕 시럽을 넣어 요리한 뒤 먹었다. 이런 전통은 그리스의 독특한 별미인 스푼 스위츠에 아직도 살아 있다. 하지만 스푼 스위츠는 식후보다는 보통 오후에 손님이 오면 커피나 냉수와 함께 다과로 제공한다.

달콤한 음식을 식후가 아니라 식사 사이에 간식으로, 또는 축하 음식으로 즐기는 것은 보편적인 문화다. 중국에서는 보통 신선한 과일로 식사를 마무리하고, 디저트는 격식 있는 정찬과 특별한 행사를 위해 아껴둔다. 일본에서는 식후보다는 차를 마실 때 단것을 함께 내놓는다. 서양의 경우, 이탈리아는 전통적으로 신선한 과일과 견과류로 식사를 마무리하고, 달콤한 음식은 오후 간식이나 축일 별미로 즐긴다. 오스트리아 사람들은 페이스트리 가게에서 속에는 크림이 가득하고 겉에는 초콜릿을 바른 케이크인 인디아네르크라펜Indianerkrapfen, 다른 이름으로 인디아네르스Indianers를 구입해 식사 말미가 아닌 오후에 즐기기를 좋아한다.

정찬을 마칠 때마다 디저트를 먹지 않는 이들도, 가장 좋아하는 명절 디저트는 있기 마련이다. 멕시코에서 부활절에 먹는 브레드 푸딩인 카피로타다capirotada부터 중국에서 추석에 먹는 월병까지, 명절 디저트는 축제를 즐기는 데 빠지지 않는 핵심 요소다.

그렇지만 우리가 사랑하는 많은 디저트들(입에서 사르르 녹는 스펀지케이크, 맛 좋은 아이스크림, 가볍고 폭신한 프로피테롤profiterole)은 생각만큼 역사가 길지도 않고, 어디서나 맛을 볼 수도 없다. 이 책에서 나는 식사의 마지막 코스인 달콤한 디저트의 역사를 추적하고 세월이 흐르면서 디저트가 어떻게 진화했는지를 기술하려 한다. 디저트가 별개의 코스로 분리되기 전, 달콤한 음식과 짭짤한 요리가 한 상에 같이 올랐던 시절을 시작으로, 격의 없는 디저트들이 다시 부흥을 맞고 있는 동시에 분자요리사가 연금술사 뺨치는 솜씨로 디저트를 창조하는 현시점에서 이야기를 마무리 지을 것이다.

역사적으로 봤을 때, 디저트 코스를 따로 대접하는 것은 고대부터 내려온 관습이 아니다. 디저트라는 단어가 일찍이 14세기부터 프랑스에서 사용되기는 했으나 디저트 코스에는 달콤한 음식만이 아니라 짭짤한 요깃거리도 함께 올랐다. 영국인들이 디저트라는 개념을 알게 된 건 그보다 훨씬 이후다.《옥스퍼드 영어사전》에서 이 단어를 처음 언급한 것은 1600년인데, 윌리엄 본 경이《건강을 위한 자연스런 지침과 인위적인 지침》에서 "프랑스인들이 디저트라고 부르는 식문화는 부자연스러운 것이다"라고 쓴 것을 계기로 처음 등장했다.《옥스퍼드 영어사전》은 디저트를 "정찬이나 저녁 뒤에 나오는, 과일·사탕 등으로 이루어진 코스"라고 정의하고 있다.

디저트라는 용어는 프랑스어 'desservir(식후에 식탁을 치우다)'에서 유래했다. 하지만 17세기까지 달콤한 음식을 대접하려고 식탁을 치우는 일은 없었다. 음식들이 연달아서 상에 오르지 않았기 때문이다. 요즘의 뷔페처럼 코스마다 십수 개가 넘는 음식들이 동시에 상에 차려졌다. 요리책에 묘사된 상차림법에 따르면, 비슷한 음식은 테이블의 양쪽 끝에 대칭으로 배열했다. 테이블 중앙에는 소고기 등심부터 설탕 절임 피라미드까지 종류에 상관없이 가장 눈길을 끄는 음식을 놓았다. 각 음식이 제자리에 놓여 있다고는 하나 오늘날 기준에서 보면 달콤한 음식과 짭짤한 음식이 무작위로 뒤섞여 있었다. 체리 타르트 옆에 비둘기 파이가, 연어 요리 옆에 커스터드 그릇이, 버터에 볶은 순무 옆에 마지팬이 놓였다. 코스가 하나 끝나면, 또다시 다양한 종류가 섞인 두 번째 코스가 이어졌다. 요리책도 달콤한 음식들을 따로 분류하기보다 책 여기저기에 흩어서 소개했다.

중세 프랑스에서는 특별한 날에 식탁을 치운 뒤 나오는 마지막 코스를 '이슈 드 타블'이라고 불렀다. 이때 소화를 돕기 위해 향신료를 넣은 포도주인 '이포크라스'를 내면서 '우블리'라는 웨이퍼를 곁들였다. 마지막으로 사탕과자인 '드라제'가 상에 올랐다. 사탕과자는 설탕을 입힌 씨앗이나 견과류로, 단독으로 나오기도 하고 짭짤하고 달콤한 음식 위에 장식용으로 뿌리기도 했다. 또한 잠자리용 간식이나 입 냄새 제거용으로도 먹었다. 셰익스피어의 희곡《윈저의 즐거운 아낙네

들》에는 호색한 폴스태프가 하늘에 "입맞춤용 사탕"을 퍼부어달라고
요청하는 대목도 있다.

르네상스 시대의 만찬장에서는 맛만큼이나 음식의 모양과 오락적
가치를 중요하게 여겼다. 가장 눈길을 끄는 일부 요리들은 먹기 위한
용도가 아니었다. 요리사들은 설탕 반죽으로 우뚝 솟은 성곽을 조각해
서 테이블 한가운데에 중앙 장식물처럼 두었다. 파이 껍질을 튼튼하게
세우고 그 속에 살아 있는 검은 새들을 넣은 뒤 식사에 잠식한 손님들
을 깜짝 놀라게 하기도 했다. 마지팬으로는 과일과 동물을 실제와 똑
같이 빚었다. 레오나르도 다빈치가 자신의 후원자인 루도비코 스포르
차를 위해 만든 마지팬 조각을 사람들이 먹어치우자 불평을 했다는 일
화도 있다. 그는 사람들이 마지팬 조각을 감상만 하고 먹지는 않기를
바랐다.

오늘날 페이스트리 셰프들이 만든, 건축물을 연상시키는 고상한 디
저트들이 바로 이런 전통을 이어받은 것이다. 그 디저트들은 눈을 즐
겁게 하는 작품이지 입을 만족시키는 음식이 아니다. 여기에 포크를
들이댄다면 예술 작품을 철구로 부수는 것처럼 느껴질 것이다. 과거의
선배 셰프들이 그랬듯, 이들 역시 식사보다는 볼거리와 시각적 즐거움
을 더 중시한다. 물론 불꽃이 활활 타오르는 디저트는 날아오르는 검은
새들처럼 장관을 연출하지도 않고 사람들의 입을 즐겁게 하는 용도지
만, 이 역시 식탁에 앉은 사람들을 황홀하게 만드는 임무를 띠고 있다.

18세기 전까지 설탕과 향신료는 높은 가격 때문에 고귀한 신분을
나타내는 상징물과도 같았다. 그래서 설탕과 향신료를 살 형편이 되
는 귀족들은 일부러 그것들을 과시하곤 했다. 많은 짭짤한 음식에 설
탕이 들어가거나 설탕이 뿌려졌다. 영국 요리사들은 묵직한 미트파이
에 설탕과 시럽을 입힌 과일을 넣어 단맛을 냈다. 르네상스 시대 이탈

리아 사람들은 파스타의 일종인 탈리아텔레tagliatèlle에 설탕, 오렌지, 시나몬, 아몬드를 뿌린 뒤 가금류나 육류와 함께 식탁에 올렸다. 이런 단맛과 짭짤한 맛이 섞인 옛 음식 중 일부는 지금까지도 명맥을 유지하고 있다. 이란의 명절 음식인 '시린 폴로Shirin polo'는 설탕에 조린 오렌지껍질, 피스타치오, 아몬드, 시나몬을 듬뿍 넣은 밥이다. 재료만 보면 라이스푸딩에 적합해 보이지만 이 음식은 특별한 날에 만드는 필라프로, 디저트가 아닌 식사로 먹는다. 우리가 '블랑망제'라고 부르는 디저트 푸딩 역시 한때는 식후가 아니라 식사와 함께 먹는 짭짤한 음식이었다. 과거에는 잘게 썬 닭고기 또는 생선에 크림을 섞고, 간 수사슴 뿔이나 쌀을 넣어 되직하게 만든 뒤, 아몬드를 넣어 단맛과 풍미를 살려서 먹었다. 이탈리아에서는 이것을 '비안코만자레'라고 불렀다. 이후 대부분의 나라에서 닭고기와 수사슴 뿔을 빼고 단맛만 살린 디저트푸딩으로 탈바꿈했다. 터키에서는 '타부크 괴쉬'라고 부르는데, 디저트로 변한 이후에도 여전히 잘게 썬 닭고기를 넣는다.

추수감사절에 먹는 민스파이나 크리스마스 파이에는 한때 건포도, 사과, 향신료, 브랜디와 함께 진짜 소고기(또는 사슴고기) 다짐육이 들어갔다. 미국에서 이런 사실을 아이들에게 말하면 깜짝 놀란다. 아이들은 심지어 어떤 지역에서는 민스파이의 속재료를 슈퍼마켓에서 사지 않고 집에서 손수 만들며, 아직도 고기를 넣는다고 말해주면 더더욱 놀란다.

그렇지만 시간이 지나면서 대부분의 짭짤한 요리에서 달콤한 재료들이 빠지고, 대부분의 달콤한 음식에서 고기가 빠졌다. 달콤한 음식과 짭짤한 음식은 각자의 길을 가게 됐으며, 디저트 코스라는 용어와 관행이 유럽 전역에 널리 퍼지기 시작했다. 더불어 초콜릿과 같은 신세계의 식재료들이 시장에 유입되었다. 오븐과 계량 도구 같은 새로운 기구들이 등장하며 베이킹 문화를 바꾸었다. 사탕수수 농장에 노예인력이 대거 투입되며 설탕 가격이 저렴해졌다. 여행자들이 새로운 음식을 고향에 퍼트렸고, 이민자들은 자신들이 가장 좋아하는 레시피를 낯선 나라들에 전파했다.

이러한 변화들로 인해 달콤한 음식들은 전성기를 누리게 되었다. 전문화된 작업장이 생기면서 요리사와 디저트 요리사에도 구분이 생겨났다. 프랑스에서는 메인 주빙, 조리실, 가사실로 노동력을 나누었는데, 이 중 가사실에서 페이스트리, 케이크, 커스터드, 아이스크림과 같은 차가운 음식들을 만들었다. 달콤한 음식들은 더 이상 식사요리와 함께 테이블에 오르지 않았다. 디저트 코스를 담당하는 전용 셰프, 전용 식기, 전용 메뉴도 생겨났다. 디저트의 시대가 도래한 것이다.

윌리엄 본 경이 디저트를 "부자연스럽다"고 기술한 지 한 세기가 지난 1708년,《요리의 예술: 호라티우스의 시 예술을 흉내 내다》의 저자 윌리엄 킹은 이렇게 적었다. "연회를 아름답게 빛내는 것은 바로 디저트다." 1846년, 유진 브리폴트 역시《식탁 위의 파리》에서 비슷하게 말했다.

> 디저트가 정찬을 완성한다. 훌륭한 디저트를 만들려는 사람은 제과업자, 데코레이터, 화가, 건축가, 아이스크림 제조자, 조각가, 플로리스트의 기술을 모두 갖추어야만 한다. 그렇게 탄생한 화려한 창조물은 그 무엇보다 눈을 사로잡는다. 진정한 미식가는 만지지 않고 오롯이 눈으로만 찬미할지니!

나는 디저트가 정찬을 완성한다는 브리폴트의 말에 동의한다. 하지만 눈으로 즐기기보단 입으로 먹어야 제맛이라고 믿는다.

카두시어스 P. 림의 1861년 작품. 이 맛있어 보이는 그림의 제목은 '디저트 No. 4'이다.

차례

18세기 네덜란드의 '연회 정물화'.

1장

디 저 트 의   탄 생

당신은 한겨울 크리스마스 만찬에 초대를 받았다. 메인 코스가 끝나고 테이블을 정리하는 동안 안주인이 모두에게 거실로 이동해 후식을 먹자고 한다. 눈 내리는 추운 겨울 밤, 주인이 손님을 위해 특별한 후식을 준비해놓았다. 향긋한 시나몬과 정향, 오렌지 제스트와 같은 향신료를 넣고 데운 포도주다. 설탕 시럽을 입힌 호두가, 와플처럼 생긴 바삭바삭한 이탈리아식 쿠키인 피젤pizzelle과 함께 커피 테이블에 놓여 있다. 이 코스의 하이라이트는 석류 씨앗을 뿌린 데친 배다. 이렇게 겨울 저녁이 완벽하게 마무리된다. 오늘날의 이런 만찬 구성은 중세에도 다르지 않았다.

중세에는 다른 방으로 이동해서 요즘과 비슷한 음식과 음료를 즐겼다. 당시에 즐긴 포도주는 '이포크라스'라 불렸는데, 오늘날 데운 포도주에 사용하는 것과 같은 따뜻한 향신료와 함께 양강근, 그레인 오브 파라다이스(서아프리카에서 생산되는 생강과의 매운 향신료 — 옮긴이)와 같은 다소 낯선 향신료를 넣어서 맛을 냈다. 달콤한 견과류는 사탕과자comfit

라 불렀는데, 견과류, 씨앗, 향신료에 설탕 시럽을 입힌 것이었다. 오늘날 피젤 또는 버터 웨이퍼라 부르는 바삭바삭한 쿠키는 웨이퍼wafer, 치알데cialde, 우블리oublie, 바플wafel, 고프르gaufre라는 이름으로 어디서나 흔히 구경할 수 있었다(한국에서는 흔히 '와플'이라고 부른다 — 옮긴이). 데운 배를 비롯해 익히거나 말린 다양한 과일들 역시 오늘날과 마찬가지로 중세의 식사 말미에 종종 식탁에 올랐다.

이 정찬의 대단원에서 중세와 오늘날의 가장 큰 차이점이 있다면 우리는 이 대단원을 디저트라고 생각한다는 점이다. 짭짜름한 메인 코스가 끝난 뒤에 따로 나오는 달콤한 음식과 음료 코스 말이다. 하지만 달콤한 음식을 후식으로 따로 먹는 관습은 중세에는 없는 것이었다. 중세에 이런 음식을 대접한 이유는 달콤해서가 아니라 소화를 돕는다고 생각해서였다. 이 중 일부는 최음제와 같은 효과가 있다고 여겨서 잠자리 간식으로 즐겨 먹기도 했다. 결국 디저트를 즐기는 이유가 달라졌는데도, 수세기가 넘도록 음료와 음식 자체는 전혀 변함이 없는 것이다.

중세 시대엔 유럽 전역의 부유층들이 비슷한 음식을 비슷한 방식으로 먹었다. 하지만 디저트는 먹지 않았다. 달콤한 음식을 먹지 않았다는 뜻이 아니다. 오히려 그런 음식을 즐겼다. 다만, 식사 말미를 포함해서 식사하는 내내 제공되었다. 달콤한 음식과 짭짤한 음식은 테이블 위에 나란히 놓였다. 둘을 따로 내놓아야 한다는 생각은 당시로선 듣도 보도 못한 일이었다. 귀족 집안의 저녁은 여러 개의 코스로 구성되어 있었는데, 코스마다 다양한 음식들이 한꺼번에 테이블에 올라와서 엄청나게 화려한 뷔페를 연상시켰다. 구운 사슴고기, 토끼고기, 닭고기 옆에 아몬드 크림, 백조 목살 푸딩, 비프스튜나 포타주, 미트파이가 나란히 놓였다. 다 먹고 나면 비슷한 다른 음식들이 또 올라왔다. 가구家口에 따라, 혹은 경우에 따라 상차림이 두 번, 세 번, 또는 그 이상 이어지기도 했다. 식사를 마무리하면서 웨이퍼, 과일, 사탕과자와 같은 달콤한 음식을 내놓기도 했으나, 이는 다른 요리와 달콤한 음식을 분리하려고 의도해서가 아니라, 식탁을 구성하는 결정적인 요소였던 의학적 이론 때문이었다. 적어도 상류층에서는 그랬다.

파리의 살림안내서

우리는 중세 사람들의 식습관에 대해 많은 것을 알고 있다. 특히 14세기 후반에 파리 중산층 가정에서 살림 사는 법을 가르쳐주는《파리의 살림안내서》의 공이 크다. 이 책은 역사학자 아일린 파워가 영어로 번역해 1928년《파리의 가장家長》이란 제목으로 출간되었다. 저자가 누구인지는 아직 추측만 난무하지만, 정체가 누구든 이 미상의 저자 덕분에 당시의 시대상을 엿볼 수 있는 유익한 정보를 얻은 셈이다. 이 책에는 메뉴, 레시피, 비품 목록 및 가격, 그리고 어떤 물건을 사야 하고, 집안에 어떤 물건을 구비해놓아야 하는지가 상세히 적혀 있다.

저자는 중년을 훌쩍 넘긴 나이에 사회적 지위가 높은 여성과 결혼했다. 결혼 당시 아내는 겨우 열다섯 살이었다. 그는 어린 아내가 살림을 꾸리고, 비품을 구매하고, 하인을 부리는 등 집안일을 두루 잘 관리하는 데 도움을 주고자 이 책을 썼다. 그의 설명에 따르면 이 책의 핵심은 오직 그녀가 살림 꾸리는 법을 성공적으로 배우는 것이었다. 그 배경에는 또 하나의 특이한 동기가 있었는데, 저자는 자신이 어린 아내보다 먼저 죽어 아내가 어쩔 수 없이 재혼해야 하는 상황을 걱정했다. 재혼한 남편이 아내의 살림 솜씨를 마음에 들어 하도록 준비해두고 싶었던 것이다.

그 덕분에 우리는《파리의 살림안내서》를 통해 중세의 부유한 프랑스 가정의 속사정을 엿볼 수 있는 기회를 얻었다. 그는 요리를 소개하며 이렇게 적고 있다.

> 여기 적힌 것은 지체 높은 귀족과 여타 손님들께 대접할 다양한 만찬과 저녁 요리, 그리고 기타 주의사항이다. 이 요리들 중에서 계절에 맞는 음식과 그 지역에서 나는 고기를 골라서 식사를 구성하고 익혀라. 그러면 정찬이든 간단한 저녁 식사든 문제없이 준비할 수 있을 것이다.[1]

저자는 많은 요리를 열거하면서, 당시의 복잡한 종교법에 따라 생선 먹는 날, 고기 먹는 날 중 해당 요리가 어디에 속하는지도 같이 언급하고 있다. 대부분의 식사는 최소한 세 개의 코스로 구성되었고, 각 코스에는 음식이 여섯 개 이상 포함되어 있다.

하지만 정찬 때 그 음식을 전부 먹는 건 아니었다. 음식이 다양하고 양이 많은 만큼 손님들은 가장 먹고 싶은 음식, 아니면 뒤에서 서성거리는 하인들이 수발을 들 수 있을 만큼 가까운 음식만 골랐다. 고기가 남으면 파이를 만들거나 잘게 다져서 해시로 탈바꿈시켰다. 부엌으로 돌아간 남은 음식은 하인들 차지였다. 남은 찌꺼기는 가난한 사람들에게 나눠주기도 했다.

《파리의 살림안내서》에 등장하는 메뉴를 보면 짭짤한 요리와 달콤한 요리가 동시에 접대되는 경우가 많았다. 두 번째 코스 요리로 민물생선 요리나 '인생 최고의 구이 요리'와 함께 설탕 시럽을 입힌 플랑, 달콤한 커스터드 타르트, 아스픽aspic, 형형색색의 사탕과자로 장식한 닭고기 블랑망제blancmange가 테이블에 같이 올라왔다. 짭짤한 고

15세기 채색 필사본《베리 공작의 매우 호화로운 기도서》의 만찬 장면.

기나 생선 요리에 가끔 달콤한 향신료, 사탕과자, 설탕을 뿌리기도 했다.《파리의 살림안내서》에서는 닭 요리 레시피를 이렇게 마무리하고 있다. "음식을 내놓을 때는 붉은 코리엔더라는 향신료 가루를 뿌리고, 접시 가장자리마다 석류 씨앗에 볶은 아몬드와 사탕과자를 곁들여 놓아라." 사순절에 먹는 생선 정찬은 콩 수프, 소금에 절인 장어·청어 요리와 함께, 구운 사과, 월계수 잎을 넣고 구운 프로방스 무화과로 시작했다. 대부분의 식사는 코스마다 숫자를 붙였는데, 이따금 '디저트' '이슈' '부트오르'라는 용어를 사용하기도 했다. '디저트'라 불리는 어떤 마지막 코스에는 흰색과 빨간색 사탕과자로 장식한 과일 콤포트 compote, 플랑flan, 무화과, 대추, 건포도, 개암 열매, 리솔rissole이 나왔다. 리솔이라고 하면 대개 다진 고기를 넣어서 튀긴 크로켓을 말하지만 이 경우엔 생선 먹는 날에 맞춘 요리이므로 밤으로 대체했다.[2]

《파리의 살림안내서》에 묘사된 식사 방식은 영국과 비슷했다. 1985년, 콘스턴스 B. 히엇과 샤론 버틀러는《영국식 요리: 14세기 영국식 요리 필사본》에 동시대 영국에서 사용된 스무 개가 넘는 필사본에서 메뉴와 레시피를 수집해 싣고 주석을 달았다. 저자들은 프랑스에선 볼 수 없는 음식이 영국 메뉴에 몇 개 포함되어 있긴 하지만, 차이보다는 공통점이 훨씬 많다고 지적했다. 히엇과 버틀러가 묘사하는 음식 및 차림 순서는《파리의 살림안내서》에 적힌 설명과 거의 흡사하다.

당시의 식사법은 마구잡이로 정한 게 아니라 요리에 대한 그 시대의 사고방식과 의학적 세계관을 따른 것이었다. 이 식사 체계의 기반은 아리스토텔레스, 히포크라테스, 아비켄나, 갈레노스와 같은 고대인들이 주창한 체액설이다. 체액설에 따르면 인간의 몸은 흑담즙, 황담즙, 피, 점액, 네 가지 체액으로 구성되어 있다. 체액이 어떻게 구성되어 있느냐에 따라 개개인은 담즙질, 점액질, 우울질, 다혈질로 나뉜다. 각 성질은 그만의 고유한 특징이 있는데, 따뜻하고 습한 이상적인 신체가 되려면 각각이 균형을 이루어야 했다. 음식 역시 체액의 균형을 잡아주는지를 기준으로 선택했다. 이를테면 담즙질은 몸이 덥고 건조하기 쉽기 때문에 양상추처럼 시원하고 물기가 많은 음식을 섭취해야 한다. 설탕은 따뜻하고 건조한 축에 속하므로, 인체와 음식의 차갑고 습한 기운을 누그러뜨리는 데 사용했다. 그런 까닭에 소스에 설탕을 넣어 녹이거나, 설탕을 따뜻한 향신료와 섞어서 짭짤한 포타주와 같은 음식 위에 뿌렸다. 혹여 균형이 깨지면 질병으로 이어질 수도 있었다.

계절 역시 음식을 선택하는 데 영향을 미쳤다. 이포크라스는 추운 날씨에 마시는 술이었다. 여름에는 마시지 않았다. 우리는 아직도 생강, 후추, 시나몬을 따뜻한 향신료라 여기고 일부러든 아니든 여름보다 겨울에 더 즐겨 찾는다. 더불어, 크고 단단한 음식은 먼저, 섬세한 음식은 나중에 먹는 것을 당연하게 생각했다. 이런 이유로 작은 사냥새, 프리터(얇게 썬 과일 또는 고기 튀김 — 옮긴이), 생선이나 고기로 만든 작은 타르트가 달콤한 가벼운 음식과 함께 나왔다.

중세의 주인은 건강과 소화뿐 아니라 손님의 지위도 염두에 두어야 했다. 지위가 높은 손님에겐 가장 고급스러운 음식과 가장 큰 몫을 대접했다. 지위가 낮아지면 음식의 질도 낮아지고 양도 적어졌다. 노동자 계층은 거친 음식을 많이 먹어도 소화시킬 수 있다고 여겼지만, 세련된 귀족 계층은 체질이 예민하다고 믿었다. 종교적 일정도 중요했다. 고기는 모든 금요일과 토요일, 특정 수요일, 그리고 다양한 성일과 사순절 동안에는 금지 음식이었다. 그런 탓에 식탁에 생선이 자주 올랐다. 이런 사항을 전부 고려하자면 결코 단순한 체계가 아니었다. 하지만 인간의 천성이 그러하듯, 이 모든 규칙을 충실하게 지키는 사람은 거의 없었다.

꿀은 중세 시대에 음료에 단맛을 내고 과일을 저장하는 용도로 사용되었다. 하지만 꿀에는 독특한 맛이 있다. 그 때문에 음식의 맛을 배가시킬 수도 있지만, 오히려 다른 맛을 압도해버릴 수도 있다. 반면 설탕, 특히 정제된 흰 설탕은 순수한 단맛 외엔 아무 맛도 나지 않는다. 그런 까닭에 다용도로 사용하기엔 설탕이 제격이다. 또한 꿀보다 가격도 훨씬 저렴하고, 따라서 요리에도 더 알맞다. 설탕은 원산지에서부터 먼 길을 돌고 돌아 중세 유럽 사람들의 식탁에 올랐다. 인도 사람들이 사탕수수를 경작해 설탕으로 정제하는 기술을 처음 개발한 후, 설탕은 페르시아, 중동, 북아프리카, 지중해를 거쳐서야 마침내 북유럽에 도착하게 된다. 무역로, 식민지 정복, 개혁 운동, 요리서와 의학서 모두 이 달콤한 향신료를 퍼트리는 역할을 했다. 아메리카 대륙에 사탕수수 농장이 세워져 대규모 경작이 이루어지기 전만 해도, 설탕은 워낙 비싸고 희귀해서 유럽의 최상류층마저도 구하기 힘들었다. 사람들은 설탕을 향신료이자 약품으로 취급해 향신료 서랍장에 잠가서 보관했으며, 신중하게 아껴 쓰면서도 틈만 나면 꺼내서 과시했다.

유럽 사람들이 설탕을 접하기 오래 전, 이미 중동의 요리사들은 셔벗이라는 음료에 단맛을 내거나 잼과 젤리를 만들기 위해 설탕을 사용했다. 그들은 아몬드와 설탕을 섞어서 마지팬marzipan을 만들고, 장미와 오렌지꽃으로 향을 낸 달콤한 시럽에 케이크를 적시고, 설탕을 입힌 약용 향신료를 만들었다. 무슬림들이 이베리아반도와 시칠리아를 점령하면서 이들 국가에 설탕과 동방의 달콤한 음식들이 들어왔고, 뒤이어 그 주변 국가에까지 퍼졌다. 이윽고 스페인, 포르투갈, 이탈리아의 수녀회에 들어간 이슬람의 단 음식들은, 이후 여행길에 오른 선교사들

사탕수수 자르기, 설탕 끓이기, 틀에서 설탕덩이 꺼내기 등 16세기에 설탕을 생산하는 과정은 무척 고된 노동이었다.

과 탐험가들의 손을 거쳐 세계 전역으로 퍼져나갔다.

유럽 사람들이 중동의 요리법을 배우고 교역이 증가하면서, 설탕은 유럽의 식탁에서 더욱 보편화되었다. 초반에는 주로 약으로 상용화되었다. 아랍 의학서들이 번역되어 유럽 전역에 퍼진 탓도 있었다. 사람들은 설탕(아랍 국가에서 들어온 탓에 '아랍의 소금'이라고도 불렸다)을 위장병에 좋다고 여겼다. 또한 열, 기침, 방광이나 신장 질환, 심지어 전염병에도 설탕을 처방했다. 게다가 맛도 좋으니 훨씬 좋은 일이었다. 13세기에 이탈리아의 사제이자 철학자인 토마스 아퀴나스는 설탕을 입힌 향신료는 영양분 공급을 위한 것이 아니므로 금식에 방해가 되지 않는다고 주장했다. 역사학자 레이철 로던에 따르면 그들에게 설탕은 "소화를 돕기 위한"것이었다.[3] 이는 설탕이 기독교 세계에서 의학적으로 높은 지위를 얻게 만든 중요한 선언이었다. 16세기에 논란거리가 되었던 교황 그레고리우스 13세의 "초콜릿은 종교적 금식에 방해가 되지 않는다"는 판결에 포석을 깔아준 선언이기도 하다.

설탕은 필수품으로 여겨졌다. "설탕 없는 약재상"이라는 속담이 수 세기 동안 절망적인 상황을 나타내기 위해 사용됐을 정도였다. 물론 설탕과 향신료를 누린 건 오직 부유층이었다. 부유하지 않은 사람들은 설탕을 사서 요리할 돈이 없어 저렴한 대체품을 구하는 경우가 많았다. 그렇지만 사실 평범한 사람들에게는 체액의 균형보다는 주린 배를 채우는 일이 우선이었다.

16세기와 17세기에 들어, 과거 사람들이 설탕에 내렸던 긍정적인 평가가 무색하리만치 몇몇 의사들이 설탕에 부정적인 입장을 보이기 시작했다. 1593년, 독일 내과의사 히에로니무스 보크는 설탕은 치료제가 아니라 "부유층을 위한 사치품"이라고 쓴 바 있다.[4] 18세기에 새로운 의학적 이론들이 체액설을 대체하기 시작하면서, 어떤 의사들은 설탕이 환자를 치료하기는커녕 오히려 질병을 낳는다고 결론을 내렸다. 그럼에도 유럽이 아메리카대륙에서 식민지 노예의 노동력을 투입해서 설탕을 저렴하게 공급하기 시작하자, 계층 구분 없이 설탕 소비가 엄청나게 증가했다. 특히 영국에서는 1720년 1인당 3.5킬로그램에서 18세기 말에 이르러 6킬로그램까지 소비가 상승했다.[5]

달콤한 요리? 짭짤한 디저트?

: 구스베리 타르트 만드는 법 :

구스베리를 따서 클라레 백포도주나 스트롱 에일에 넣고 익힌다. 여기에 흰 빵을 조금 넣고 함께 익힌다. 익힌 내용물을 체로 가능한 한 걸쭉하게 거르고 계란 노른자 5개를 섞는다. 설탕과 버터 반 접시로 맛을 내고 굽는다.[6]

중세와 르네상스 시대의 많은 음식들을 이름만 듣고 우리가 즐기는 디저트와 같을 것이라고 착각할 수 있다. 하지만 이름만 그렇지 실제 음식은 달랐다. 케이크만 해도, 이따금 이스트를 사용해서 부풀린 탓에 사실 빵에 더 가까웠다. 커스터드, 파이, 타르트, 푸딩과 같은 음식들도 우리에게 친숙한 달콤한 음식이 아니라, 고기나 생선을 넣은 짭짤한 음식인 경우가 빈번했다. 요리하는 방법도 달랐다. 요즘 사람들은 가볍고 얇게 벗겨지는 파이 껍질을 좋아한다. 하지만 영국에서는 파이 껍질을 함coffin이라 부르며, 용기 역할을 할 수 있게 튼튼하게 세워서 그 속에 고기소를 담았다. 어떤 요리사들은 함을 오븐에 넣어 먼저 단단하게 만든 다음 속을 채우고 베이킹을 시작했다. 함이 어찌나 견고했던지, 속재료를 퍼내서 다 먹은 뒤 다른 속재료를 채우고 다음 식사 때 다시 파이로 만들어 내놓기도 했다. 17세기까지 함은 "단단하고 질 좋은 밀가루 반죽"으로 만들었다.[7]

위에서 언급한 구스베리 타르트는 달콤한 음식이었지만 식사 중에 언제든 식탁에 올랐을 수 있다. 책에선 이 레시피 바로 앞부분에 "남녀 모두에게 용기를 북돋는 타르트"를 소개하는데, 여기에는 대추, 모과, 설탕뿐 아니라 참새고기도 들어간다.[8] 타르트 레시피 소개가 끝나

16세기에 독일에서 만든 이 배나무 밀방망이에는 종교적인 문양이 조각되어 있다. 독실한 청교도 가정에서 사용했을 것으로 추정된다. 제빵사는 이 밀방망이로 반죽을 밀면서 동시에 파이 껍질에 문양을 새길 수 있었다.

면 바로 구운 고기 레시피가 이어진다. 15세기 사보이 공작의 요리사였던 마이스트레 키콰르트의 요리서 《요리법에 대하여》에 따르면 아몬드 밀크 플랑은 아몬드, 전분, 사프란, 소금, 설탕으로 만드는 달콤한 플랑이었다. 하지만 역시 간식이나 디저트 코스가 아니라 식사의 일부로 식탁에 올랐다. 페이스트리 요리사는 커스터드를 먼저 만들고 파이 껍질을 단단하게 구워 속을 채웠다. 이는 요리사와 페이스트리 요리사가 업무를 분담했음을 알려주는 초기 사례. 그러면서 키콰르트는 고기 파이, 생선 파이, 플랑, 커스터드, 타르트를 구울 수 있는 페이스트리 키친을 별도로 마련해야 한다고도 제안했다.[9] 커스터드와 커스터드 파이는 달콤한 맛과 짭짤한 맛, 설탕을 친 것과 향신료를 친 것, 후추를 넣은 것과 안 넣은 것 각양각색이었다. 어떤 커스터드는 오늘날 우리가 아는 것과 똑같은 재료를 혼합해 만들었다. 크림, 설탕, 계란을 섞은 반죽 위에 설탕을 덮은 다음 뜨거운 쇠막대 아래에 놓고 구우면 당시 "탄 크림"이라고 부르던 음식이 완성되었다. 요즘 식으로 말하면 '크렘 브륄레crème brûlée'다. 커스터드에 치즈, 고기, 장어나 가재와 같은 생선류를 넣은 경우도 많았는데, 이렇게 하면 오늘날의 키슈quiche와 훨씬 비슷했다.

푸딩의 기원은 최소한 13세기까지 거슬러 올라가는데, 이것 역시 달콤한 맛보다는 고기 맛이 강했고 식사 초반에 나왔다. 영국에서는 동물의 위장에 속을 채워서 푸딩을 만드는 경우가 흔했다. 16세기《훌륭한 가정주부의 보석》의 저자 토머스 도슨은 푸딩을 송아지 가슴살에 넣어서 만들었다.

: 송아지 가슴살에 넣은 푸딩 요리법 :

파슬리, 타임을 씻어서 잘게 다진다. 빵가루에 계란 노른자 8개와 크림 300밀리리터를 넣고 섞어서 매우 달게 만든다. 그런 다음 후추, 정향, 말린 육두구 껍질, 사프란, 설탕, 작은 건포도, 소금으로 양념해서 송아지 가슴살에 넣은 뒤 구워서 대접한다.[10]

17세기에 들어, 푸딩을 찔 때 싸는 보자기와 푸딩 그릇이 도입된 이후에야 푸딩은 온전히 달콤해졌고 플럼 푸딩plum pudding처럼 오늘날 우리가 즐기는 푸딩의 맛을 띠게 되었다.

젤리도 중세 식탁에 자주 등장했지만 오늘날 우리가 아는 굉장히 달콤한(혹은 인스턴트) 젤라틴 형태는 아니었다. 오래전 젤리는 상류층만 즐기는 사치스런 음식이었다. 중세 요리사들은 사슴뿔, 상아 가루, 돼지 족발, 부레풀(물고기 부레로 만드는 젤라틴)과 같은 재료를 단단히 굳힌 다음, 종종 고기나 가금류, 생선 위에 올려서 첫 번째 또는 두 번째 코스 요리로 내놓았다. 요즘엔 이렇게 만든 음식을 설탕이 듬뿍 든 간식을 의미하는 젤리가 아니라, 아스픽, 브런brawn, 헤드치즈headcheese라

크렘 브륄레의 바삭바삭한 캐러멜 껍질 아래에는 진하고 부드러운 커스터드가 숨어 있다.

고 부른다. 하지만 중세의 젤라틴 요리는 색을 내고 장식을 해서 오늘
날의 젤라틴 디저트 못지않게 화려했다. 요리사가 직접 적절한 염료
를 만들지 못할 경우, "향료 판매상"(약재상을 이렇게도 불렀다)으로부터 구
입하기도 했다. 가끔씩 손님을 예우하는 의미로 젤리를 가문의 문장
이나 상징 문양으로 굳히거나, 신을 찬양하는 문구 또는 행사에 어울
리는 문구를 넣어 장식할 때도 있었다. 그런 다음 깃털에 계란 흰자를
적셔 젤리 둘레에 묻힌 뒤, 붓을 사용해 그 자리에 금색이나 은색을 입
혔다.

메인 식사에서 달콤한 음식만 분리해 마지막에 대접하며 '디저트'라 부르기까지는 수세기라는 시간이 걸렸다. 19세기까지 디저트라는 단어는 단순히 앞선 코스가 끝난 뒤에 나오는 코스를 의미했다. 14세기에 쓰인 어떤 책에는 사슴고기와 우유밀죽, 밀을 끓인 포리지porridge가 나오는 코스를 디저트라고 불렀다고 적혀 있다.

정찬의 마지막 코스를 지칭하는 용어들은 다양했으나, 대부분이 '작별'이라는 뜻을 함축했다. 이는 식사가 끝나가고 있다는 것을 의미할 뿐 아니라, 손님들이 마지막 요리를 대접받기 위해 가끔 식탁에서 일어나 손을 씻고 감사 기도를 올린 뒤 다른 방으로 옮겼다는 사실에도 부합했다. 그중 하나인 이슈 드 타블issue de table은 테이블을 떠난다는 뜻을 나타냈다. 다른 용어인 부트오르boute-hors는 'boutehors'라고도 쓰는데, 다소 품위 없게 작별하는 방식인 'bouter dehors(몰아내다)'에서 따온 말이다. 앵글로-노르만어인 부아디voidée는 '비우다'를 의미하는 'voider'에서 유래한 단어로 추측되는데, 홀이나 방에서 물러난다는 뜻을 의미했다. 샐리 포스sally-forth라는 영어 표현도 많이 사용되었다. 'sally port'는 원래 성의 출격문을 의미하지만 차후에는 군대 시설에서 쓰였다. '출발하다, 나가다'를 뜻하므로 이 용어를 붙이면, 손님이라면 집으로 출발하기 전에, 주인이라면 잠자리에 들기 전에 마지막으로 먹는 코스가 되는 것이다.

오늘날 영국에서는 '디저트'보다 '후식afters'이라는 용어를 더 자주 사용한다. 후식은 현대에 들어 생긴 말처럼 보이지만 15세기부터 사용한 'after-course'에서 기원한 게 아닌가 싶다. 영국 사람들은 디저트를 총칭해서 '푸딩'이라 부르기도 한다. 사과 파이든, 초콜릿 케이크든,

진짜 푸딩이든 전부 푸딩이라 부른다. 20세기 초반에 푸딩은 프랑스어에서 유래한 단어인 디저트보다 격이 떨어지는 용어로 여겨졌다. 영국 작가 케이트 앳킨슨의 소설 《폐허 속의 신》(2015)에 등장하는 어린 아우구스투스의 말을 빌리자면, 푸딩은 가족끼리만 있을 때 먹는 음식이고, 손님들이 왔을 때 먹는 게 디저트다.[11] 최근 들어서 몇몇 영국 작가들은 달콤한 음식이 나오는 코스를 '푸딩'이라고 부르면서, 과일만 나오는 코스를 '디저트'라 불러야 한다고 주장하고 있다. 프랑스 요리 역사가인 장루이 플랑드랭은 18세기에는 '프루트fruit'가 디저트 코스를 지칭하는 상류 계급의 용어였으며, '디저트'는 중산 계급이 사용하던 용어였다고 기술한다. 하지만 19세기에 들어 '프루트'를 복수인 '프루츠fruits'로 표기함으로써, 단순히 과일이 상에 오른다는 사실을 나타내기 시작했다. '프루트'는 더 이상 디저트 코스를 일컫는 용어가 아니게 된 것이다.[12]

과일

　과일은 유럽 전역과 세계 많은 지역에서 식사의 마지막을 장식해 온 가장 흔한, 가장 초기 음식 중 하나다. 중국, 인도, 일본에서도 전통 식사를 끝마칠 때는 보통 달콤한 음식보다 과일을 내놓았다. 지금까지 많은 나라에서 이런 관습은 변함이 없다. 프랑스어와 영어 사전은 디저트를 정의할 때 보통 과일을 맨 먼저 언급한다. 《옥스퍼드 영어사전》에서는 디저트를 "과일, 사탕과자 등으로 이루어진 코스. 정찬이나 저녁식사 후에 나옴"이라고 정의한다. 15세기 영국 역사학자 라파엘 홀린셰드는 그의 저서 《영국 연대기》에서 추기경이 식사를 마치지 않

과일은 아주 넉넉한 디저트다. 커리어 앤드 아이브스사의 19세기 미국 석판화.

앉음을 "뒤이어 과일을 먹고 있다"고 표현한 바 있다. 에프레임 체임버의 1741년 판《백과사전》에서는 디저트를 "상류층의 테이블에 올라오는 마지막 음식. 식사가 전부 치워진 뒤에 나옴. 디저트는 과일, 페이스트리류, 설탕절임 등으로 구성됨"이라고 정의한다.[13]

　체액설에서 따뜻하고 습한 이상적인 인체에 차갑고 건조한 생과일은 해롭다고 여겼음을 감안한다면, 과일이 마지막 코스로 그렇게 중요한 위치를 차지했다는 것은 흥미로운 사실이다. 사람들은 체액설에서 제기한 문제를 다양한 방식으로 극복했다. 어떤 이들은 과일을 건조하거나 요리하면 안전하다고 생각했고, 또 다른 이들은 포도주에 과일을 곁들이면 유해한 효과를 중화시킬 수 있다고 믿었다. 포도주에 과일을 넣어 요리하면 훨씬 좋다고 주장하는 이들도 있었다. 포도주의 긍정적인 힘을 배가하기 위해 시나몬, 아니스, 생강과 같은 따뜻한 향신료를 넣기도 했다. 생리적 현상에 관한 고대의 원칙에 따라, 과일에 숙성된 치즈와 같은 음식을 곁들이면 장을 진정시키거나 좁힐 수 있다고 여겼기 때문에 식사 말미에 과일을 섭취하는 경우가 가장 많았다. 그래서 식사의 마무리에는 대추나 건포도와 같은 말린 과일, 데친 배나 구운 사과와 같은 요리한 과일에 따뜻한 향신료, 포도주, 장을 좁혀주는 치즈를 함께 즐겼다.

12세기 영국 학자 알렉산더 네컴의 글에 따르면, 배는 차가워서 몸에 해로울 수 있으므로 포도주에 넣어 요리한 뒤 식사 말미에 먹어야 했다. 더불어 호두는 위험한 약초나 곰팡이류에 속하므로 독성을 없애기 위해선 배와 함께 내놓아야 했다. 13세기 내과의사인 시에나의 알도브란디노 역시 위를 편하게 하고 소화를 돕기 위해서는 배를 식사 막바지에 먹어야 한다고 믿었다. 존 러셀이 15세기에 쓴《음식에 대한 책》에 등장하는 식사의 한 마지막 코스는 '과일 코스Course of Fruit'로 불리는데, 메뉴가 얼음사탕을 곁들인 뜨끈뜨끈한 사과와 배, 그리고 생강, 웨이퍼, 이포크라스로 구성되어 있다.

체액주의는 인기가 쇠락한 지 수세기가 지나서도 민간 문화와 관습 속에서 많은 부분 영향력을 행사했다.《속담으로 본 치즈, 배, 그리고 역사》에서 저자 마시모 몬타나리는 초기 이탈리아에서 '배를 맛볼 때까지 기다려라aspettare le pere guaste'라는 관용구를 '식사가 끝날 때까지 식탁에 머물러달라'는 뜻으로 사용했다고 설명한다.[14] 프랑스 관용구 '배와 치즈 사이에서 모든 사람이 음주가를 부른다entre la poire et le fromage, chacun dit sa chanson à boire'는 식사 말미에 포도주는 넉넉하고 배와 치즈까지 대접받으니 모든 사람이 편히 즐긴다는 것을 의미한다.[15]

과일, 치즈, 사탕과자, 이포크라스와 함께 달콤하고 매콤한 모과 절임도 중세 정찬의 마지막을 함께 장식했다. 고대 그리스와 로마 사람들은 적포도주, 시나몬, 그리고(또는) 생강으로 다양한 맛을 낸 모과 페이스트에 꿀을 첨가해 단맛을 냈다. 중세 아랍과 훗날 스페인, 포르투갈로 옮겨오면서 꿀은 설탕으로 대체되었다. 스페인 사람들은 이 모과 절임을 '멤브리요membrillo'라고 이름 지었는데, 스페인어로 모과라는 뜻이다. 포르투갈에서는 모과를 뜻하는 '마르멜로marmelo'를 변형해 '마르멜라다marmelada'라 불렀다. 이것이 오늘날 '마멀레이드'의 전신이다. 북유럽에서는 비슷한 절임들을 차데퀸스chardequince, 콩도냑condoignac, 코티냑cotignac, 퀴도니quiddony라고 이름 붙였다. 마르멜라다가 나무 상자에 담겨 처음 포르투갈에서 런던으로 수출된 것은 15세기였다. 상상을 초월하는 높은 가격과 의학적, 최음제적 명성 덕분에 마르멜라다는 최상류층에서 선물로 큰 인기를 끌었다.[16] 오늘날에도 모과 페이스트와 치즈는 환상의 궁합을 자랑하는 인기 디저트다.

이와 반대로 어떤 과일은 위를 열어주는 데 도움을 준다고 생각해서 식사 초반에 먹었다. 15세기 이탈리아 내과 의사 로렌초 사솔리는 무화과, 포도, 익은 체리와 멜론을 꼭 식사를 시작할 때에 먹어야 한다고 믿었다. 이런 믿음에서 멜론과 프로슈토를 전채(식전에 제공되는 식욕 촉진용 요리. '오르되브르'라고 한다 — 옮긴이)로 먹는 이탈리아의 관습이 유래한 건 아닐까?

몇 년이 지나자 생과일은 위험하다는 생각은 사람들의 기억 속에서 잊혔고, 최상품 과일들이 귀하게 취급되기 시작했다. 알렉상드르 뒤마의 책《요리대사전》에는 지라르도라는 한 남자가 루이 16세에게 청을 넣은 이야기가 있다. 그가 무엇을 청했는지 정확하지는 않지만 아마 연금이었던 것으로 보인다. 그가 왕으로부터 받은 것이 연금이었기 때문이다. 전직 머스킷 총병이었던 지라르도는 은퇴한 뒤 파리 동쪽의

'프레지에fraisier'는 딸기에 스펀지케이크와 크림이 합쳐져 탄생한 놀라운 디저트다.

몽트레유 근처 한 마을에 자리를 잡고 열심히 과수원을 가꾸었다. 뒤마의 기록에 따르면, 그의 과수원에 열린 배는 탐스럽기 그지없었다. 그는 배 열두 개를 "왕의 디저트를 위하여"라는 메시지와 함께 루이 16세에게 바쳤다. 이에 감동을 받은 왕은 몸소 과수원을 방문해서 그토록 훌륭한 과일을 생산한 것을 치하했다. 그 덕에 지라르도는 연금을 받게 되었고, 매년 가장 아름다운 배 한 바구니를 임금의 식탁에 바

치는 영광을 누렸다. 그의 가족은 프랑스혁명이 일어나기 전까지 이 전통을 지켰다고 한다.[17]

지금까지도 많은 문화권에서는 디저트라 하면 과일을 떠올리는 경우가 많다. 페이스트리와 같은 음식들은 특별한 경우를 위해 아껴두거나 오후 간식으로 즐겼다. 1929년에 쓰인《디저트의 해부학》은 타르트, 케이크, 푸딩에 관한 책이 아니다. 영국 묘목업자인 저자 에드워드 번야드는 이 책에서 신선한 과일을 먹으면서 가장 어울리는 포도주를 마시는 즐거움에 대해 쓰고 있다.《태양의 요리》의 저자이자 니스의 바다가 내려다보이는 (하필이면) 살구색 집에서 태어난 미레유 존스턴은 책에서 디저트를 뜻하는 니스 사투리가 과일을 의미하는 '라 프루차la frucha'이며, 보통 과일은 가족이 운영하는 과수원에서 따서 먹었다고 밝히고 있다. 그리고 "신선한 과일, 뭉근히 끓인 과일, 말린 과일, 설탕에 절인 과일, 브랜디에 절인 과일"은 "크림을 잔뜩 올려서 정교하게 만든 상류층의 디저트"가 아니라, 가족을 위한 디저트라고 설명한다.[18] 이 책을 집필한 때이자 책에서 묘사한 시기는 1970년대였다.

이스트를 넣지 않은 빵

과일과 함께 마지막 식사 코스에 웨이퍼와 이포크라스를 대접하던 관습은 중세 자료 어디서나 흔히 찾을 수 있다. 빵과 포도주에 종교적인 흔적이 남은 것은 우연의 일치가 아니었다. 웨이퍼는 유대인들이 유월절에 먹는, 이스트를 넣지 않은 빵 무교병matzah과 가톨릭 미사에서 사용하는 성찬식 제병에서 유래했다. 당시엔 '오블레이obleye' 또는 '우블리'라고 불렀는데, 제물이라는 뜻의 라틴어 'oblate'에서 비롯했다. 기존에 종교 의식에서 쓰던 빵과 마찬가지로, 속세에서 먹던 웨이퍼는 두 개의 철판 사이에 반죽을 부어서 만들었다. 웨이퍼 조리사가 미리 데워둔 기름칠한 철판 사이에 반죽을 붓는다. 그런 다음 손잡이를 조여서 반죽의 양쪽을 누르고, 뜨거운 열기 위에 놓아둔다. 한 면이 다 익으면 철판을 뒤집어 반대쪽도 익힌다. 조리사가 화상을 입지 않도록 철판에는 긴 손잡이가 두 개 달려 있었다. 식기 전에 웨이퍼를 휘어서 종종 실린더나 콘 모양으로 말기도 했는데, 당시의 삽화나 그림에서 그 모양을 확인할 수 있다.

종교 의식용 웨이퍼를 만들 때에는 종교적인 무늬로 주조한 철판을 사용한 반면, 일반적인 웨이퍼에는 가문의 문장이나 벌집 모양이 새겨진 철판을 썼다. 독일에서는 벌집 모양 웨이퍼를 벌집을 뜻하는 고대 고지 독일어 '바베wabe'에서 따와 '바플wafel'이라 불렀다. 프랑스에선 '고프르gaufre' 또는 '고프레트gauffrette'(훗날 영어 책에서는 '고퍼gofer'라고 썼다)라고 불렸으며, 이 역시 벌집을 뜻하는 단어에서 파생되었다.

초기의 웨이퍼는 반죽에 꿀을 넣어 달달하게 만들었는데, 14세기 무렵엔 대부분 설탕을 사용했다. 기타 재료로 밀가루, 계란, 우유 또는 크림, 그리고 이따금 넛맥이나 생강 같은 향신료도 들어갔다.《파리의 살림안내서》의 한 레시피에는 반죽 위에 치즈 한 장을 깔고, 다시 반죽을 올려서 요리하는 법을 소개하고 있다. 이렇게 하면 "두 반죽 사이에 들어간 치즈가 철판의 누르는 힘을 받아 반죽에 딱 눌어붙게 된다"고 적혀 있는데,[19] 오늘날 그릴드 치즈 샌드위치나 치즈 토스트와 비슷해 보인다.

웨이퍼를 만드는 일은 요리사보다는 웨이퍼 조리사의 영역이었고, 12세기 무렵 프랑스에는 웨이퍼 조리사 길드도 존재했다. 영국 튜더 왕조 시절, 웨이퍼는 왕을 비롯한 왕실 사람들이 즐기거나 특별한 축

15세기 움브리아 지역에서 사용한 웨이퍼 굽는 틀. 결혼식용 웨이퍼를 만들 때 사용한 것으로 보인다. '섬김은 영원하고 완벽한 사랑은 어느 때보다 푸르다'라는 글귀가 새겨져 있다.

제일에 내놓던 별미였다. 부유층이나 왕족들은 개인 웨이퍼 조리사를 고용하기도 했다. 또한 시중에서 살 수도 있었는데,《파리의 살림안내서》는 웨이퍼 레시피를 알려주긴 하지만, 저자가 결혼 행사를 위해 웨이퍼 조리사에게서 웨이퍼를 샀다는 일화도 적혀 있다.

　파리에서는 웨이퍼 조리사들이 축일에 교회 앞에 자리를 펴거나 축제 마당에 좌판을 세운 뒤, 거리에서 웨이퍼를 만들어 팔기도 했다. 보통은 콘 모양으로 말아서 다섯 개씩 겹친 한 묶음이 기본이었다. 이들은 남녀 가리지 않고 웨이퍼를 팔았는데, 연인들은 그들을 통하면 배우자의 의심을 사지 않고 조심스럽게 일처리를 할 수 있을 거라고 생각하고, 이들 손에 연인에게 줄 웨이퍼와 연서를 은밀히 건넸다. 손님과 주사위 놀이를 해서 웨이퍼는 뒷전이고 손님이 놀음에 정신을 팔도록 만드는 상인도 있었다. 그러다 보니 호객행위를 하면서 "여기 재밌는 놀이가 있습니다, 아가씨들!Voilà le plaisir, mesdames!"이라고 외치기도

뤼뱅 보쟁의 17세기 정물화. 웨이퍼와 와인을 즐기는 기쁨.

했다. 덕분에 웨이퍼는 우블리, 고프르와 더불어 플레지르plaisirs(재미)라
는 이름도 얻었다.

웨이퍼는 다양한 이름으로 오늘날까지 사랑받고 있다. 독일 사람
들은 성찬식 제병을 닮은 얇고 하얀 웨이퍼인 '오블라텐oblaten' 위에
'레프쿠헨lebkuchen'이라는 쿠키를 깔고 굽는다. 네델란드식 웨이퍼 과
자는 '스트룹바플stroopwafel'이라 불리는데, 과자 사이에 보통 꿀을 발
라서 달콤한 맛이 난다. 이탈리아에서는 웨이퍼를 '치알데'라 부르지
만, 사실 '피젤'이야말로 고프르나 우블리와 똑같은 방식으로 만든 웨
이퍼라 할 수 있다. 존 플로리오가 1611년에 출간한《앤 여왕의 단어

의 신세계: 이탈리아어-영어 사전》에 보면, '피자pizza'라는 단어 정의에 "웨이퍼. 또는 일종의 설탕 타르트"라는 뜻이 포함된 것도 이를 증명한다.[20] 이탈리아 아브루초 지역에서는 아직도 소형 피젤을 만들고 축제에서 즐긴다. 이민자들이 피젤을 미국, 캐나다, 호주 등에 전파하는 바람에 피젤은 여러 나라에서 디저트뿐 아니라 간식용 비스킷으로도 인기를 끌었다. 영어권 국가에서 웨이퍼는 코넷cornet, 코르누코피아cornucopia, 콘cone이라 불리다, 결국 아이스크림콘이 되었다.

약으로 쓰인 포도주

중세 사람들은 보통 웨이퍼를 먹으면서 향신료를 가미한 포도주 이포크라스(철자는 hippocras, hypocras, ypocras, ipocras로 쓴다)를 함께 마셨다. 이포크라스는 고대 그리스 의사이자 의학의 아버지인 히포크라테스의 이름에서 따온 술로, 그 기원은 중세 초기까지 거슬러 올라간다. 히포크라테스가 이 술을 개발했다거나 마신 건 아니고, 그 이름만 내과 의사를 의미하는 고대 프랑스어 'ypocrate(중세 영어로 ipocras)'에서 유래했다. 14세기부터 18세기까지 의사들은 소화불량을 비롯한 기타 질병에 '히포크라테스의 포도주vinum Hippocraticum'를 처방했다.

이포크라스는 따뜻한 술로 인식되었다. 체액설에서 따뜻하고 습하다고 주장하는 향신료로 만든 덕분이었다. 그래서 차갑고 건조한 체액에 균형을 맞춰주거나 추운 겨울밤에 즐기기에 안성맞춤이었다. 하지만 오늘날의 데운 포도주와 달리, 당시엔 이포크라스를 데우지 않고, 그저 설탕(또는 꿀)과 더불어, 시나몬, 정향, 생강, 그레인 오브 파라다이스, 사향과 같은 향신료만 첨가했던 것으로 보인다.《파리의 살림안내서》의 저자는 이포크라스가 여름에 부적합하기 때문에 여름 식탁에는 올리지 않았다고 적고 있다. 몸을 따뜻하게 하는 향신료만 가득 들어 있는 만큼, 이포크라스는 분명한 겨울 음료였다.

이포크라스는 백포도주 또는 적포도주로 만들었다. 어떤 레시피에는 둘 중 하나를 썼다고 구체적으로 밝히고 있는 반면, 어떤 곳에는 그냥 포도주라고 적혀 있다. 먼저 포도주에 향신료와 설탕을 넣어서 밤새도록 놔둔다. 그래야 포도주가 모든 달콤한 향신료의 향을 머금을 수 있다. 그런 다음 포도주를 튼튼한 면, 리넨, 플란넬, 또는 모로 만든 원뿔 모양 주머니에 거른다. 이 주머니를 히포크라테스의 소맷자락이라 부르는데, 실제 모양은 그리스의 토가보다 중세 귀족의 가운 소매와 비슷하다. 어떤 요리사는 이 포도주 혼합물에 우유를 넣기도 했다. 우유 맛이 나는 술을 만들기 위해서가 아니라 우유가 포도주의 산성과 만나면 커드를 형성하기 때문이었다. 그런 다음 커드와 향신료 찌꺼기를 걷어내고 맑은 액체만 남겼다. 포도주의 색깔과 상관없이 보통 완벽하게 투명한 포도주를 얻기 위해서 두세 번 정도 걸러야 했다. 오늘날 바텐더들이 칵테일을 투명하게 만들기 위해 사용하는 '우유 세척'이라는 과정이 바로 이 방법을 응용한 것이다.

이포크라스에서 걸러낸 향신료 찌꺼기는 버리지 않고 남겨두었다가 스튜나 포타주에 맛을 낼 때 썼다. 약재상, 요리사, 집안의 남녀 주인 할 것 없이 제각기 자신이 선호하는 향신료 조합이 따로 있었다. 약재상이나 향신료 장수에게서 자신이 좋아하는 향신료 조합으로 이포크라스를 주문할 수도 있었고, 심지어 이미 만들어놓은 이포크라스를 구입하기도 했다.

이포크라스 음용을 가장 능숙하게 합리화한 사람을 꼽으라면 17세기 영국 국회의원이었던 새뮤얼 피프스다. 그는 왕정복고시대 영국의 일상생활을 기록한 일기로 오늘날 유명한데, 1663년 10월 29일에는 이렇게 썼다.

> 우리는 술 저장실에 갔다. (…) 포도주가 나왔고, 사람들은 취했다. 하
> 지만 나는 오직 이포크라스만 마셨다. 그러니 내 판단으로는 서약을
> 깬 것은 아니다. 그건 혼합된 음료이지, 포도주가 아니다. 만약 제가
> 잘못 안 것이라면 신이시여, 저를 용서하소서! 하지만 바라건대 내가
> 틀리지 않았다고 생각한다.[21]

18세기쯤이 되자 이포크라스에 대한 관심은 시들해졌다. 하지만 향신료를 넣은 비슷한 포도주들은 계속 인기를 끌었다. 특히 북유럽 국가 사람들이 겨울에 많이 찾았다. 스코틀랜드의 전기 작가이자 새뮤얼 존슨의 친구인 제임스 보즈웰이 1763년 1월 29일에 쓴 일기를 보면, 선술집에 가서 "향신료, 후추, 시나몬을 넣은, 향긋하고 따뜻한 백포도주"를 마셨다는 내용이 남아 있다.[22]

하늘에서 흩뿌려지는 사탕과자

웨이퍼와 이포크라스가 나오고 식사가 끝나갈 무렵이 되면, 사탕과자가 식탁에 올랐다. 체임버 스파이스chamber spice, 입맞춤용 사탕과자, 콘페티confetti, 드라제dragée, 요르단 아몬드Jordan almond, 봉봉bonbon, 슈거플럼sugarplum 등 다양한 이름으로 알려진 이 음식은 설탕을 입힌 견과류, 건과일 또는 향신료를 의미했는데, 이는 지금도 마찬가지다. 사탕과자에 의학적 효험이 있다 여긴 탓에 중세 사람들은 사탕과자를 달콤

한 음식뿐 아니라 짭짤한 음식에 뿌리거나 케이크와 음료에 섞었으며, 잔칫상 말미에 올리거나, 잠자리 간식으로 삼거나, 좋아하는 지인에게 선물로 보냈다.

《옥스퍼드 영어사전》에는 '사탕과자comfit'를 "과일, 식물 뿌리를 설탕에 절인 설탕절임. 요즘은 보통 캐러웨이 씨앗, 아몬드 등을 둥글거나 타원형으로 뭉쳐 설탕을 입힌 작은 덩어리를 말함. 또는 알사탕sugar plum"이라고 정의내리고 있다. '검피트comfit'라는 단어는 라틴어 동사인 '콘피케레conficere(준비하다)'에서 유래했다. '컨펙트confect(사탕과자)' '컨펙션confection(당과 제품)' '컨펙셔너confectioner(제과점)'와 같은 단어들 모두 '콘피케레'에서 유래한 것들이다. '컴피트comfit'는 현재 영어권에서 사용하는 용어다. 이탈리아에서는 '콘페토confetto', 또는 더 흔하게 복수 형태인 '콘페티confetti'를 사용한다. 하지만 프랑스어에서는 설탕을 입힌 씨앗이나 견과류를 묘사하기 위해 '드라제dragée'라는 단어를 채택했다. '드레지dredge(밀가루나 설탕과 같은 재료를 묻힌다는 뜻)'와 마찬가지로,《옥스퍼드 영어사전》에 따르면 이 단어도 라틴어 '트라제마타tragēmata(과자, 후식)'에서 유래한 것으로 보인다.

사탕과자를 만들기 위해선 특수한 장비와 전문적인 기술이 필요했다. 게다가 설탕이 비싼 식재료였다는 사실까지 감안하면 사탕과자는 부유층의 전유물이었으며 보통 약재상으로부터 구입해 치료약으로 사용했음을 알 수 있다.《옥스퍼드 영어사전》에 실린 '드라제'의 뜻이 "중앙에 약물이 들어 있는 알사탕 또는 설탕절임. 약을 좀 더 기분 좋게 삼킬 수 있도록 만든 것. 현대엔 약을 복용하기 위한 수단으로만 쓰이지는 않음. 설탕을 입힌 아몬드를 뜻하기도 함"으로 정의된 것에서도 짐작할 수 있다. 사탕과자는 원래 설탕을 입힌 알약이었다. 중세 시대에는 당의糖衣 속에 잘게 썬 생강, 코리앤더, 아니스, 캐러웨이,

예쁜 파스텔색 요르단 아몬드는 오늘날 디저트 코스에 아름다운 색감을 더해준다.

펜넬, 샐러리 씨앗을 숨겼을 것으로 사료된다. 아니면 아몬드, 피스타 치오, 개암 열매, 살구나 체리 씨앗, 시나몬 조각에 설탕을 입혔을 수도 있다. 안젤리카와 붓꽃이나 흰붓꽃 등의 뿌리를 말려서 가루로 빻은 뒤 설탕, 아라비아고무와 섞어서 반죽을 하고, 작은 공 모양으로 굴린 다음 사탕 모양으로 굳히면 사탕과자가 완성되었다.

  15세기에 궁궐의 과자 제조인은 왕과 여왕, 그리고 귀족을 위해서 사탕과자를 만들었다. 상류층들은 정찬을 끝낸 뒤에 엄청난 양의 음식을 소화시키기 위해 보통 서서 사탕과자를 먹었다. 캐러웨이와 펜넬 씨앗 사탕과자는 최음제 효과가 있는 것은 물론, 입김을 달콤하게 하는 데도 사용되었다. 셰익스피어의 희곡 《윈저의 즐거운 아낙네들》에 서 주인공 폴스태프가 하늘에 "입맞춤용 사탕kissing-comfits을 퍼부어달 라"(5막 5장)고 청하는 것도 그런 이유 때문이다. 'comfit(사탕과자)'라는 단어가 'comfee'보다는 'comfort(위로)'와 발음이 더 비슷하고, 그중 캐 러웨이 사탕과자가 가장 인기 있다는 점에 착안해, 토머스 헤이우드는 자신의 17세기 연극 《서쪽에서 온 아름다운 아가씨》에 이런 말장난을 집어넣기도 했다. "실례를 무릅쓰고 그 연회에 참석하도록 하지. 거기서 위로comfit를 좀 받을 수 있지 않겠나. 캐러웨이를 전부 내 입속에 넣을 수도 있고 말이야."[23]

《파리의 살림안내서》에 따르면 저자는 결혼식 정찬의 피날레sally forth에 쓰기 위해 흰색 사탕과자를 1.5킬로그램 준비했다고 한다. 또 다른 축연에서는 붉은 사탕과자를 사서 식사 마지막에 대접하지 않고 블랑망제 위에 식류 씨앗과 함께 뿌렸다. 사탕과자를 집에서 준비하지 않고 향신료 판매상으로부터 살 예정이라는 메모도 있다. 사탕과자 만들기는 워낙 어려운 일이라 전문가에게 맡기는 게 최선이었다. 수년 동안 장비가 향상됐지만, 기본적인 과정은 그대로였다. 우선 씨앗이나 견과류를 양푼에 넣고 불 위에서 볶다가 제법 익으면 미리 녹인 설탕 시럽을 붓고 휘휘 저어 시럽을 듬뿍 묻혔다. 모든 씨앗에 시럽이 빠짐없이 묻고, 팬에 들러붙거나 씨앗끼리 뭉치는 걸 막기 위해 약재상은 손으로 뜨거운 시럽을 일일이 묻혀야 했다. 시럽이 마른 뒤엔 이 과정을 반복했다. 때론 사나흘에 걸쳐서 여러 번 되풀이했다.

17세기에 들어 요리사와 과자 제조인들이 약재상보다 사탕과자를 더 잘 만들게 되었지만, 제조 과정이 더 쉬워진 건 아니었다. 요리책을 인쇄 출간한 첫 여성 저자인 해나 울리는 1684년에 쓴 자신의 요리책 《여왕의 찬장》에서 그 과정을 아주 자세하게 묘사했다. 장비를 준비하는 과정을 설명한 다음, 이어서 이렇게 쓰고 있다.

다음과 같이 설탕을 녹인다. 양푼에 설탕 3파운드(약 1.3킬로그램)와 물 1파인트(약 570밀리리터)를 넣고 녹을 때까지 젓는다. 그리고 똑똑 떨어지지 않고 테레빈유처럼 국자에서 주르륵 흐를 때까지 아주 약한 불로 끓인다. 그런 다음 부글부글 끓이지 말고 따뜻한 불씨 위에 둔다. 그러면 국자로 떠서 부었을 때 씨앗 위로 흘러내릴 정도가 된다.

씨앗을 가능한 한 빨리 벽에 걸린 양푼에 옮겨 담는다. 국자로 뜨거운 설탕 시럽을 반쯤 떠서 씨앗 위에 뿌리고, 다른 손으로 씨앗을 한참 문지른다. 그래야 설탕이 씨앗에 골고루 묻고 코팅된 뒤에 잘 말릴 수 있다.

씨앗을 양푼으로 옮겨 담고, 사탕과자를 한 손으로 문지르고, 건조시켜서 시럽 입히기를 반복한다. 이러면 매 시간마다 사탕과자 3파운드를 만들 수 있다. 사탕과자의 크기가 커지면 국자로 시럽을 더 많이 떠서 뿌려야 할 것이다.

하지만 그냥 평범한 사탕과자라면, 처음에는 시럽의 농도를 진하게 만들고 마지막에는 연하게 만든다. 단, 시럽이 너무 뜨거워서는 안 된다. 바삭바삭하고 우둘투둘한 사탕과자를 원하면 시럽을 걸쭉하게 만들고, 국자로 부을 때 무릎 높이나 그보다 높은 데서 떨어뜨린다. 시럽이 뜨거울수록 사탕과자는 더욱 울퉁불퉁해질 것이다. 또한 시럽이 묽을 때처럼 사탕과자에 설탕이 많이 들지 않고 우둘투둘함도 오래 간다. 이렇게 시럽을 진하게 만들어서 여덟 번이나 열 번 정도 코팅을 하되, 그때마다 국자 가득 시럽을 채워서 부어야 한다.[24]

모든 사탕과자가 매끈한 건 아니었다. 어떤 것은 일부러 울퉁불퉁한, 울리의 말에 따르면 우둘투둘한 질감을 가졌는데, 당시엔 특히 이런 사탕과자가 인기가 좋았다. 모든 사탕과자가 하얀 것도 아니었다. 어떤 건 마지막에 시럽을 입히는 과정에서 식물에서 추출한 색소를 넣어 붉은색, 노란색, 푸른색, 초록색으로 물들이기도 했다. 장미 꽃잎은 분홍색, 사프란은 황금색, 시금치는 초록색, 수레국화는 푸른색 색소로 사용되었다.[25]

17세기 영국의 우아한 당과 그릇.

　　높은 신분을 상징하는 만큼 사탕과자는 때론 보석이 박히기도 한 우아한 접시에 담겨서 결혼식이나 축하연에서 제공되었다. 평소에는 '드라주아drageoir(당과 그릇)'라 불리는, 프랑스어 '드라제'에서 이름을 딴 작고 화려한 상자에 넣어 보관했다. 내용물이 보석만큼 값나가는 것은 아니었지만, 드라주아는 보석함처럼 정교하고 화사했다. 프랑스에서는 연회가 끝나고 나면 종종 손님들에게 사탕과자와 다른 달콤한 간식이 담긴 앙증맞은 바구니나 드라주아를 집에 가져가게끔 선물로 주었다. 프랑스인들은 사탕과자를 '봉봉'이라고도 불렀다. 봉봉 역시 마찬가지로 '봉보니에르bonbonnières(사탕 그릇)'라고 불리는 고급스런 용기에 담겨서 나왔다. 불임을 치료한다는 속설이 있어서 결혼식에서 쌀을 뿌리듯 사탕과자를 뿌리기도 했다.

사탕과자는 고위 성직자나 교회 당국자들의 방문을 환영하는 의미로도 사용했다. 프랑스 북동쪽에 위치한 도시 베르됭은 드라제를 잘 만들기로 유명해서, 한때 사탕과자를 주교의 공식 선물로 삼았다. 1575년, 이곳 시민들은 앙리 3세의 대관식을 축하하기 위해 설탕을 입힌 아몬드 열두 상자를 선물로 바치기도 했다. 이탈리아의 술모나 역시 훌륭한 콘페티를 만들기로 유명한 도시인데, 그곳에 가면 달콤한 과자를 전시하는 박물관을 만날 수 있다. 현재 사탕과자공예박물관은 술모나에서 가장 유명한 사탕과자 제조업체인 파브리카 콘페티 펠리노사가 입주해 있던, 개조식 16세기 건물에 위치해 있다.

결혼식과 축제 기간이 되면, 오늘날 색종이 조각을 공중에 뿌리듯이 사탕과자를 뿌렸다. 1891년 출간된 《월터 스콧 경의 일기》에서 스콧 경은 이탈리아에서 열린 한 행사를 회상하며 "축제에서 사탕과자와 같은 선물들이 날아다녔다"고 적고 있다.[26] 엄청나게 많은 사탕과자를 만들려면 돈이 많이 들었기 때문에 제과업자들은 제조법을 무시하고 편법을 썼다. 아몬드나 씨앗에 밀가루를 먼저 입힌 다음 설탕 시럽을 묻히는 식이었다. 이렇게 해야 설탕을 조금만 쓰면서 여러 겹을 빨리 입힐 수 있었다. 밀가루를 조금만 써도 제조 속도를 높이고 비용을 절감할 수 있다니, 더 많이 쓰면 효과가 더 좋을 게 분명했다. 이 방법은 사탕과자를 더 싸게, 더 빨리, 그러면서도 충분히 먹을 만하게 만드는 훌륭한 해결책이었다. 물론 순수한 사탕과자보단 맛이 떨어졌지만 말이다. 또 다른 해결책은 먹는 용도가 아닌, 단지 던지는 용도로 모조 사탕과자를 제작하는 것이었다. 이 모조품은 석고반죽을 이용해 아몬드 사탕과 똑같은 모양과 크기로 만들어져서, 카니발 행진 때 친구나 연인, 낯선 사람에게 사탕을 던지려는 사람들에게 바구니째 판매되었다. 사탕과자 던지기는 호감 있는 남녀에게 추파를 던지는 장치이기

19세기 로마 카니발에서 사람들이 사탕과자를 던지고 있다. 겁이 많은 이들은 이곳에 낄 자리가 없었다.

도 했다.

괴테는 30대 후반에 2년 동안 이탈리아를 여행하면서 그곳의 풍습에서 받은 인상을 《이탈리아 기행》(1787~1788)에 기록으로 남겼다. 괴테는 로마의 카니발을 이렇게 회상했다. "일종의 작은 전쟁이다. 대체로 재미가 넘치지만, 가끔은 심각한 상황이 펼쳐진다." 그는 걷거나 마차를 탄 채 거리를 가득 메운 가장 행렬 참가자들, 발코니에서 내려다보는 사람들, 그리고 거대한 바구니를 들고 군중을 가로지르며 축제복을 입은 흥에 겨운 시민들에게 석고반죽 알갱이를 팔려고 돌아다니는 행상꾼의 모습을 묘사하고 있다. 축제에 취한 이들은 석고반죽 알갱이를 몇 킬로그램씩 사서 자루에 채우거나 손수건으로 묶어서 무장했다. 어떤 여자들은 금은색의 예쁜 바구니에 알갱이를 넣어 들고 다녔다.

괴테에 따르면 사탕과자 던지기의 가장 매혹적인 표적은 사제로, 모조 사탕과자가 묻자마자 검은 옷이 흰색과 회색으로 얼룩덜룩해졌기 때문이었다. 하지만 사실 모두가 표적이었다. 남자들은 관심을 끌려고 예쁜 처자들에게 사탕과자를 던졌고, 여자들도 잘생긴 청년들에게 남몰래 자신의 사탕과자를 던졌다. 금세 마차, 코트, 모자 할 것 없이 거리 전체가 눈처럼 새하얘졌다. 엄청나게 재미있는 놀이였지만, 항상 그런 건 아니었다. 괴테의 기록을 보면 이따금 가장 행렬 참가자들이 사탕과자를 너무 열정적으로 던지는 바람에 관심을 끌려던 여자를 오히려 다치게 하기도 했다. 그러면 여자의 친구들이 피해 여성을 보호하기 위해 가해 남성을 공격했다. 경관을 배치하고 축제 곳곳에 걸린 교수대 올가미로 경각심을 일깨워주어야만 대치 상황이 위험으로 치닫는 것을 막을 수 있었다.[27] 하지만 대체로 축제는 유쾌했고, 반죽 쓰레기는 재빨리 수거되었으며, 모든 일이 순조롭게 진행되었다.

얼마 지나지 않아, 카니발 참가자들은 옷에 반죽 얼룩이 묻지 않게 보호하는 먼지막이 코트를 입기 시작했다. 석고반죽 알갱이가 눈에 들어가면 크게 다칠 수도 있기 때문에 눈을 보호하는, 철사로 된 마스크를 착용하는 사람도 생겼다(손이 아니라 소형 석탄삽처럼 생긴 주걱을 이용해서 알갱이를 던지는 이들도 있었으므로 보호장비는 필수품이 되었다). 찰스 디킨스가 이탈리아를 방문한 1844~1845년에, 이 사탕 전쟁은 급격하게 확대되었다. 디킨스는 축제에 참가한 모든 사람들의 익살에 감탄을 금치 못하면서도, 다른 참가자들처럼 얼굴을 보호하기 위해 철사로 된 마스크를 착용했다. 그는《이탈리아의 초상》에서, 심지어 마차에도 먼지막이 코트가 씌워져 있다고 기록한다. "모든 마차는 문이 열려 있고 내부에는 하얀 면이나 옥양목이 꼼꼼하게 씌워져 있다. 마차 내부의 훌륭한 장식이 끝없는 반죽 세례로 더러워질까봐 보호한 것이다." 그는 그 모의 전쟁을 이렇게 묘사했다.

> 흰 곳에 징체되어 길게 늘어선 마차들이 다른 마차, 또는 낮은 창가에 선 사람들과 고의로 교전을 시작한다. 높은 발코니나 창가에 선 구경꾼들도 난투극에 뛰어들어서 서로를 공격한다. 그러다 보면 사탕과자가 든 커다란 자루가 텅 비고 만다. 위에서 구름처럼 쏟아지는 사탕과자를 맞은 사람들은 순식간에 방앗간 주인처럼 새하얗게 변했다.[28]

위험한 석고반죽 사탕과자의 대체품으로 만든 건지, 그저 혁신적인 상품인지는 알 수 없지만, 19세기 말에 사탕과자와 같은 이름을 가진 새로운 제품이 등장했다. 1894년, 화가 로트레크가 그린 홍보 포스터에는 한 젊은 여인이 행복하게 미소를 지으며 허공에 뿌려진 (위험하지 않은) 형형색색의 색종이 조각confetti('색종이 조각' '사탕과자'라는 두 가지 의미가 있다―옮긴이)을 비처럼 맞는 장면이 그려져 있다. 이 포스터의 제작을 의뢰한 곳은 런던의 문구회사인 J&E 벨라사였다.

'종이 사탕과자'는 '석고반죽 사탕과자'의 엄청나게 진보한 형태였다. 종잇조각이기 때문에 마음대로 뿌려도 상관없었다. 값도 저렴하고, 축제 기분도 낼 수 있고, 가벼워서 아무리 뿌려도 해를 입히지 않았다. 게다가 옷에 자국을 남기지도 않아서 마스크나 먼지막이 코트를 착용할 필요도 없었다. 그러니 초창기 신문사들이 새 제품에 거의 열광적인 반응을 보인 것은 놀라운 일이 아니었다. 1894년 3월 26일,

앙리 드 툴루즈 로트레크가 1894년에 그린 색종이 사탕과자 홍보 포스터.

이탈리아 술모나에 위치한 펠리노사는 300년 된 레시피로 사탕과자를 만들며 밀가루나 전
분은 일체 사용하지 않는다고 말한다.

《뉴욕타임스》는 파리의 대로에 새로운 카펫이 생겼다고 보도했다. "색
종이 조각confetti이 가장 선진화된 취향을 가진 이들조차 본 적 없는, 폭
신폭신하고 아름답고 독창적인 벨벳 카펫을 선사했다." 종이 사탕과
자는 퍼레이드, 결혼식, 카니발을 점령했다. 그리고 석고반죽 사탕과
자의 자리를 대신하면서 사탕과자에게 무기가 아닌 달콤한 음식으로
서의 제 역할을 되찾아주었다.

　사탕과자는 전 세계 여러 나라에서 다양한 이름으로 아직 사랑받
고 있다. 이란에서는 새해가 봄의 첫날을 일컫는 노루즈Nowruz를 기점
으로 시작한다. 이날 이란 사람들은 새해를 축하하는 전통 행사로 일
곱 가지 단것을 식탁에 올린다. 그중엔 설탕을 입힌 아몬드인 '노기
스noghis'와 아몬드에 꿀, 사프란을 넣고 피스타치오로 고명을 얹은 '소
한 아살리sohan asali'라는 사탕과자가 포함되어 있다. 인도의 달콤한 '회
향', 영국의 '아니스 씨앗 사탕', 프랑스의 '플라비니의 아니스', 모두

사탕과자다(이름에 아니스가 들어가긴 하지만 맛이 다양하다). 사탕과자는 아이들의 간식(앨리스가 토끼굴에 빠질 때 수중에 사탕과자를 가지고 있었다)이면서 어른들의 입냄새 제거제이기도 하다. 과거와 그 쓰임이 가장 비슷한 사탕과자는 요르단종種 아몬드다. 요르단이라는 나라가 아니라 프랑스어 '야르댕jardin(정원)'에서 이름을 따온 이 아몬드는, 중세 시대에 우아한 정찬이 끝나면 손님들에게 사탕과자를 나눠주던 것처럼 종종 결혼식 하객들에게 선물로 제공되곤 한다. 차이라면 보석이 달린 드라주아가 아니라 리본으로 장식한 얇은 명주그물 주머니에 들어 있다는 점이다. 더 이상 사탕과자를 의약품으로 여기지는 않지만 행운이 온다는 속설 때문에 특히 다섯 개 묶음으로 제공한다. 이때 다섯은 각각 건강, 부, 행복, 다산, 장수를 나타낸다.

오늘날 추운 겨울날 향신료를 넣고 데운 포도주를 마실 때, 모과 페이스트 조각에 만체고 치즈를 곁들일 때, 달콤한 향신료를 넣은 적포도주에 데친 배를 먹으며 식사를 마칠 때, 우리에겐 위를 좁히거나 체액의 균형을 맞추려는 의도 같은 건 전혀 없다. 그런데도 우리는 조상들의 처방전을 따라서 똑같이 식사를 즐긴다. 먹는 이유는 달라졌지만 중세 정찬의 마지막 코스는 우리의 마지막 코스이기도 한다.

1693년 2월 28일, 볼로냐 비차니 궁전의 만찬 테이블을 장식한 설탕 조각품.

눈으로 먹는 디저트

2장

인간이 눈으로 음식을 먹는다면 중세 시대의 유럽 상류층은 제대로 식사를 즐긴 셈이다. 중세는 휘황찬란한 식탁 문화로 유명한 시대였다. 당시 식탁에선 설탕으로 조각한 우뚝 솟은 고성이 촛불에 반짝거리고, 공작새가 형형색색의 깃털을 뽐내고, 구운 수퇘지 머리가 입에서 불을 내뿜었다(장뇌와 알콜에 솜뭉치를 담갔다가 식탁에 올리기 직전 불을 붙여서 불을 뿜는 듯한 효과를 연출했다).[1]

중세 영국에서는 '식탁에서 사람들의 이목을 끄는 장식품'을 서틀티스subtelties(장식용 사탕과자라는 뜻도 있음―옮긴이)라고 불렀는데, 이 단어에서 오늘날의 서틀subtle(솜씨 좋은)이 파생되었다. 당시에 앵글로-노르만어인 '서틀리티subtelity'(sotilté 또는 sotelté, sotileté로도 쓴다)의 정확한 의미는 "디자인 솜씨가 복잡하거나 독창적임"이다. 이탈리아에서는 트리온피trionfi(승리), 프랑스에서는 앙트르메entremet라고 불렀는데, 앙트르메는 음식이나 코스 사이에 나오는 요리를 의미한다. 보통 한 상을 치우고 다음 상을 준비하기 전에 나와서, 시간도 때우고 빈 식탁도 채우면서, 부와 권력과 솜씨를 과시하는 것은 물론, 손님들에게 즐거운 눈요기도 제공했다.

서틀티스, 트리온피, 앙트르메는 짭짤한 음식인 경우도, 달콤한 음식인 경우도 있었다. 화려한 장식용 음식에 음악을 곁들여 오락의 형태로 만들거나, 연극의 막 사이에 짧게 보여주는 공연 또는 막간극 같은 짧은 연극의 형태를 띠기도 했다. 어떤 앙트르메는 정치적인 메시지를 전달하기도 했는데, 이를테면 주인의 광대한 영지를 손님들에게 상기시키기 위해 깃발이 날리는 성 모양을 전시하는 식이었다. 설탕과 페이스트리 또는 판지를 이용하면 숲속부터 제단을 갖춘 교회까지 재현하지 못하는 게 없었다. 대개는 먹을 수 있었으나 꼭 먹어야 할 필요는 없었다. 사실 시각적으로 즐거움을 주고 장관을 연출하는 것이 더 중요했다. 그리고 이 모든 연출엔 엄청난 노동력과 큰돈이 들었다. 특정 기념일이나 정치적으로 중요한 행사를 위해 서틀티스(장식용 음식)를 준비하려면 요리사, 시중 들 하인, 부엌일 할 하녀는 물론이고 목수, 화가, 조각가 등 장인 수십 명을 고용해야만 했다. 행사를 진행하기 위해 가수, 무용수, 연주자를 고용해야 할 때도 있었다.

특권층만이 정찬을 즐기며 이런 화려한 볼거리를 누리긴 했지만, 아래와 같은 전래 동요를 통해 모든 영국인이 이런 문화를 간접적으로 즐겼다.

어린 보갠 왕이 멋진 저택을 지었지
파이 크러스트와 페이스트리 크러스트가 벽이라네
창문은 블랙 푸딩과 화이트 푸딩,
그리고 벽은 팬케이크. 이런 집은 어디서도 못 본다네!

평민들은 카니발과 야외 축제에서 음식으로 만든 환상적인 건축물을 구경할 수 있었다. 17세기에 프란체스코 오릴리아가 만든 목판화에는 빵, 치즈, 과일, 살라미, 새끼 돼지로 만든 멋들어진 아치형 구조물이 등장한다. 이 건축물은 세례 요한 축일에 나폴리의 총독, 안토니오 알바레즈 드 톨레도 공작의 인자함을 널리 알리기 위해 만든 것이었다.[2] 설탕이나 소시지, 파이 크러스트나 버터, 그 무엇으로 만들든 앙트르메는 인상적인 작품이었다. 어떤 것은 영국의 유명 전래 동요에서 묘사하는 것처럼 눈이 휘둥그레질 정도였다.

식스펜스의 노래를 불러라
호밀로 가득 찬 주머니
파이 속에 든 검은 새 스물네 마리
파이를 열자 새들이 노래하기 시작한다
이게 바로 왕에게 바칠 진미가 아닐까?

기발한 가사처럼 파이 안에는 실제 살아 있는 검은 새들이 들어갔다. 하지만 굽지 않고 산 채로 넣어서 파이를 잘랐을 때 새들이 방 안으로 날아올라 지저귀게끔 만들었다. 이런 기막힌 연출을 하기 위해서는, 우선 크러스트 속에 밀기울을 가득 넣고 파이를 딱딱하게 구워야 했다. 베이킹이 끝나면 크러스트 아래쪽에 구멍을 내서 밀기울을 쏟아낸 다음, 속이 텅 빈 파이에 살아 있는 새를 집어넣고 구멍을 메운 뒤 식탁에 올렸다. 식사 자리에서 하인이 파이의 뚜껑을 제거하자마자 새들이 허공으로 날아올랐고, 이 광경을 본 손님들은 환호성을 질렀다.

로버트 메이는 17세기 후반의 영국 요리사이자 작가로, 음식을 대하는 그의 태도는 이전 시대를 기반으로 하고 있다. 프랑스에서 요리

훈련을 받은 왕정주의자인 그는 음식으로 화려한 볼거리를 연출하길 좋아했다. 그의 책《뛰어난 요리사》는 1660년에 처음 출간되었는데, 이 해에 올리버 크롬웰의 청교도 체제가 몰락하고 찰스 2세가 왕좌로 복귀했다. 이 사건을 기점으로 영국에서는 메이가 "귀족의 낙"이라 부르는 것들이 다시 환영받기 시작했다. 그는 이 책에서 천 개가 넘는 음식 레시피와 더불어 왕과 귀빈 앞에 놓을, 환상적이지만 일부는 먹을 수는 없는(어떤 이는 "믿을 수 없는"이라 말할 것이다) 음식들을 소개했다.

'축제 열두 번째 날을 위한 화려한 행렬과 전리품 요리'라는 장에서 그는 판지로 만든 배, 배에 꽂을 깃발, 증기선, 총 만드는 법을 설명하고 있다. 수사슴도 판지로 만들었는데, 속은 보르도산 적포도주를 채우고 옆구리에는 화살을 꽂았다. 완성된 사슴은 소금을 뿌린 커다란 접시 위에 올렸다. 계란은 내용물을 비우고 껍질 안에 장미 향수를 채운 뒤 소금 위에 얹었다. 개구리와 새를 속에 넣은 파이는 가장자리에 놓았다. 마침내 모든 요리를 제자리에 놓으면, 손님들의 입에서 "오!"나 "아!"와 같은 감탄사가 터져 나오게 된다. 메이의 설명에 따르면, 숙녀들에게 수사슴에 꽂힌 화살을 뽑아달라고 부탁했는데, 화살이 뽑힌 자리에서 포도주가 새어나와 피가 흐르는 것처럼 보였다고 한다. 이어서 판지로 만든 총이 발포되면서 가루가 날렸다. 메이는 뒷부분을 다음과 같이 묘사했다.

숙녀들이 달콤한 장미 향수가 든 계란껍질을 서로에게 던진다. 이 위험한 놀이가 끝날 때쯤이면, 파이 안에는 무엇이 들었는지 궁금해한다. 첫 번째 파이의 뚜껑을 열자 개구리들이 튀어나온다. 그러면 숙녀들이 비명을 지르며 폴짝 뛴다. 다음 파이에서는 새들이 날아오른다. 새들은 자연의 섭리대로 밝은 곳을 향해 날아가는 성질이 있으

파이 속에 검은 새를 넣는 관행이 사라진 지 한참 뒤에도 아이들은
전래 동요와 재밌는 그림으로 이 일을 즐겼다. 유명 영국 화가 월터
크레인이 1865년에 그린 그림이다.

니 촛불은 끄는 게 좋다. 이렇게 위로는 새들이 날아다니고 아래로는
개구리들이 폴짝거리니, 모든 사람들이 무척 기뻐하고 즐거워한다. 한
참 뒤에 촛불을 밝히고 만찬이 들어오고 음악이 흐르면, 모두가 크게
만족하고 기뻐하면서 조금 전에 했던 행동을 흉내 내며 반복한다.[3]

시간이 지나면서 앙트르메는 오락거리에서 입으로 즐기는 음식으
로 진화했다. 원래 종류도 채소, 계란부터 크림, 케이크까지 다양했지

만, 차츰 달콤한 음식들이 짭짤한 음식들을 밀어내기 시작했다. 오늘날 앙트르메는 메이가 살던 시대와 비교하면 심심해 보인다. 요즘도 페이스트리 셰프가 디저트 테이블에 화려한 구경거리를 연출하긴 하지만, 더 이상 정찬의 흥을 돋우는 오락거리로 폴짝폴짝 뛰어다니는 개구리와 날아다니는 새를 쓰지는 않는다. 물이 든 계란껍질을 서로에게 던지는 것도 용납되지 않는다. 오늘날 레스토랑의 디저트 메뉴에서 앙트르메라는 단어는 무스나 가나슈처럼 부드럽고 진한 필링을 채운 레이어 케이크를 의미한다. 어쩔 땐 케이크를 캐러멜 소스, 초콜릿 글레이즈, 과일 콩포트, 달콤한 비스킷 크럼블 또는 튀일tuile, 웨이퍼만큼 얇고 지붕 타일처럼 생긴 비스킷(쿠키)으로 장식하기도 한다. 현대의 페이스트리 및 베이킹 경연대회에서는 인상적인 앙트르메로 페이스트리 셰프의 우열을 가린다.

달콤한 만찬

메이가 말한 만찬banquet은 정찬을 마무리하는 설탕절임 코스를 의미한다. 'banquette'라고 쓰기도 하는데, 이 용어의 기원은 16세기로 거슬러 올라간다. 스코틀랜드에서는 만찬을 '케이크와 포도주 만찬'으로, 북잉글랜드에서는 '과일 만찬'으로 불렀다. 우리가 만찬이라고 하면 떠올리는, 세련되고 격식 있고 때론 공식적인 만찬과 혼동하지 말길 바란다. 당시의 만찬은 메인 식사가 끝난 다음 다른 방이나 다른 건물에서 먹던 달콤한 요리 코스였다. 이는 정찬을 마친 뒤 별도의 방에 가서 사탕과자와 이포크라스를 즐기던 초기의 관행에서 비롯한 것이었다. 달콤한 만찬은 손님에게 감동을 주기 위한 것이었기 때문에 요리사들은 만찬을 위해 어느 때보다 세련된 요리를 만들었다. 여전히 달콤한 음식이 (아무리 입을 즐겁게 하더라도) 소화를 도와주는 의학적 보조제로 여겨지긴 했지만, 이 만찬이 디저트 코스의 전신인 건 분명하다.

만찬이라는 단어는 만찬 코스, 만찬에 나오는 음식, 드넓은 땅에 만찬용으로 지은 건물을 두루 지칭했다. 정찬을 끝내고 만찬장에서 설탕 절임과 포도주를 즐기기 위해 정원을 한가로이 걷는 일은 기분을 전환시켜주는 유희거리였다. 고풍스런 만찬장 건물은 보통 호수나 정원이 한 눈에 보이는 언덕 위에 세워졌다. 어떤 곳은 지붕 위에 지어져 아름다운 풍광을 감상할 수 있었다. 청교도적인 사고방식을 가진 사람들은 이곳을 연인들의 은신처라고 생각해 못마땅하게 여겼지만, 그 밖의 사람들은 매우 좋아했다. 헨리 8세는 햄프튼 코트에 만찬장을 지었다. 엘리자베스 여왕이 가장 좋아했던 만찬장은 런던에서 16킬로미터 떨어진 논서치 궁전 언덕에 지어진 3층짜리 건물이다.[4] 엘리자베스 여왕은 달콤한 음식을 어찌나 좋아했던지 단것을 많이 먹어 이빨이 몽땅 썩어버린 것으로 유명했다. 그렇지만 당시 설탕 1파운드(약 460그램)는 기능공의 하루치 급료와 맞먹었기 때문에 오직 부유층만 만찬을 즐길 수 있었다.

당시 요리책에 담긴 목록들을 보면 '만찬에 필요한 모든 것들' 또는 '만찬용 장식품'의 목록이라고 해도 무방하다. 1611년에 익명의 저자가 쓴《숙녀와 상류층 여성을 위한 찬장》에서 만찬 음식을 소개하는 장의 제목은 '만찬용 장식품은 마멀레이드, 모과 및 다양한 과일 페이스트 등으로 시작한다'이다. 여기엔 다양한 사탕과자, 젤리, 과일 페이스트, 크림은 물론이고, 설탕으로 형상을 만들고 금박을 입힌 "제 발로 설 수 있는 새와 짐승들"을 만드는 법도 소개하고 있다. 저자는 웨이퍼 위에 작은 빵 덩어리 모양의 설탕 반죽을 놓고 함께 구운 설탕 비스

G.io. Batta. Lenardi delin.　　　　　　　　　　　　Arnoldo V. Westerhout. f

여신 주노와 키벨레를 조각한 설탕 조각품. 1687년 1월 14일, 캐슬마인 백작의 식탁을 가장
돋보이도록 만든 장식품이다.

킷인 '비스카텔로biskatello'도 만들었다. 이 책에서는 베이킹이 끝난 뒤
다음과 같이 하라고 지시한다. "금을 묻혀 상자에 담아라. 그러면 아주
훌륭한 만찬용 장식품이 된다." 설탕 반죽으로 만든 호두는 "부수면
속에서 비스킷과 캐러웨이, 또는 손수 적은 멋진 시가 나오도록" 만들
었다. 저자는 비슷한 만찬용 음식들이 "어린아이들을 즐겁게 하기 더
할 나위 없었다"고 적고 있다.[5]

　《숙녀와 상류층 여성을 위한 찬장》은 귀족들을 위해 쓰였지만, 만찬
코스의 개념은 아래 계층으로 퍼져나갔다. 저베이스 마컴(1568~1637)

은 영국의 시인 겸 극작가이자 수의학, 사냥, 매사냥, 승마에 관한 책을 집필한 작가다. 또한 17세기 초반에 영국의 살림살이에 대해 기술한 매우 중요한 저작《영국 주부》를 집필하기도 했다. 이 책은 초판 발간 후 여러 차례 재발행 및 재판을 거치다가, 1620년에 바다 건너 미국 버지니아주까지 소개되면서 미국 식민지에 전파된 첫 번째 요리책이 되었다. 아래는 마컴이 설명한 올바른 만찬 순서다.

: 만찬의 순서 :

처음에는 전시용 음식만 내놓는다. 가축, 조류, 생선, 가금류가 먼저다. (…) 그런 다음에 순서대로 마지팬, 과일 절임, 페이스트, 축축한 서킷(sucket), 건조한 서킷, 마멀레이드, 사탕과자, 사과, 배, 워든(배의 일종), 오렌지, 레몬 슬라이스를 올린다. 그다음은 물, 그리고 종류가 다른 과일 절임 차례다. (…) 종류가 같은 접시는 절대 내지도, 나란히 두지도 않는다. 모든 음식은 보기에 즐거울 뿐 아니라 식욕도 돋우어야만 한다.[6]

마컴은 귀족을 대상으로 하는 초기 요리책들과 달리 시골의 주부와 교양 있는 부인들을 위해 책을 썼다. 그렇다고 평범한 노동자의 배우자를 대상으로 하지는 않았다. 이 책의 독자는 박식하고 땅도 있고 살림도 잘하는 파트너로서, 책임져야 할 일이 엄청나게 많았다. 이는 마컴이 책 전반에 걸쳐 의학, 요리, 증류, 양조, 베이킹, 낙농, 염색, 만찬 준비처럼 다채로운 주제를 체계적으로 다루고 있다는 점에서도 알 수 있다.[7] 마컴은 만찬 음식을 다룬 장을 소개하면서 이런 "예쁘고 독특한 비법들"이 일반적으로는 쓸모없지만 "찬사를 바치기 위해서 필요하다"고 적고 있다. 그리고 진정한 주부라면 이런 만찬 요리를 만드는 법도 알아야 한다고 말했다. 주부가 이런 책임을 져야 하는 이유는 설탕은 치료제와 마찬가지며, 가족들을 위해 치료제를 준비하는 건 주부의 의무였기 때문이었다. 게다가 설탕이 아직 비싼 시절이라 누군가 설탕을 몰래 빼돌리지 않도록 유심히 지켜보는 것도 중요했다. 그런 이유로 집집마다 보통 안주인과 하녀들이 이런 달콤한 진미를 만드는 일을 담당했다. T. 홀의 책 《여왕의 고귀한 요리》(1709)의 권두삽화에서도 남자 요리사는 활활 타오르는 불 위에서 고기를 굽고, 여자 요리사는 증류를 하고 페이스트리를 만드는 장면을 볼 수 있다. 오늘날에도 여전히 남자는 석쇠에서 굽는 일을, 여성은 페이스트리 만드는 일을 담당한다.

마컴의 만찬 레시피는 중세의 것과 크게 다르지 않았다. 여기엔 젤리, 마멀레이드, 밴버리 케이크, 진저브레드, 스파이스 케이크, 설탕 반죽으로 만든 가짜 시나몬 스틱, '점벌jumbal'이라는 이름의 비스킷, 오늘날의 마지팬 격인 마치페인으로 만든 당과, '서킷'이라는 이름의 설탕절임, 그리고 이포크라스와 여러 음료 등이 포함된다. 다음은 마컴이 소개하는 점벌의 레시피다.

최고의 점벌을 만들려면 계란 흰자 3개를 잘 젓고 거품을 걷어낸다. 그런 다음 우유 조금, 체에 함께 넣고 곱게 거른 밀가루와 설탕 1파운드, 잘 비벼서 말린 아니드 씨앗 조금을 넣는다. 전부 섞어서 반죽을 최대한 단단하게 만든다. 그런 다음 원하는 형태로 만들어서 하얀 종이 위에 놓고 부드러운 오븐(soft oven)에서 굽는다.[8]

만찬 테이블을 얼마나 시각적으로 놀랍게 연출하는지는 과자 제조인이 설탕을 얼마나 잘 다루느냐에 달려 있었다. 이슬람 문화권에서는 적어도 11세기부터 과자 제조인들이 설탕공예 기술을 습득했다. 그들의 지식은 교역을 통해 중동에서 베네치아로 건너갔다가 유럽 궁정으로 퍼져나갔다. 그 덕에 유럽의 과자 제조인들은 설탕을 끓이면 맑은 시럽으로 변하고, 은색 실처럼 가늘게 늘어나며, 졸이면 짙고 선명한 캐러멜이 된다는 사실을 깨달았다. 15세기에 중동의 기술을 또다시 받아들여 그들은 설탕에 트래거캔스검이라 불리는 지중해성 관목의 송진을 섞기 시작했다. 그 결과 슈거 플레이트 또는 패스티야지(설탕 세공)라고 불리는 설탕 반죽이 탄생했다. 설탕 반죽은 테이블 장식을 완전히 바꿔놓았다. '검 드래곤gum dragon' 또는 '드래곤'이라고도 불리는 트래거캔스검은 설탕과 결합하면 점성과 접착성이 높아져서 손이나 틀로 매만져서 모양을 잡을 수 있게 된다. 덕분에 설탕 조각의 높이는 나날이 높아졌고 디자인도 놀랍도록 복잡해졌다. 성, 기사, 낙타, 코끼리, 건물, 새, 짐승(종종 정치적, 역사적, 신화적 주제를 띠기도 했다) 이 모든 것을 설탕 반죽으로 만들었다. 완성품은 흰색 그대로 두기도, 마음먹기에 따라 색칠을 하거나 금박을 입히기도 했다. 설탕 조각품은 보기 드물게 놀라운 볼거리였기 때문에 만찬을 두고 설탕 만찬이라 부르는 경우도 있었다.

발루아의 앙리였다가 폴란드의 왕을 거쳐 이후 프랑스 국왕 자리에 오르게 되는 앙리 3세는 1574년 베네치아를 방문해 곳곳에서 후한 환대를 받았다. 그는 먼저 무기고에 들러 전시된 무기를 보고 큰 감동을 느꼈다. 그리고 자리를 옮겨 설탕으로 만든 간식을 대접받았다. 마지팬과 설탕 반죽으로 만든 예술적인 작품에 무기고에서 느낀 것과 같은 감동이 밀려왔다. 하지만 음식을 먹기 위해 냅킨을 집어든 순간 놀라움은 배가되었다. 냅킨도 설탕이었던 것이다. 사실, 접시와 빵은 물론이고 커트러리까지 모든 것이 설탕이었다. 다음 날 또 다른 설탕 만찬이 차려졌고 식탁에는 새하얀 순백색 설탕으로 만든 여성의 형상 300개가 놓였다. 설탕으로 만든 이슬람 궁전이었다. 그중엔 왕에게 두 개의 왕관을 바치는 여왕의 모형도 있었다. 만찬이 끝날 무렵에는 손님들에게 달콤한 조각품을 집에 가져갈 수 있도록 특별한 선물 가방이 주어졌다. 앙리 3세는 크게 감동한 나머지, 작은 설탕 조각상 39개를 주문해서 프랑스로 가져갔다.[9]

설탕 만찬은 특히 결혼식에 잘 어울렸다. 1585년 뒤셀도르프 성에서 열린 한 성대한 결혼식의 대단원은 유난히 남달랐다. 프란스 호겐베르크가 그린 인쇄물에 그 광경이 자세히 묘사되어 있는데, 천으로 덮은 식탁 위에 성, 나무, 물고기, 사자, 코끼리, 말 탄 남자 등등 거대한 설탕 조각들이 즐비하게 늘어서 있다. 설탕 조각상의 높이가 너무 높아서 전면에 서 있는 손님들이 난쟁이처럼 보일 정도다. 결혼식이 끝나자마자 손님들은 조각품을 산산조각내서 기념품으로 챙겨갔다.[10]

손님이나 관중들이 장식품을 박살낸 뒤 먹는 것은 흔한 일이었다. 존 에벌린은 말년에 샐러드에 관한 초창기 문헌인 《아세테리아: 채식에 관한 담화》를 집필해 유명해졌는데, 그는 일기, 편지, 여러 저술 활동을 통해 자신이 참석했던 여러 정찬을 기록으로 남겼다. 1685년 12월 초, 그는 제임스 2세가 베네치아 대사들을 위해 열었던 만찬을 이렇게 묘사했다.

만찬장에는 거대한 접시 열두 개가 너무 높이 쌓여 있어서 자리에 앉

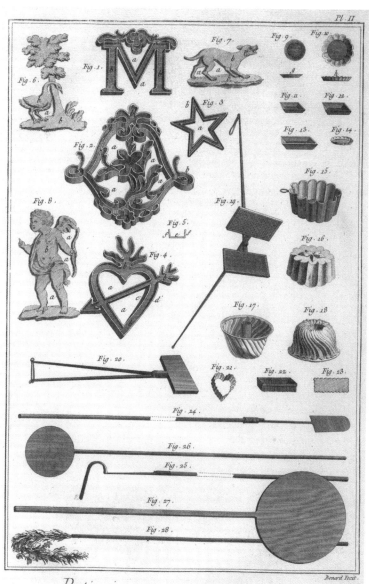

Patissier, Tourtieres, Moules, Gaufrier, Pêles &c.

Benard Fecit.

18세기 제과사들이 사용하던 제과 도구들.

은 손님들이 서로의 얼굴을 보기가 힘들 정도였다. 설탕절임들을 매우 정교하게 쌓아올리느라 수일은 걸렸을 게 분명했다. 호기심에 구경하러 온 관중들이 볼 수 있도록 대사들은 음식을 만지지 않고 가만히 두었다. 그러다 일순간 진기한 작품들을 전부 허물고, 설탕절임을 남김없이 없애고, 테이블을 깨끗이 치우는 광경을 보고는 몹시 기뻐했다.[11]

오스만 제국 시절, 디기의 과자 제조인들은 달콤한 음식을 잘 만들기로 명성이 자자했다. 유럽의 과자 제조인들과 마찬가지로 그들은 왕실과 종교 행사, 특히 할례식과 결혼식을 위해 정교한 설탕 장식품을 만들었다. 그럴 때면 정원, 동물, 주사위 놀이, 체스 세트, 신화 속 인물들을 창조했는데, 그중 그들의 장기는 정원이었다. 흑설탕으로 만든 화단에 설탕으로 만든 튤립, 장미, 노랑수선화가 피었고, 정원 사이로 설탕을 입힌 아몬드 길이 나 있으며, 설탕으로 만든 나무에 잘 익은 설탕 레몬과 살구가 달렸다. 그들은 이 멋진 작품을 거리 행진에서 공개한 다음 군중들과 함께 나누어 먹었다. 1675년, 술탄 메흐메드 4세는 장남의 할례식 축제 열하루째 날, 바닥에 천 개의 사탕 접시를 준비해놓고 군중과 나누기도 했다. 터키 역사학자 마리 이신에 따르면, 이런 어마어마한 규모의 축하행사에 쓸 설탕절임을 만들기 위해선 다국적인 노력을 들여야 했다. 국내의 과자 제조인 수백 명으로도 모자라, 베네치아와 그리스 키오스섬의 전문가들까지 고용해 장식에 투입했다.[12]

적절한 지원군을 구하지 못할 경우, 정교한 장식품이나 설탕 조각품을 대여하거나 구입할 수도 있었다. 18세기에는 설탕 조각품을 대신해 마이센, 세브르, 웨지우드 같은 신흥 제조업체들이 만든 우아한 도자기 장식품을 놓는 문화가 유행하기도 했다.

만찬을 장식한 디저트의 재료 중에서 가장 다양하게 활용된 건 마지팬이었다. 아몬드와 설탕을 섞어 모양을 내고 매만지고 틀을 잡아서 색깔을 입히면 햄과 베이컨부터 배와 오렌지까지 모든 형상을 멋들어지게 만들 수 있었다. 마지팬은 6세기 페르시아에서 생겨난 것으로 추정되는데, 아몬드의 원산지이자 당시에 설탕 정제 기술이 가장 발달한 곳이 바로 페르시아였기 때문이다. 중세 후반, 이 맛있는 설탕 과자는 시칠리아, 베네치아, 스페인, 포르투갈을 거쳐 유럽 전역으로 퍼져나갔다. 마지팬은 틀을 잡아주는 훌륭한 수단일 뿐 아니라 맛도 매력적이다. 그런 이유로, 사람들은 전시가 끝나자마자 마지팬으로 만든 모형을 먹어치웠다. 그 사실에 제조인이 경악을 금치 못하는 경우도 종종 있었다. 다름 아닌 레오나르도 다빈치가 그랬다. 그는 마지팬으로 모형을 조각한 뒤 이렇게 불평하곤 했다. "나의 후원자 루도비코와 그의 저택 사람들이 내가 바친 조각품을 한 점도 남김 없이 게걸스레 먹어치우는 걸 고통스럽게 지켜봐왔다." 그리고 이렇게 썼다. "이제 맛이 그만큼 좋지 않은 다른 재료를 찾을 생각이다. 그래야 내 작품이 온전히 살아남을 것 같다."[13]

오늘날, 유럽과 미국 전역에서 진짜를 감쪽같이 흉내 낸, 눈부시게 아름다운 배, 수박, 석류, 토마토와 같은 다양한 과일 및 채소 모양의 마지팬을 판매하고 있다. 어떤 마지팬은 설탕을 묻힌 계란 노른자나 잼, 초콜릿이 들어 있고, 또 어떤 것은 겉에 정제 설탕이 묻어 있다. 이런 각양각색의 디저트 곁에 마지팬으로 만든 양lamb까지 추가하면, 크리스마스와 부활절 디저트 테이블에서 가장 이목을 끌 수밖에 없다.

설탕과 아몬드를 섞으면 모양도 내고 맛도 있는 달콤한 간식이 된다는 행복한 아이디어를 맨 처음 낸 사람이 누군지는 확실치 않다. 하지만 스페인, 포르투갈, 이탈리아, 시칠리아 등지에서 세속과 격리된 채 생활하던 수녀들이 마지팬이 오래도록 살아남는 데 한 몫을 했다는 건 분명한 사실이다. 종교적 대격변을 비롯해 전쟁과 반목을 거치는 동안, 수녀들은 수도원에 자금을 대기 위해 시종일관 마지팬과 다양한 설탕절임을 만들어 팔았다. 지역을 중심으로 딩과를 판매하고 신교사와 딤험가들의 손에 들려 보내는 식으로 그들은 전 세계에 달콤한 음식들을 퍼뜨렸다. 세속과 격리된 삶을 지키기 위해 구매자들과 직접 접촉하지 않고 물건을 판매하는 기발한 방법도 생각해냈다. 오늘날 아주 드물긴 하지만 몇몇 지역에는 아직도 이런 관행이 남아 있다. 스페인 마드리드의 콘데 데 미란다 광장에는 17세기에 세워진 코르푸스 크리스티 수도원이 있는데, 이곳 수녀들은 아몬드 비스킷, 나라닌naranine (오렌지 설탕절임)을 비롯한 다양한 페이스트리류를 팔고 있다. 마지팬은 팔지 않지만 이들의 판매 방식은 과거와 비슷하다. 수도원의 입구 벽 안쪽에 턴테이블(나무로 만든 소형 회전문처럼 생겼다)이 놓여 있어 방문객과 수녀들이 서로 얼굴을 보지 않고 거래를 할 수 있다. 턴테이블 바로 옆 벽면에는 페이스트리 목록이 붙어 있다. 방문객들이 목록을 읽고 페이스트

마지팬은 스페인 톨레도가 자랑하는 제과명물 중 하나다.

리를 선택한 뒤 턴테이블 바닥에 주문서와 돈을 놓고 돌린다. 그러면 몇 분 뒤에 주문한 페이스트리를 싣고 턴테이블이 제자리로 돌아온다. 만찬용 장식품 목록에는 이따금 '마치페인marchpane'이라는 이름이 올랐는데, 발음만 들으면 마지팬을 다르게 표기한 것처럼 들린다. 하지만 마치페인은 마지팬과 가깝긴 하나 별개의 음식이었다. 1659년 익명의 저자가 쓴 《완벽한 요리사》의 레시피에 따르면, 먼저 아몬드 페이스트를 만들고 파이 반죽처럼 밀대로 밀어서 가장자리를 "타르트 파이처럼" 세운다. 그런 다음 웨이퍼 위에 얹어서 굽는다. 저자는 이 레시피의 제목을 '마치페인 만드는 법과 아이싱하기'라고 붙였는데, 베이킹이 끝나면 "장미 향수와 설탕으로 아이싱"을 만들고 "깃털"처럼 생긴 도구를 이용해 반죽 위에 펼치라고 설명한다. 작업이 모두 완료되면 맨 위에 기다란 사탕과자를 수직으로 꽂은 뒤 식탁에 올렸다.[14] 이 레시피에서는 마치페인의 크기는 알려주지 않는다. 그로부터 몇 년 후, 케넬름 딕비 경이 쓴 책 《배움이 탁월한 케넬름 딕비 경의 열린 찬장》(1671)에 마치페인은 사람 머리 크기에 두께는 손가락 굵기여야 한다는 구체적인 언급이 등장한다.[15]

이 시대 사람들이 대개 그랬듯, 딕비 경 역시 친구들로부터 레시피를 수집했다. 그 레시피들은 조수였던 조지 하트먼이 그의 사

마지팬으로 만든 우아한 뱀장어(anguillas).

후 한데 모아 책으로 출간했다. 딕비 경은 기사이자, 작가 겸 해군 장교로 다재다능한 사람이었다. 유럽의 과학, 철학, 수학 집단에서 저명 인사였던 그는 현대적인 포도주병을 창시한 사람으로 알려져 있다. 1630년대에 그는 자신이 소유한 유리 공장에서 목이 가늘고 바닥이 옴폭한(펀트) 포도주병과 와인 칼라(병목에 끼우는 고리 모양의 와인 부속품으로 소량의 술방울이 병을 타고 흐르는 것을 막아준다 —옮긴이)를 제조했다. 또한 애서가로서 중요한 원고와 책을 다수 보관한 것으로도 유명했다. 그는 옥스퍼드의 보들리언 도서관과 파리에 위치한 프랑스국립도서관에 장서를 기증한 데 이어, 1655년에는 매사추세츠주 켐브리지에 위치한 설립 초기 하버드대학에 책 40권을 기증했다.[16] 게다가 아침 식사로 베이컨과 계란을 처음 제안하기도 했다. "삶은 계란 두 개에 잘 말린 얇은 베이컨 몇 조각은 아침식사나 첫 끼니를 시작하기에 나쁘지 않다."[17]

딕비 경의 마치페인 레시피는 세부적인 면에서 《완벽한 요리사》에서 소개하는 것과 살짝 다르다. 그는 반죽의 가장자리를 타르트처럼 세우지 않았다. 대신 종이 위에 놓고 굽다가 중간에 한 번 뒤집어서 눌러 붙지 않도록 했다. 또한 마치페인은 겉은 바삭하되 속은 촉촉하고 부드러워야 한다고 설명했다. 베이킹이 끝난 다음엔 겉면에 계란 흰자, 설탕, 그리고 등화수橙花水나 장미 향수를 섞은 아이싱 재료를 발랐다. 그에 따르면 완성된 마치페인은 "유광과 무광의 중간인 은이나 유리처럼 깨끗하고 하얗고 매끄러워야 한다."

과자 제조인들은 마치페인을 정교한 설탕 조각상을 지지하기 위한 받침대로도 사용했다. 1562년에 엘리자베스 여왕 앞에는 마치페인을 지지대로 삼은 세인트 폴 성당 모형이 놓였다.[18] 마치페인을 만드는 게 너무 어렵다고 생각한 사람들은 과자 제조인들이 만들어놓은 기성품을 구입하기도 했다. 액상프로방스 지역의 특산품인 '칼리송Calisson'이라는 아몬드 캔디가 바로 마치페인의 후손이다.

포크, 나이프, 스푼

추운 겨울날, 설탕 시럽에 절인 오렌지껍질이나 생강 같은 만찬용 디저트를 한 입 물고 따뜻한 햇살의 기운을 느끼는 것보다 행복한 일이 또 있을까? 촛불 곁에서 반짝거리는 설탕 입은 당과는 만찬 테이블에서 우리의 눈과 입을 황홀하게 만든다. 이런 달콤한 당과 덕분에 과일이나 베리류는 계절의 제약 없이 사시사철 즐기는 간식으로 탈바꿈했으며, 만찬을 베푸는 주인은 덩달아 부를 과시할 수도 있게 되었다. 꿀과 마찬가지로 설탕은 훌륭한 방부제다. 음식을 병에 넣어 판매하거나 냉장고에서 보관하기 훨씬 전, 해상 교역을 위해 길고도 험난한 항해를 하던 시절에 요리사들은 과일에 꿀이나 설탕을 섞어 요리하면 안전하게 보관할 수 있을 뿐 아니라 계절에 상관없이 즐길 수 있다는 사실을 깨달았다. 과일을 생으로 먹으면 위험하고 설탕절임에 의학적 효능이 있다고 믿던 때라 과일 절임은 더욱 환영받았다. "녹색 채소와 생과일을 조심하라. 아니면 군주가 병에 걸릴 것이다." 윌리엄 래비샤는 자신의 책《영국, 프랑스, 이탈리아, 네덜란드의 최고의 전통에 따라 체계적이고 인위적으로 분해하고, 검증하고, 가르치는 요리의 모든 것》(1673)에서 이렇게 충고한다.[19]

16세기와 17세기에 쓰인 요리책들은 레시피가 비슷한, 다양한 설탕절임을 소개하고 있다.《숙녀와 상류층 여성을 위한 찬장》의 1611년 판본에서 익명의 저자는 한 장을 할애해서 제비꽃, 메리골드뿐 아니라, 생강, 바베리, 구스베리, 다양한 뿌리 및 시트론까지, "모든 종류의 꽃, 과일, 향신료"를 이용해서 설탕 절임하는 법을 소개하고 있다. 여기서 대부분의 레시피는 "1년 내내 보관하라"는 문구로 끝난다. 이때까지 대부분의 요리사들이 과일을 보관하기 위해 설탕을 사용했지만, 딕비 경의 '모과를 1년 내내 훌륭하게 보관하라'의 레시피에는 꿀이 들어간다.[20]

이런 설탕절임들을 '서킷' 또는 '서케이드succade'라고 불렀는데, 물기가 있는 것과 물기가 없는 것 두 가지 종류가 있었다. 물기가 있는 서킷은 설탕 시럽에 과일, 껍질, 뿌리를 절여서 만찬 테이블에 올렸다. 사람들은 끈적끈적한 서킷을 먹기 위해 서킷용 포크를 사용하기 시작했다. 물기가 없는 서킷 역시 만찬에서 볼 수 있었는데, 과일 등을 설탕 시럽에 절인 뒤 수분을 따라내고 설탕을 발라서 따뜻한 오븐에서 건조시킨 뒤 내놓았다.

《여왕의 고귀한 요리》에서 저자 T. 홀은 과일을 건조시킬 때 설탕을 세 번 내지 네 번 흩뿌리라고 지시한다. 그는 "생선을 튀길 때 밀가루를 뿌리는 것처럼" 설탕을 입히라고 적고 있다. 아래는 그가 소개하는 "바베리를 설탕절임하는 법"이다.

> 먼저 바베리를 설탕에 절인다. 그리고 따뜻한 물에 재빨리 적셔서 끈적끈적한 시럽을 씻어낸다. 그다음 바싹 말린 설탕을 그 위에 흩뿌리고 오븐이나 스토브에 서너 시간 넣어둔다. 계속 뒤적거리면서 고운 설탕가루를 더 뿌린다. 바싹 마를 때까지 식지 않도록 주의하라. 그러면 다이아몬드처럼 반짝거리기 시작할 것이다.[21]

많은 레시피들이 서킷에 특별한 의학적 효능이 있다고 언급하고 있다. 설탕에 절인 미나리과 다년초 에링고 뿌리는 17세기 및 18세기 영국과 여러 유럽 국가에서 최음제적 효과를 지녔다고 알려져 인기를 끌었다. 딕비 경은 상추 줄기와 아욱 줄기로도 서킷을 만들었다. 그는 아욱 줄기가 어리고 부드러운 봄철에 설탕에 절이기를 추천했다. 먼저 설탕 시럽에 아욱 줄기를 넣고 요리한 뒤 불을 끄고 하룻밤 그대로 담가놓는다. 그리고 이튿날 다시 익히기를 반복한다. 그는 이 과정을 "시럽이 충분히 밸 때까지 여섯 번에서 여덟 번 내지는 아홉 번까지" 반복했다. 시럽에 담가 물기가 있는 서킷으로 만들 수도, 스토브에 넣어 물기가 없는 서킷으로 만들 수도 있었다. 딕비 경은 물기 없는 서킷을 좋아했지만, 속이 부드럽고 촉촉한 것을 선호했다. "이탈리아에서는 서킷을 많이 먹는다. 그러면 소변이 따뜻해지고 소변 줄기도 선명해진다." 또한 임질의 통증을 완화시켜주는 데도 좋다고 쓰고 있다.[22]

스푼은 오래 전부터 수프와 귀리죽을 푸기 위해 사용되었는데 그 기

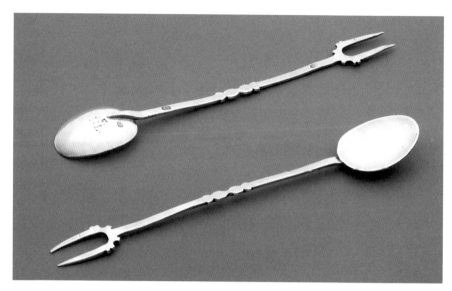

17세기 미국에서 만든 서킷용 은포크.

원은 조개껍데기로 보인다. 나이프는 무기였기 때문에 집주인이 손님들에게 나이프류를 제공하는 일은 흔치 않았다. 따라서 식사에 초대받은 손님들은 자신의 나이프를 사용했으며, 나이프의 날카롭고 뾰족한 끄트머리를 이용해 식탁 위 음식 조각을 찍어먹었다. 포크는 일반적으로 끝이 두 갈래로 나뉜 서빙 도구였다. 음식을 먹는 데 쓰는 도구가 아니었다. 사실 대부분이 포크를 사용할 필요가 없다고 생각했다. 그러다 15세기에 들어 이탈리아의 귀족과 부유한 상인들이 서킷 또는 설탕절임용 포크를 사용하기 시작했다. 요즘의 식사용 포크보다는 조금 더 작고 두 갈래로 나뉜 섬세한 설탕절임용 포크는 끈적끈적한 물기없는 서킷을 찍어먹는 데 사용되었다. 물기 있는 서킷을 먹을 때는 한쪽 끝은 두 갈래로 나뉘고 다른 끝은 숟가락처럼 떠먹을 수 있는 포크를 썼다. 사람들은 포크로 과일을 찍고, 스푼으로 접시 바닥에 깔린 시럽을 떠서 먹었다.

애초에 포크에 아무런 매력을 느끼지 못한 탓에 사람들은 포크를 사용하는 데 상당한 저항감을 느꼈다. 어떤 이들은 포크가 비종교적이라고 생각했다. 두 갈래로 갈라진 모양이 악마의 뿔을 닮았다고 여겼으며, 신으로부터 받은 선물인 음식을 포크로 먹는다는 건 음식이 손으로 만지면 안 될 정도로 훌륭하지 못함을 의미했다.[23] 하지만 점차 이탈리아부터 프랑스, 스위스, 독일, 네덜란드, 영국까지 유럽의 많은 국가들이 포크를 받아들이기 시작했으며, 16세기와 17세기에는 스칸디나비아 국가까지 퍼져나갔다. 17세기 말엽에는 미국 매사추세츠주 보스턴에서도 은으로 된 서킷 포크를 제작했다. 포크는 실용적인 만큼 화려했다. 주로 은으로 만들어서 정교하게 장식했다. 어떤 것은 진주, 호박, 상아, 유리구슬을 박거나 붙였다. 설탕절임용 포크는 약 두 세기 동안 사용되었으며, 18세기 초에 들어서는 세 갈래로 나뉜 식사용 포크가 보편적으로 사용되기 시작했다.

'서킷'은 오래전에 사라진 사어死語지만, 우리는 여전히 설탕에 절인 생강을 즐기고, 푸딩 및 달콤한 음식에 설탕에 절인 시트러스 껍질을 곁들인다. 설탕 시럽에 절인 과일은 키프로스, 그리스의 크레타 섬과 같은 많은 곳에서 매우 즐겨 먹는 달콤한 간식이다. '스푼 스위츠spoon sweets'라 불리는 이 디저트는 가게에서 살 수도 있지만, 집에서 직접 만든 것이 가장 맛있다. 그리스에서 운 좋게 오후에 누군가의 집을 방문하게 된다면, 분명 안주인이 반짝이는 스푼 스위츠 한 그릇을 차가운 냉수와 함께 대접할 것이다. 플럼, 체리, 오렌지껍질, 무화과, 포도, 덜익은 초록색 호두, 모과, 심지어 당근을 설탕 시럽에 절인 뒤 소독한 유리병에 넣어서 몇 달 동안 보관하면 손님맞이는 걱정 없다. 서킷 포크 대신 스푼으로 먹기는 하지만, 스푼 스위츠는 이름만 바꾼 서킷이다.

17세기에 들어 유럽 상류층의 식사 문화에는 엄청난 변화가 찾아왔다. 음식과 건강에 관한 새로운 책과 이론들이 등장했다. 요리책은 훨씬 구하기 쉬워졌고 국경을 넘어 번역되고 전파되었다. 체액설에 대한 믿음은 시들해졌다. 설탕은 마법과도 같은 의학적 효력을 잃었으며, 몇몇 사람들은 설탕을 낭뇨와 같은 질병과 연관 짓기도 했다. 짭짤한 음식과 달콤한 음식도 분리되었다. 짭짤한 음식에 설탕을 뿌리는 관습도 사라졌으며, 식사 내내 나오던 달콤한 음식은 마지막 코스로 미루기 시작했다. 그렇다고 설탕을 적게 소비했다는 뜻은 아니다. 신대륙에서 노예를 착취해 대규모로 사탕수수를 경작하고 설탕 정제공장 수가 늘어나면서 설탕 가격이 하락했고 설탕을 소비하는 계층은 아래로 확대되었다. 더 이상 상류층에만 국한하지 않고 거의 모든 사람들이 설탕을 소비하게 된 것이다. 설탕은 특히 (유럽 사람들에게는) 신문물인 커피, 차, 초콜릿 음료를 달콤하게 만드는 데 유용하게 쓰였다.

식사를 접대하는 문화도 더불어 변했다. 프랑스식 접대법은 프랑스뿐 아니라 유럽 전역에서 점차 표준이 되었고, 19세기까지 관행처럼 지속되었다. 이전처럼 식탁을 다양한 음식으로 풍성하게 채우지 않고, 음식의 위치를 신중하게 계획해서 대칭형 패턴으로 놓았다. 요리책들은 레시피와 메뉴는 물론, 올바른 위치에 접시를 올릴 수 있도록 식탁 배치도를 함께 제공했다. 모든 음식에는 제자리가 있었으며 올바른 정찬을 위해서는 모든 음식을 제자리에 놓아야만 했다.

여전히 코스마다 열두 개가 넘는 음식이 나왔지만, 일반적으로 코스는 세 번 내지 네 번에 그쳤다. 레시피에서 음식이 놓일 적절한 위치를 알려주기도 했다. 저녁 식사 자리에서 음식을 식탁 모서리에 놓을지,

1747년, 프랑수아 1세를 기리기 위한 축제. 중요 테이블 네 개에 정교한 디저트 코스를 차렸다.

중앙에 놓을지, 아니면 만찬 자리에서 중앙 장식물로 쓸지를 알려주는 식이었다. 첫 번째 코스로는 수프가 나왔는데, 정교하게 만든 커다란 수프 그릇에 담아서 식탁 한가운데 놓았다. 수프 그릇이 두 개 필요할 땐 식탁 양쪽 끝에 놓고 가운데에는 좀 더 작은 고기 접시를 올렸다. 중간 크기의 접시들은 다양한 음식을 담아 식탁의 네 모서리에 놓았고, 그보다 작은 접시들은 그 사이사이에 두었다. 전채에 해당하는 작은 접시 여덟 개는 메인 음식 옆에 나란히 배치했다. 사람들은 식탁 모서리 주변에 둘러앉아 식사를 했다.

첫 번째 코스가 끝나면 두 번째 코스가 나왔는데, 식탁 중앙에 커다란 구이 요리가 놓였다. 구운 고기나 생선을 의미했지만 꼭 구워야 할 필요는 없었다. 다른 방식으로 준비해도 괜찮았으나, 중앙을 장식할 커다란 요리여야 했다. 역시 주변에는 좀 더 작은 음식들이 계획대로 배치되었다. 세 번째 코스는 가장 눈에 띄는 디저트를 중앙에 놓고, 좀 더 작은 달콤한 음식들로 주변을 에워쌌다. 좀 더 세련된 정찬에서는 마지막 디저트 코스가 나오기 직전에 다양한 달콤한 음식들로 앙트르메를 선보이기도 했다.

규모가 굉장히 큰 시설의 경우 첫 번째 코스는 주방이나 요리장cuisine에서 요리사cuisiner가 준비했다. 하지만 디저트는 가사실office에서 가사장officier이 책임을 졌다. 가사실은 더 작고 시원한 주방으로 가사장이 젤리, 마지팬, 크림과 같은 차가운 음식과 설탕공예품을 준비하는 곳이었다. 18세기에 들어 초콜릿, 얼음과자, 아이스크림, 케이크가 유행했는데, 이런 음식들 역시 가사실에서 만들었다. 이런 업무 분담은 주방을 넘어 요리책에서도 확인할 수 있다. 요리사가 쓴 책에는 보통 달콤한 음식이 등장하지 않는 것이 이를 증명한다. 프랑스의 요리장과 가사실을 점령한 것은 주로 남자였다. 영국의 큰 주방도 보통 남자들로 꾸려졌는데, 특히 왕정복고 시대부터는 프랑스인들도 간간이 눈에 띄었다. 그에 반해, 여자들은 그보다 작은 가정집의 부엌에서 일했으며, 영국에서는 증류실이나 버터제조장 또는 가사실에 해당하는 차가운 주방cold kitchen에서 일했다.[24] 이탈리아의 부유한 가정에서는 프랑스에서 훈련받은 프랑스인 또는 이탈리아인 요리사를 고용했다. 나폴리와 시칠리아에서는 그들을 '몽주monzus'라 불렀는데, 프랑스어 '므슈messieurs(남성)'에서 변형된 것이다. 19세기에 프랑스 요리사들은 유럽 전역의 궁궐 주방에 고용되었다. 프랑스에서 출간된 다수의 요리책들이 영어, 독일어, 스웨덴어 등 여러 언어로 번역된 것도 프랑스식 스타일과 레시피를 퍼트리는 데 한몫했다.

'셰프'라는 단어는 18세기 중반까지 사용되지 않다가, 18세기에 수많은 요리 서적을 남긴 영향력 있는 작가 프랑수아 메농이 자신을 궁궐 저녁 식사를 담당하는 셰프라고 지칭하면서 처음 사용되었다.[25] 그렇게 셰프 드 퀴지니에Chef de cuisine는 주방 담당자를, 셰프 도피스Chef d'office 또는 파티시에pâtissier는 페이스트리 키친 담당자를 일컫는 용어가 되었다.

17세기 요리에서 일어난 변화는 이탈리아에서는 바르톨로메오 스카피의 《요리의 예술작품》(1570), 독일에서는 마르크스 룸폴트의 《새로운 요리책》(1581), 영국에서는 휴 플랫의 《숙녀들을 위한 즐거움》(1600)과 같은 책에서 이미 그 조짐을 보였다. 하지만 프랑수아 피에르 라 바렌의 《프랑스 요리사》(1651)야말로 중세 음식의 종말을 알리고 요리의 새 시대를 연 책이라고 할 수 있다. 그가 소개한 요리법, 체계, 레시피는 새로운 표준으로 자리 잡았다. 이 책은 1653년에 영어로 번역되어 75년 넘게 시중에 유통되었다. 그의 두 번째 책 《프랑스 제빵사》는 두 해 뒤에 익명으로 출간됐는데, 작가의 정체를 둘러싸고 논란이 있

17세기 네덜란드의 페이스트리 가게. 남자들은 베이킹을, 여주인은 판매를 담당하고 있다.

긴 하지만 이 역시 라 바렌의 저작이다. 아무튼 이 책 역시 가사실에서 만드는 음식에 전작과 같은 체계적인 접근법을 적용했으며, 반죽과 크림마다 구체적인 무게, 계량, 온도, 레시피를 제공했다. 이 책에는 마카롱, 스위트 파이, 타르트, 스펀지케이크, 퍼프 페이스트리 등의 레시피가 담겨 있다. 또한 '프티 푸르petit four'라 불리는 작은 오븐을 처음 언급하기도 했다. 프티 푸르는 19세기에 들어 그 유명한 프랑스식 케이크인 한 입 크기의 달콤한 케이크를 지칭하는 이름으로 자리 잡았다.[26]

설탕을 다룰 줄 아는 능력은 페이스트리 셰프가 갖춰야 하는 중요한 기술이었다. 따라서 많은 제과 서적과 전문 안내서들이 설탕 끓이는 방법을 단계별로 소개하기 시작했다. 주방과 페이스트리 키친에서 두루 뛰어난 능력을 지닌 몇 안 되는 요리사인 프랑수아 마시알로는 자신의 책 《잼, 리큐어, 과일에 관한 새로운 지침》(1692)에서 설탕을 고르고, 녹이고, 요리하는 법을 소개하는 장으로 책을 시작한다. 그는 설탕 시럽의 여섯 단계를 다음과 같이 설명했다. 끈 단계인 리세lissé, 진주 단계인 페흘레perlé, 팽창 단계인 수플레soufflé, 깃털 단계인 플럼plume, 균열 단계인 카세cassé, 그리고 캐러멜 단계. 요리사들이 아직 온도계를 사용하기 전이라는 사실을 감안하면 참으로 놀라운 구분이 아닐 수 없다. 당시 요리사들은 촉감, 냄새, 모양으로 단계를 구분했다. 다른 과자 제조인들처럼 마시알로 역시 뜨거운 시럽에 검지를 담근 뒤 엄지와 붙였다 뗐다 하면서 실험을 진행했다. 그리고 시럽에서 형성되는 끈의 굵기와 결정이 부서지는 데 걸리는 시간으로 단계를 정했다.

마시알로의 책은 순식간에 영어로 번역되었고, 최신유행 프랑스 스타일을 즐기던 영국 상류층 휘그 당원들 사이에서 인기를 끌었다. 《왕실과 중산층의 요리사》는 1702년에 《궁중과 민중의 요리사》라는 제목으로 영국에서 번역 출간되었다. 이 책은 두 부분으로 나뉘어 있는데, 앞부분에서 마시알로는 1월 정찬 메뉴를 나열하면서 세 번째 코스에 대해 이렇게 적었다. "이 코스는 과일과 사탕과자로 구성되어 있다. 하지만 여기서는 언급하지 않겠다. 이 음식들은 요리사가 아니라 가사장 소관이기 때문이다."[27]

두 번째 부분인 '과자 제조인들을 위한 새로운 지침'에서는 설탕을 가열하는 단계를 시작으로 과일을 설탕시럽에 절이는 법, 마멀레이드, 젤리, 사탕과자, 마지팬 만드는 법 등 다양한 레시피를 소개하고 있다. 이런 전형적인 음식 사이엔 훨씬 현대적인 레시피도 포함되어 있다.

18세기 스페인의 30인분 디저트 테이블.

그중엔 머랭 두 개를 "쌍둥이"처럼 합치고 그 사이에 설탕에 절인 과일을 채우는 레시피도 있다. 마시알로는 "달콤한 아몬드, 설탕, 계란 흰자를 이용한 특별한 과자"라고 설명하면서 퍼프 페이스트리와 마카롱 레시피를 소개했다. 또한 웨이퍼를 콘 모양으로 말아서 "콘 꽂이용" 나무 받침에 세우기도 했다.

만찬 준비법을 소개하는 부분에서는 손님들이 집에 가져가 가족과 친구들에게 나눠줄 수 있도록, 작고 예쁜 바구니에 설탕절임을 가득 채우는 법을 설명했다. 그리고 손님들에게는 마멀레이드나 생과일처럼 물기가 많은 설탕절임만을 먹도록 권장했다. 디저트를 만드는 데 실패한 사람들을 안심시키는 부분도 있는데, 제목이 '설탕절임을 실수로 잘못 만들었을 때 원상 복구하는 법'이다.[28]

디저트 코스에는 변화가 늦게 찾아왔다. 이탈리아 만토바 공국의 곤차가 저택 담당 요리사이자, 1662년 출간된《설명을 곁들인, 뛰어난 요리의 예술》의 저자인 바르톨로메오 스테파니는 여전히 사향, 용연향, 장미 향수와 같은 향료를 사용하고 사탕과자, 설탕에 절인 호박, 시트론, 다양한 과일 절임을 디저트로 대접했다.[29]

패트릭 램은 찰스 2세, 제임스 2세, 윌리엄 왕과 메리 여왕, 앤 여왕을 보필한, 영향력이 큰 궁중 요리사였다. 그의 책《왕실의 요리법: 완벽한 궁중 요리사》(1710)는 과거의 방식을 그대로 답습하고 있다. 그가 소개하는 테이블 세팅에는 한 코스에 달콤한 음식과 짭짤한 음식이 한꺼번에 올라왔다. 일례로 차가운 음식을 대접하는 한 결혼식 저녁 식사의 상차림을 보면, 식탁 중앙에는 거대한 설탕절임 피라미드가 자리하고, 그 옆에는 젤리가 담긴 작은 접시들이 놓였다. 그리고 치즈, 케이크, 커스터드는 물론, 닭고기, 양고기와 같은 짭짤한 음식들이 그 주변을 에워쌌다.

피라미드처럼 높이 쌓은 설탕절임은 종종 중앙 장식물로 사용되었다. 피라미드가 무너지지 않도록 하기 위해서 몇 층 간격으로 사이에 접시를 끼워 넣기도 했다. 도자기만이 아니라 은, 백랍, 주석으로 만들었는데도 이 접시들은 '포슬린(자기류)'이라고 불렸다. 17세기에 세비네 후작 부인이 쓴 서간집은 당시 프랑스 사회에 대한 정보와 가십으로 가득한데, 한 정찬에서 높이 치솟은 설탕절임 피라미드가 와장창 무너진 일화도 등장한다. 서간집에 따르면, 포슬린 스무 개를 쌓아 만든 피라미드가 무너지면서 귀가 먹먹해질 정도로 요란한 굉음을 내는 바람에 음악 소리마저 파묻혔다고 한다.[30]

프랑스식 접대법은 유럽 전역으로 보급되었다. 하지만 몇몇 영국 요리사들은 이를 아주 못마땅하게 생각했다. 그들은 자신들이 쓴 책의 서문을 통해 프랑스 음식이 지나치게 화려하다고 불평하면서 영국산 고기와 농산물의 우월성을 피력했다. 그리고 외국 음식을 삼갈 것을 주장했는데, 정작 본인들의 책에는 언제나 프랑스식 요리 레시피를 실었다. 영국 요리사들은 자국의 상류층들이 프랑스 요리사를 선호하고 자신들보다 훨씬 후한 임금을 지불하는 추세에 당연히 실망을 감추지 못했다.

《도시와 시골의 완벽한 요리사》(1732)의 저자인 찰스 카터는 자신이 여러 공작과 백작을 위해 요리를 했으며, 영국뿐 아니라 플랑드르, 베를린, 스페인, 포르투갈에서 일했다고 언급한 뒤, 프랑스가 큰 영향력을 행사하는 것에 다음과 같이 불쾌감을 표현했다.

> 우리네 귀족과 상류층 일부는 프랑스식 풍습과 요리에 너무 많이 경도되어 있다. 그래서 그들은 외국에서 요리사를 부르지 않고선 식사 접대를 제대로 받을 수 없다고 생각한다. 하지만 외국에서 온 요리사는 사실 (우리나라에 비해) 자국의 국가적 빈곤과 끊임없이 취향이 변하는 무례한 기질의 손님들 때문에, 자신의 창조물을 뒤틀고, 예술을 추구한다는 명목으로 본성을 속이고, 미각을 기쁘게 하기보다 혼란스럽게 하도록 강요받는다.[31]

카터가 소개한 식사는 대개 코스가 두 개인 정찬으로, 두 번째 코스에서 스위트 파이나 타르트를 중앙에 놓고 주변에는 짭짤한 음식들을 놓았다. 하지만 특별한 경우에는 별도의 디저트 코스를 마련했는데, 그는 이것을 'Desart'라고 불렀다. 이때는 중앙에 설탕절임 피라미드

제품이 풍족한 한 런던 상점의 업무용 명함. 설탕, 초콜릿, 커피, 차와 같은 18세기 유행 상품을 홍보하고 있다.

를 두고, 그 주변으로 레몬과 피스타치오로 만든 크림, 비스킷, 복숭아, 천도복숭아, 살구, 젤리, 실러버브Syllabub(와인크림)를 놓았다.

물론 몇몇 영국인들은 프랑스 음식을 칭송했다. 농경문화에 대한 글을 쓴 아서 영은 프랑스혁명 시기에 프랑스를 여행했다. 그는 혁명이 도래하는 것을 두려워하면서도 프랑스식 삶의 방식을 칭송했다.

그들의 요리에 대해서는 오로지 하나의 의견만이 존재한다. 성대한 식탁을 차릴 만한 여유가 되는 유럽의 모든 사람들이 프랑스 요리사나 프랑스식으로 훈련받은 요리사를 고용한다. 그들은 백 가지 요리를 백 가지 방식으로 손질하며, 대부분의 요리가 훌륭하다. (…) 우리는 보통 성대한 식탁에서, 또는 격식 있고 점잖은 식사 자리에서만 정기적으로 디저트를 즐기는 반면, 프랑스에서는 식사의 규모와 상관 없이 디저트가 필수다. 건포도나 사과만 가득한 디저트는, 보통 수프만큼이나 자주 나온다.[32]

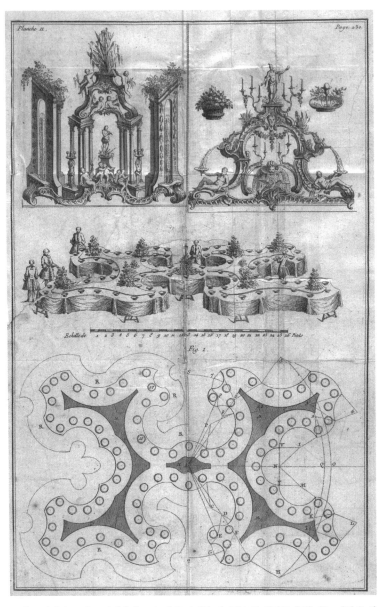

프랑스 제과사 조제프 질리에가 1768년에 집필한 《프랑스의 설탕공예인》에는 테이블 세팅 및 디저트에 대한 상세한 계획이 담겨 있다.

　식탁을 장식하는 스타일 양식은 대체로 당시의 예술 사조를 따랐다. 17세기에는 바로크풍으로 설탕절임 피라미드를 쌓았다면, 18세기에는 신고전주의풍의 조각상이 뒤를 이었다. 낭만주의 시대에는 고대 그리스 로마의 폐허가 식탁에 올랐다.[33] 이런 예술적인 설탕 공예품은 솜씨 좋은 페이스트리 셰프의 징표였는데, 이 분야의 대가는 마리앙투안 카렘(보통 앙투안 카렘이라 부른다)이었다. 최초의 스타 셰프였던 카렘은 프랑스 요리가 탁월하고 우아하다는 사실을 기정사실화한 요리사다. 요리사a chef de cuisine이자 페이스트리 셰프였던 그는 정교한 설탕 조각상, 즉 피에스 몽테Pièce montée로 명성이 자자했다. 그는 예술적이면서 때로는 건축적인 장식물을 만들어서, 프랑스, 영국, 러시아 할 것 없이 자신이 일하는 어느 곳에서든 호화로운 만찬 테이블 중앙을 아름답게 꾸몄다.

　카렘의 어린 시절은 불우했다. 엄혹했던 프랑스혁명기에 부모로부터 버림받고 파리 길바닥으로 내몰린 게 열 살도 되기 전이었다. 살아남은 것만으로도 행운이었다. 하지만 그는 수완이 뛰어났다. 주방에 일자리를 얻었고, 곧이어 페이스트리를 제조하는 견습생이 되었다. 그리고 페이스트리를 만드는 기술을 배우는 것으로도 모자라, 프랑스국립도서관에서 혼자 인쇄물을 연구하며 건축학을 터득했고, 결국 설탕, 페이스트리, 퐁당, 머랭을 이용해 식탁용 건축물을 설계하기에 이르렀다. 그가 짤주머니를 이용해 머랭을 만든 최초의 인물이라는 의견도 있다(이전에는 숟가락으로 모양을 냈다). 카렘은 요리를 건축의 한 분파라고 여겼으며, 스스로 프랑스 요리계의 팔라디오(16세기 이탈리아의 건축가—옮긴이)라 불리는 것을 좋아했다. 1821년, 비엔나에서 열린 한 세례식

축하 만찬을 위해서 그는 로마식 저택, 베네치아 분수, 다리 위의 아일랜드식 파빌리온, 울퉁불퉁한 노두 위에 세워진 페르시아식 파빌리온을 만들었다. 수프부터 젤리까지 다양한 식사 메뉴 32개는 이와 별개였다. 그는 프랑스식 소스를 체계화시켰으며, 수플레, 바바루아, 네설로드 푸딩 등 오늘날에도 친숙한 많은 디저트들을 대중화시켰다.[34]

카렘은 나폴레옹과 그의 외무대신 샤를 모리스 드 탈레랑, 러시아 황제 알렉산더 1세, 영국의 섭정 왕자, 파리의 로스차일드 가문을 위해 셰프로 일했다. 그의 영향력은 수많은 요리책을 통해 주방 체계와 레시피, 작품을 공유하면서 넓어졌다. 카렘이 집필한 저서로는《파리의 궁정 제과사》(1815),《아름다운 제과사》(1816),《프랑스의 호텔 요리장》(1822),《파리의 요리사》(1828) 등이 있으며,《19세기의 프랑스 요리》는 1833년 그가 쉰이 채 되지 않은 나이로 사망한 후에 완성되었다.

러시아식 접대법

19세기에 들어서자, 프랑스식 접대법의 단점이 명확히 드러나기 시작했다. 격식을 덜 중시하는 시대에 접어들면서 프랑스식을 과하다고 느끼는 사람들이 많아진 것이다. 예술적인 효과를 노린 장식품이 많긴 했지만, 여전히 식탁에는 한 번에 너무 많은 음식이 올라왔다. 그 결과 제대로 맛을 보기도 전에 음식이 식어버리는 일이 비일비재했다. 그에 반해 러시아에서는 오늘날 대부분의 레스토랑처럼 음식을 순서대로 접대하는 방식이 유행이었다. 훨씬 적은 음식이 식탁에 올랐고, 그 덕에 적정 온도에 음식을 먹을 수 있었다. 러시아식 접대법은 시각적 예술성보다 식사 자체를 중시했다. 이 방식은 러시아에서 프랑스, 독일,

1874년, 러시아식 접대법으로 차린 8인용 정찬.

대영제국을 거쳐 마침내 미국까지 퍼져나갔다. 러시아에서 근무했던 이력이 있던 카렘은 프랑스식의 단점은 물론 러시아식의 장점까지 익히 잘 알고 있었다. 그럼에도 그는 계속 프랑스식을 선호했는데, 그래야 자신의 예술적 기교를 과시할 수 있었기 때문이었다.

카렘의 몸부림에도 불구하고, 프랑스혁명을 기점으로 19세기 후반까지 훨씬 단순하고 실용적인 러시아식 접대법이 점차 대세가 되었다. 카렘과 같은 셰프의 환상적인 장식품은 거의 사라지고, 정찬 테이블을 차지하던 설탕 사원과 자기 접시는 생화에 자리를 내주었다. 때때로 식사 내내 정찬 테이블이나 사이드 테이블에 세련된 디저트를 전시해 시각적 아름다움을 더하기는 했지만, 설탕으로 높다란 건물을 만들고 때로 부수기도 하던 시절은 종말을 맞이했다.

많은 나라에서 식사 말미에 두 개의 달콤한 코스를 내놓았다. 프랑스에는 바바루아 등으로 구성된 앙트르메가 끝나면 케이크나 과일이 나오는 디저트가 이어졌다. 영국에서는 파이나 타르트를 먼저 내고, 식탁보를 치운 뒤 과일, 견과류, 설탕절임으로 구성된 두 번째 코스를 대접했다. 1737년에 출간된《여성의 온전한 의무: 훌륭한 여성이 되기 위한 확실한 안내서》를 쓴 익명의 저자는 다음과 같이 기술했다.

> 디저트가 나올 때는 식탁이 잘 치워졌는지, 맨 위 식탁보는 벗겼는지 세심하게 확인해야만 한다. 두 식탁보 사이에 놓인 가죽 깔판을 이용한다. 그리고 물기 없는 설탕절임, 유리그릇에 담긴 설탕절임과 과일을 놓되, 피라미드나 거대한 고기 접시처럼 높이 쌓는다.[35]

이로부터 몇 년이 지나자, 몇몇 작가들이 설탕절임을 대접하기 위해 식탁보를 치우는 것은 값비싼 마호가니 식탁을 자랑하기 위함에 불과하다고 지적했다. 19세기 중반, 유명 셰프이자 개혁가인 알렉시스 소이어는《현대의 주부》라는 책을 출간했다. 여기엔 천 개에 가까운 레시피와 더불어, 허구의 인물 B여사와 L여사가 집안일과 올바른 접대법에 대해 주고받은 허구의 서간문이 담겨 있다. 한 편지에서 B여사는 친구들에게 정찬을 대접할 때 디저트를 먹기 직전 식탁보를 치운다고 말한다. 그러면서 그 이유를 남편이 "마호가니 식탁을 보여주고 싶어 해서"라고 설명한다. "도시에서 친구들을 초대해놓고 마호가니 식탁 아래에 발만 둘 뿐 식탁은 한 번도 보여주지 않는 것은 바보 같은 짓이라고 생각하기 때문"이라는 것이다.[36]

식사를 마친 뒤 별도의 디저트 코스로 마무리하는 일은 어느새 대부분의 유럽 국가와 영국에서 평범한 관행이 되었다. 하지만 모든 나라가 그런 건 아니었다. 터키에서는 여전히 과거 다른 국가들이 그랬던 것처럼 진수성찬 사이에 달콤한 음식을 함께 놓고 식사를 했다. 하지만 19세기 후반에 유럽에선 이미 달콤한 음식과 짭짤한 음식을 따로 먹는 데 너무 익숙해져서, 식사 중간에 달콤한 음식이 나오면 아연실색하곤 했다.

끝없는 터키의 정찬

19세기에 레이디 애그니스 램지는 저명한 건축가 남편과 함께 터키를 여행한 뒤, 《터키에서의 일상》이라는 터키 여행기를 썼다. 부부는 여러 터키 마을을 돌아다니며 때로 천막이나 누추한 여관에서 밤을 보냈는데, 그녀는 그곳에서 겪었던 일들을 주로 서술하며 터키인은 사악한 무리라는 유럽인들의 편견을 바로잡아주고 싶어 했다. 그녀가 만난 터키인들은 "소박하고, 평화롭고, 친절하고, 상냥했다". 그녀는 터키 가정집을 비롯해 하렘에도 초대를 받았다. 레이디 램지는 요거트, 빵, 토마토, 올리브로 구성된 단출한 식사부터 여러 코스가 이어지는 화려한 정찬까지 거의 모든 터키 음식을 좋아했다. 특히 터키시 딜라이트에 대해서는 칭찬을 아끼지 않았다. 하지만 한 정찬 자리에서 크림을 채운 바클라바baklava가 나왔는데도 식사가 끝나지 않자 유감을 표했다. 사실 그것은 시작에 불과했다.

그녀는 첫 번째 코스의 쌀 요리를 마음에 들어하지 않았다. 하지만 두 번째 코스에 나온 송아지 구이는 맛있게 먹었다. 그리고 이 요리를 "살집이 두둑한 송아지"라고 불렀다. 그런 뒤 마지막 코스라 생각한 디저트가 나왔다. "아라비안나이트의 크림 타르트"였다. 그녀는 이 타

레이디 램지가 사랑했던 터키 페이스트리, 바클라바.

르트를 다음과 같이 묘사했다.

> 타르트는 직경이 18인치(약 46센티미터)로, 껍질이 빛나는 금빛 갈색이
> 었다. 얇은 반죽을 여러 겹 겹쳐 구운 페이스트리의 그 아름다운 빛깔
> 과, 속을 가득 채운 풍성한 크림의 은은한 향에 대해서는 감히 묘사하
> 지 않겠다! 이 크림 타르트를 제대로 이해하고 싶다면 직접 먹어보아
> 야만 한다. 어린 시절의 꿈이 현실로 이루어진 것 같은 맛이었다.

타르트를 다 먹은 레이디 램지는 식탁에서 일어나려고 했다. 그런데
놀랍게도 음식이 또 나오는 게 아닌가. 다음 요리는 "돌마데스dolmadhés
였다. (…) 배가 고플 때 먹으면 맛있기 그지없지만 그때 내 상태는 정
반대였다." 그 뒤로도 꿀을 넣고 요리한 체리, 피스타치오로 속을 채운

그리스 킬키스에 위치한 세레콘 베이커리. 레이디 램지가 즐기던 것처럼 얇게 벗겨지는 필로 반죽을 만들기 위해 여직원들이 손으로 반죽을 늘리고 있다. 글자가 비칠 만큼 얇아질 때까지 공중에서 반죽을 흔들어야 한다.

구운 콩팥, 그 밖의 여러 달콤한 음식들, 가금류, 채소, 과일이 식탁에 올랐다. 고기와 달콤한 음식들이 번갈아가면서 "지독하리만큼 줄줄이 이어졌다. (…) 해가 지고 램프가 켜졌는데도 그 끔찍한 연회는 여전히 계속되었다." 마침내 필라프가 식탁에 오르자 "필라프는 항상 터키식 정찬의 마지막 음식이다"라며 안도의 한숨을 돌렸다. 물론 이는 사실이 아니지만 말이다.[37]

디저트가 언제나 적절한 타이밍에 식탁에 올랐던 것은 아니다.[38]

'우유 파는 즐거운 처녀'는 1688년에 《크라이즈 오브 런던》에서 묘사한 길거리 행상들 중 하나다.

3장
크림, 크림, 크림

이름이 달라도 모든 장미가 향기롭듯, 이름이 다른 모든 크림들도 그 맛과 향은 전부 달콤하다. 크렘 앙글레즈crème anglaise, 크레마 카탈라나crema catalana, 리치leache, 스노snow, 실러버브, 커스터드, 플랑, 플론flawn, 풀fool, 밀크 푸딩, 바바루아bavarian cream, 응고 크림clotted cream, 크렘 샹티이crème chantilly, 라테밀레lattemiele, 슐라고버schlagober, 판나 코타panna cotta, 푸딩 플랑pudim flan, 푸딩 벨루두pudim veludo, 크렘 브륄레. 이 외에도 수없이 많다. 영국에서 아르헨티나까지, 바르셀로나에서 브뤼헤까지, 크림은 수많은 이름으로 장난꾸러기들을 즐겁게 하고, 배고픈 자들을 배부르게 하고, 아픈 자들을 편하게 한다.

하지만 세계적으로 사랑받는 디저트가 되기까지 크림은 오랜 시간 흥망성쇠를 거듭했다. 소박한 평민들의 음식일 때도 있었지만, 상류층을 위한 음식일 때도 있었다. 17~18세기 동안 영국에서 공유지의 사유지화 법령을 실시하면서, 주민들이 공동으로 가축을 먹이던 목초지에 울타리가 세워지고 토지 이용 권한이 부유한 지주에게 넘어갔다.

원저성 근처 프로그모어에 지은 귀족적인 낙농장.

그 바람에 유제품 가격이 급등했다. 가난한 시골 사람들은 유제품을
살 수 없게 됐고, 아이들은 구루병에 걸렸다. 상류층은 유제품을 독점
하는 것을 넘어 흥청망청 소비하기 시작했다. 밀크 푸딩부터 실러버브
까지, 한때 소박한 음식이던 크림 요리는 어느새 상류층이 즐기는 인
기 음식이 되었다.

유제품으로 만든 모든 음식이 유행하기 시작했다. 우유 짜는 여자

는 순수함과 여성성과 결부되면서 이상화되었다. 우유 짜는 여자가 이야기책과 액자용 인쇄물에 등장하면 부유한 시민들이 이를 수집했다. 보통 그림 속에 등장하는 우유 짜는 아가씨는 사과처럼 발그스름한 양 볼에 고풍스런 의복을 걸치고 있었는데, 치마 가장자리 바깥으로 페티코트의 우아한 레이스 밑단이 삐죽 튀어나오기도 했다. 혹여 우유 짜는 아가씨가 그런 옷을 살 형편이 된다고 하더라도, 소젖을 짜거나 시장에 우유 들통을 들고 가기에는 여간 불편한 옷이 아닐 수 없었다.

소박한 오락거리에 불과해 보였던 이런 유행은 영국, 프랑스, 러시아를 비롯한 많은 나라로 퍼져나가, 거대한 사유지에 건물을 지어놓고 오락용 낙농장을 즐기는 문화로 이어졌다. 숙녀들은 낙농장에서 목가적인 삶을 즐기고, 친구와 교제하고, 갓 짠 따뜻한 우유를 홀짝이고, 재미삼아 버터나 크림을 만들었다.

프랑스식 오락용 낙농장인 레트리 다그레망에서는 실제 낙농업 축사인 레트리 드 프레파라시옹과는 달리, 소똥 냄새 같은 불쾌한 요소들을 찾아볼 수 없었다. 앙리 2세의 왕비인 카트린 드 메디치가 16세기 중반 프랑스 남동쪽 도시 퐁텐블로에 지었던 오락용 낙농장이 그 초기 형태 중 하나다. 마리 앙투아네트가 베르사유 궁전에서 우유 짜는 소녀 놀이를 했다는 일화도 유명하다. 그 밖에도 샹티이, 랭시와 같은 프랑스의 다양한 지역에 오락용 낙농장이 세워졌다.[1] 1783년엔 러시아의 황후 마리아 표도로브나도 상트페테르부르크 근처 자신의 궁궐에 오락용 낙농장을 지었다.[2] 영국에서는 오락용 낙농장을 관상용 낙농장이라고도 불렀는데, 이 건물은 시시껄렁한 놀이 이상의 중요한 의미를 지녔다. 지주들은 오락용 낙농장을 통해 그 땅을 소유하고 있음을 증명하고, 자신들이 토지를 책임 있게 관리하며 시골의 가치에 헌신하고 있음을 보여주는 증표로 이용했다.

오락용 낙농장은 여성적인 공간이었다. 이곳에서 숙녀들은 자신이 원하면 일을 할 수도, 오락을 즐길 수 있었다. 특히 18세기에 인기가 높았는데(그보다 일찍 생겨나긴 했지만), 철학자 장 자크 루소의 저서들에 영향을 받아 자연으로 회귀하고 소박한 삶을 살고자 하는 낭만주의 사조가 유행하면서부터였다. 하지만 오락용 낙농장은 결코 소박하지 않았다. 당시 최고의 건축가가 설계를 담당해 그리스 사원, 고딕풍의 성, 스위스식 농가 샬레를 낙농장으로 재창조했다. 대리석이나 돌로 건물을 짓고 웨지우드 타일로 마감하거나 벽에 전원풍 그림을 걸고 우아한 분수와 대리석 조리대를 설치했다. 17세기 후반, 영국에서 이 유행을 이끈 장본인은 메리 2세로, 그녀는 햄프턴 코트에 관상용 낙농장을 짓고, 윌리엄 왕의 고향인 네덜란드에서 가져온 흰색과 푸른색 델프트 타일로 벽을 장식했다. 여기저기서 그녀를 따라하기 시작했다. 1786년, 스펜서 백작부인이 노샘프턴셔 올소프에 낭만적인 시골 스타일로 낙농장을 지었다.[3] 몇 년 뒤엔 배드퍼드 공작이 배드퍼드셔 워번 수도원에 중국풍의 세련된 낙농장을 지었다. 1858년에는 앨버트 공이 자작농가인 프로그모어에 빅토리아 고딕 스타일의 낙농장을 세워, 마욜리카 타일을 붙이고 스테인드글라스 창문을 달았다.

낙농장에서 오락을 즐기는 문화는 하위 계층으로도 퍼져나갔다. 방대한 분량을 자랑하는 19세기의 유명한 가정서 《살림에 관한 책》은 귀족이 아닌 중산층 가정을 위한 책이다. 이 책에서 "비턴 부인"이라 알려진 저자 이저벨라 비턴은 낙농장을 "우유 짜는 아가씨가 주인인 사원"이라 부르며, 안주인뿐 아니라 손님들도 낙농장을 방문하므로 청결에 각별히 신경써야 할 뿐 아니라 "그림처럼 아름답게 꾸며놓아야 한다"고 적고 있다.[4]

낙농장은 숙녀들이 이웃과 즐거운 시간을 보내고, 멋진 도자기 그릇을 선보이고, 실러버브와 커스터드류를 만들거나 대접하는 사교의 장이었다. 적어도 그들이 사랑하는, 크림으로 만든 디저트를 즐길 수 있는 장소였다.

크림의 향연

요리책에는 보통 크림 디저트가 가득하다. 1718년, 메리 일스 부인이 영국에서 처음 소개한 아이스크림 레시피는 이렇게 시작한다. "주석으로 된 얼음 냄비에 좋아하는 크림을 가득 채워라. 담백한 맛이든, 달콤한 맛이든, 안에 과일이 들었든 상관없다." 그런 다음 얼리는 과정을 설명했다. 그 이상 자세하게 설명할 필요가 없었다. 아이스크림 레시피는 아몬드와 피스타치오부터 모든 종류의 과일 크림까지, 십수 개에 달하는 다양한 크림을 설명하는 게 전부였기 때문이다. 어떤 크림이든 골라서 아이스크림 베이스로 사용할 수 있었다. 그중엔 심지어 숭어 크림도 있었는데, 다행히 진짜 생선이 든 것은 아니었다. 오렌지 꽃 향수로 향을 내고 틀에 넣어서 물고기 모양으로 만든 뒤 휘핑크림을 둘러서 내는 아이스크림이었다. 요리사들은 언제나 맛과 달리 보기에 흉측한 음식을 만드는 것을 즐기는 법이다. 이런 괴팍한 습관은 아이스크림이 더욱 흔해지면서 절정에 다다랐다.[5]

1702년에 출간된 프랑수아 마시알로의 《궁중과 민중의 요리사》에는 12개에 가까운 아이스크림을 소개했다. 그는 "크림에는 여러 가지 종류가 있다. 몇 가지만 들자면 아몬드와 피스타치오가 든 크림, 탄 크림, 쿠키슈 크림, 기름에 튀긴 크림, 이탈리아식으로 만든 크림 등을 꼽을 수 있다"고 설명했다. 초콜릿 크림과 파이와 타르트에 쓸, 밀가루를 넣고 되직하게 만든 페이스트리 크림도 만들었다. 금식일에는 유제품 사용이 금기이므로, 아몬드를 빻아 체에 거른 아몬드 우유로 크림을 만들기도 했다. 그가 말한 탄 크림은 오늘날의 크렘 브륄레와 비슷한데, 윗면을 캐러멜화할 때 사용하는 도구만 다르다. 그는 "부삽을 빨갛게 달구어서 크림이 멋진 황금빛이 되도록 구워라"고 지시한다.[6]

그의 '초콜릿 크림' 레시피는 요즘 미국의 초콜릿 푸딩과 비슷하다. '웜walm'이라는 단어는 팔팔 끓이거나 익히라는 뜻이긴 하지만, 이런 반죽은 스크램블 에그 만들듯 익혀서는 안 된다. 아마 마시알로는 익히기보다 약한 불에서 뭉근히 조리하라는 뜻으로 사용한 것 같다. 아니면 스크램블처럼 만들어서 반죽을 체에 거르라는 의미일 수도 있다.

> 우유 1/4파운드(약 113그램)와 설탕 1/4파운드를 섞어서 25분 동안 끓인다. 그런 다음 크림에 잘 푼 계란 노른자를 넣고 세 번 내지 네 번 '웜'을 한다. 불에서 내려놓고 초콜릿을 넣은 뒤 크림이 초콜릿색으로 변할 때까지 섞는다. 다시 불 위에 올리고 세 번 내지 네 번 또 '웜'을 한다. 그리고 체에 거르고, 원하는 대로 장식한다.[7]

1913년에 아다시스 키얼리언이 출간한 미국 요리책《오리엔탈 요리책: 미국인의 입맛과 조리법에 맞춘, 동양의 건강하고, 맛있고, 경제적인 음식》에는 '크림을 곁들인 파클라바paklava'라는 레시피가 실려 있다. 이 음식은《터키에서의 일상》에서 레이디 램지가 좋아하던, 크림을 채운 바클라바와 비슷하다.[8] 1966년에 한 포르투갈인이 쓴 미국 요리책에서는 기본 커스터드에 포트와인 한 잔을 추가한 레시피를 소개하기도 한다.[9] 크림의 변주는 끝이 없다.

크림으로 만든 따뜻한 알코올 음료인 우유술posset은 적어도 기원전 16세기 전에 탄생했다. 사람들은 취침 전이나 잠자리에서 수면을 돕기 위해 이따금 이 알코올 음료를 홀짝였다. 맥베스가 왕을 살해하는 동안 보초를 곯아떨어지게 하려고 레이디 맥베스가 건넨 것도 독한 우유술이다. 하지만 보통 우유술은 순한 편이었다.

따뜻한 우유술은 원래 에일 맥주나 옛 스페인산 셰리주, 적포도주, 또는 오렌지 주스에 설탕과 우유를 넣고 만드는 술이었다. 평범한 서민들은 빵부스러기를 넣어서 씹을 수 있도록 변형하기도 했다. 상류층은 우유술에 크림, 옛 스페인산 셰리주나 브랜디, 계란, 부스러진 비스킷이나 빻은 아몬드를 넣었다.[10] 몇몇 요리사들은 거기에 생강, 넛맥, 또는 시나몬을 섞어 향을 첨가하기도 했다.《숙련된 영국 주부》의 저자 엘리자베스 래펄드는 아몬드 우유술에 장미 향수를 넣어 향을 입히고 도자기 그릇에 담아 대접하라고 지시한다. "아몬드 우유술을 식탁에 올릴 때는 위에 마카롱macaroon 세 개를 띄워야 한다."[11]

제대로 만든 우유술은 세 층으로 분리되었다. 맨 위는 그레이스grace라고 불리는 거품 크림, 중간에는 부드러운 커스터드, 맨 아래는 따뜻한 에일이나 증류주다. 우유술 컵에는 주둥이가 달려 있었는데, 맨 위의 거품과 중간의 크림을 숟가락으로 떠먹은 뒤 남은 액체를 주둥이 부분으로 홀짝였다. 그런 까닭에 주둥이는 컵의 아랫부분에 달려 있었다. 대부분의 우유술 주전자는 덮개와 그릇까지 도자기나 은으로 아주 우아하게 만들어져 선물로 주고받기에 제격이었다.

우유술의 먼 친척벌인 실러버브(와인 크림)는 달콤한 발효사과술, 포도주, 신맛이 나는 오렌지 주스, 또는 다른 산성 액체에 우유나 크림을 넣고 응고시킨 디저트다. 우유술과 실러버브의 가장 큰 차이는 우유술은 익혀서 따뜻하게 대접한다면 실러버브는 (거의 대부분) 익히지 않고 시원하거나 차갑게 내놓는다는 사실이다. 둘 다 에그노그라고 부르는, 기운을 북돋아주는 크리미한 음료와 관련이 있다. 실러버브는 'sillabub, sullabub, sullybub, sillie bube, sillybob'로 쓰기도 하는데, 프랑스 요리사들은 '실러버브 솔리드syllabub solide' '실러버브 수 라 비슈syllabub sous la vache'라는 용어를 사용했다.[12] 대부분 레시피들이 펀치용 사발에 사과주를 붓고 단맛을 낸 다음, 곧장 축사로 가 사발째로 젖소의 젖을 받으라고 지시하고 있다. 사과주가 담긴 사발에 신선하고 따뜻한 우유가 분사되면서 거품이 생겼기 때문이었다. 그렇게 둘을 섞은 상태로 한두 시간 그대로 놔두면 거품이 응고되면서 위에는 커드, 아래에는 유장이 만들어졌다. 때로 식탁에 내놓기 직전 그 위에 신선한 크림을 얹기도 했다.

영국의 음식역사가인 아이번 데이는 최근 이 레시피에서 말한 대로 젖소를 구해서 실러버브를 직접 만들었다. 우여곡절 끝에 성공은 했으나, 그는 저자들이 말한 것보다 만드는 과정이 훨씬 험난하다는 사실을 깨달았다. 그는 자신의 경험을 바탕으로, 레시피 작가들이 직접 소를 이용해서 실러버브를 만든 게 아니라 기존 레시피를 베꼈을 수도 있겠다고 잠정 결론을 내렸다.[13]

만드는 방법이 어려워서인지 소를 구하기 어려워서인지 정확한 이유는 알 수 없으나, 어떤 레시피는 소젖을 분사하지 않고 우유나 크림을 높이 든 상태로 사과주나 포도주에 부어서 거품을 만드는 법을 제시했다. 또 어떤 이들은 '나무 소'라는 기구를 이용했는데, 강한 압력으로 우유를 분사해서 거품을 만드는 일종의 주사기였다.

휘핑한 실러버브는 18세기 디저트 테이블의 하이라이트로, 크림

도자기로 만든 영국산 우유술 컵. 뚜껑이 있어 우유술을 따뜻하게 유지할 수 있다.

과 포도주를 휘저어서 거품층이 위로 올라오도록 만드는 것이 핵심이 었다. 그 거품층을 체에 거르고 물기를 따라 버리는 과정을 음료가 바닥날 때까지 반복해야 했다. 거품에서 물기가 완전히 빠져 식탁에 올릴 준비가 될 때까지, 수시간에서 심지어 하루가 걸렸다. 래펄드 부인은 모양을 좀 더 아름답게 만들기 위해, 잔의 절반은 포도주(적포도주 조금과 백포도주 조금)로 채우고 그 위에 휘핑한 실러버브 덩어리를 얹어서 내놓았다. 우유술과 마찬가지로 실러버브 역시 가끔 주둥이가 달린 유리잔에 담아서 액체는 따라 마시고 위에 얹은 실러버브는 숟가락으로 떠먹었다.

조금 변형된 형태로 '영원한 실러버브everlasting syllabub'라는 것도 있

다시 인기를 얻고 있는 실러버브. 여전히 가볍고 폭신한 디저트로 즐긴다.

었는데, 포도주 양을 줄이고 걸쭉한 크림, 설탕, 레몬을 넣은 뒤 모양이 나올 때까지 모든 재료를 휘저어 만들었다. 체에 걸러서 물을 따라내는 과정은 필요 없었다. 이 실러버브는 영원까지는 아니지만 며칠 동안 흐트러지지 않고 모양이 그대로 유지되었다. 또한 트라이플에 올릴 토핑으로 쓰기도 했다. 해나 글래스의 《쉽고 간단한 요리의 기술》에서는 '휘핑한 실러버브' '영원한 실러버브' '단단한 실러버브'뿐 아니라, '소젖으로 바로 만든 실러버브' 레시피도 소개하고 있다.

: 단단한 실러버브 만드는 법 :

진한 크림 2파인트(약 1.1리터)에 백포도주 1파인트(약 570밀리리터), 레몬즙 2개, 레몬껍질 간 것 1개 분량을 넣고 취향대로 달콤하게 만든다. 농도가 아주 진해질 때까지 초콜릿 분쇄기로 휘젓는다. 그런 다음 유리잔이나 그릇에 담고, 다음 날까지 차가운 곳에 둔다.[14]

실러버브의 인기는 16세기부터 19세기까지 지속되었다. 얼마나 유명했던지 작가들이 실러버브라는 이름을 은유처럼 사용할 정도였다. 1889년, 《런던 데일리 뉴스》 봄 호에서는 신상품 보닛을 "거품 가득한frothed-up('하늘하늘한'이라는 뜻도 있음—옮긴이) 레이스가 달린 단순한 실러버브"라고 묘사했는데, 독자들은 그 보닛이 평범하면서 주름 장식이 달려 있다는 사실을 금세 알아챘다. 샬롯 브론테가 1849년에 출간한 《셜리》의 주인공도 "제가 언제 실러버브처럼 하늘하늘한 소네트를 읊던가요? 아니면 유리조각처럼 연약한 스탠자를 짓던가요?"라고 묻는다. 이러면 상대에게 의미가 정확히 전달되리라는 것을 알았기 때문이다.[15] 거품이 풍성한 부드러운 실러버브를 모르는 사람은 없었다. 레시피와 참고 자료가 사방에 널린 덕분이었다. 한 유명 동요에는 "하트의 여왕"은 타르트를 안 만들었지만, "클럽의 여왕"은 실러버브를 만들었다는 가사도 등장했다.

젤리 형태의 밀크 푸딩

과거의 많은 크림들이 오늘날 디저트 테이블에서 자취를 감췄다. 그렇지만 여전히 인기를 유지하거나 잃었던 대중의 사랑을 되찾은 크림들도 있다. 그중엔 이름이 바뀐 경우도 있다. 일부는 완전히 다른 음식으로 탈바꿈했다. 초기 디저트 중 하나인 리치leach는 14세기에 탄생했다. 리지(leach, leache, leche, leech, lechemeat로 표기한다)의 어원은 '썰어놓은 조각slice'을 의미하는 앵글로-노르만어로, 고기, 계란, 또는 과일을 넣어서 젤리처럼 굳힌, 얇게 썰 수 있는 음식을 의미했다. 튜더 왕조 시대까지 리치는 보통 아몬드 우유로 만든 젤리 형태의 밀크 푸딩이었다. 우유나 크림을 사용하기 시작한 건 17세기 초반부터로, 종교개혁 이후 금식 및 우유 자제령과 관련한 법이 느슨해진 것이 계기였다. 리치를 젤리처럼 굳히는 데는 우족을 우린 육수, 부레풀(물고기의 부레로 만듦), 녹각정(수사슴의 뿔로 만듦) 등이 쓰였다. 그리고 설탕으로 단맛을 내고, 크림이나 우유로 유지방을 추가한 뒤, 장미 향수와 가끔 아몬드를 섞어서 향을 입히면 완성이었다.

금박을 입혀 호화롭게 장식하든, 붉은색 염료를 넣든, 기본 흰색으로 두든, 리치는 만찬장에서 가장 인기 있는 음식이었다. 왕정복고 시대에 로버트 메이는 리치에 장미 향수, 사향, 말린 육두구 껍질, 육두구유를 이용해 풍미를 돋우었다. 그런 뒤 체크무늬처럼 얇게 잘라서 식탁에 내놓았다. 그는 이것을 리치를 먹는 최고의 방법이라고 여겼다.

래펄드 부인도 비슷한 음식을 만들었는데, 그녀가 책을 출간한 1769년에는 이름이 '플러머리flummery'로 바뀐 뒤였다. 플러머리는 원래 젤리처럼 굳힌 오트밀에 우유나 크림을 곁들이는 음식이었다. 그러다 오트밀이 빠진 세련된 젤리 푸딩으로 발전하면서 리치와 합

처졌다. 래펄드 부인은 감편도 甘扁桃, sweet almond 와 고편도 苦扁桃, bitter almond를 섞고 장미 향수로 향을 입혀서 기본 플러머리를 만들었다. 그녀의 플러머리는 우아했고, 설명은 아주 자세했다. 그녀는 플러머리를 얇게 썰지 않고, 틀에 넣고 다양한 모양으로 만들어 대접했다. 그리고 독자들에게 재료를 붓기 전에 차가운 물에 미리 틀을 담가놓아야, 나중에 플러머리를 떼어낼 때 따뜻한 물에 담글 필요가 없다고 설명한다. 따뜻한 물에 담가서 "떼어내면 플러머리에 윤기가 돌지 않기" 때문이었다.[16]

래펄드 부인은 분홍색은 코치닐 염료, 노란색은 사프란, 녹색은 시금치를 이용해서 플러머리에 색깔을 입혔다. 또한 플러머리를 장식하고 기발한 모양으로 연출하기도 했다. 그중 하나가 투명한 젤리 호수를 헤엄치는 플러머리 물고기였다. 우선 틀을 이용해 플러머리로 큰 물고기 네 마리와 작은 물고기 여섯 마리를 만든다. 커다란 사발에 투명한 우족 젤리를 부어 굳힌 뒤, 젤리 오른쪽 아래에 작은 물고기 두 마리를 놓는다. 그리고 그 위에 투명한 젤리를 한 겹 더 붓는다. 그 위에 작은 물고기 네 마리를 "서로 대각선을 이루도록 배치하되, 사발을 거꾸로 뒤집었을 때 물고기의 머리와 꼬리가 보이도록 놓는다." 물고기를 고정하기 위해 젤리를 한 겹 더 붓고, 이어서 큰 물고기 네 마리를 놓은 뒤, 더욱 투명한 젤리로 사발을 채운다. 다음 날 그녀는 이렇게 만든 젤리를 통째로 뒤집어서 서빙 접시에 올렸다. 접시를 본 손님들이 놀라움을 금치 못했을 게 분명했다.

래펄드는 "암탉 둥지 만들기"라는 플러머리 레시피도 소개했다.[17] 맨 먼저 플러머리를 만들어 작은 계란 껍질 속에 붓는다. 투명한 우족 젤리는 대야에 부어서 굳힌다. 레몬껍질을 설탕에 절여서 둥지 모양으로 만든 뒤 젤리 위에 놓는다. 마지막으로 플러머리 계란이 굳으면 껍질을 벗겨 레몬 둥지 위에 올려 완성시킨다. 그녀가 이 레시피를 소개한 지 두 세기도 더 지나, 수천 마일 떨어진 미국 콜로라도에서, 유명 레스토랑 포트Fort의 주인인 홀리 아널드 키니가 이 유명한 부활절 디저트를 눈앞으로 다시 불러냈다. 그녀는 할머니인 캐서린, 창업자인 아버지 샘 아널드, 고모 메리 아널드 박사를 거쳐 오랜 세월 가족의 전통이었던 부활절 디저트를 대를 이어 매년 직접 만들고 있다. 그들은 이 디저트를 '새 둥지 푸딩'이라 이름 붙이고, 이것이 '블랑망제'라고 설명한다. 하지만 이 디저트는 래펄드 부인의 플러머리 암탉 둥지의 후손임이 분명하다. 자신의 책《포트에서의 빛나는 나날들》에서 키니는 이렇게 쓰고 있다.

> 이것은 어려서부터 기억하던 레시피다. 지금까지 나는 부활절마다 이 디저트를 만들어왔다. 내가 사랑하는 많은 요리들이 그렇듯, 나는 이 디저트를 아버지 샘에게서 배웠다. 아버지는 이 푸딩에 대해 이렇게 말씀하셨다. "내가 어릴 적엔 새 둥지 푸딩이 없으면 제대로 된 부활절이 아니었단다. 어머니가 어디서 레시피를 배웠는지는 나도 모르겠다. 아마도 퀘이커교도였던 영국인 선조, 폭스가(家)로부터 물려받은 게 아닌가 싶다."

이 책에서 키니는 부활절 몇 주 전부터 계란껍질을 모아서 잘 말려두라고 지시한다. 그런 다음 블랑망제를 만들어서 쓸 만큼씩 나누고, 향을 첨가하고, 전부 다른 색으로 물들인다. 뒤이어 블랑망제를 계란껍질에 붓고, 무늬가 새겨진 유리그릇에 포도주 젤라틴을 반쯤 채운다. 래펄드 부인처럼 그녀 역시 과일 껍질을 절여서 둥지를 만들었는데, 키니의 경우 레몬껍질이 아니라 오렌지와 포도껍질을 사용했다. 마침내 모든 재료가 완성되면, 젤라틴 위에 둥지를 올리고, 둥지 위에

샘 아널드, 손녀 홀리, 할머니 캐서린이 부활절 디저트인 '새 둥지 푸딩'을 기다리고 있다.

플러머리에 보이젠베리를 넣으면 사랑스런 라벤더색으로 변하면서 시큼한 맛이 살짝 돈다.

블랑망제 계란을 조심스레 놓는다. 완성된 음식은 18세기 영국 못지않게 21세기 미국 식탁을 축제 분위기로 만들어준다.[18]

덴마크에서 가장 인기 있는 푸딩은 뢰드그뢰드 메드 플뢰데Rødgrød med fløde인데, 번역하자면 '크림을 곁들인 붉은 과일 푸딩'이다. 보통 붉은 베리류로 만들어 윗부분을 크림으로 덮는데, 플러머리와 달리 일반적으로 크림이나 우유는 넣지 않는다. 그럼에도 대황rhubarb을 이용한 다음의 변형된 레시피(덴마크 할머니서부터 미국 자손들에까지 대대손손 전해 내려오는 레시피다)의 경우, 항상 '대황 플러머리(뢰드그뢰드 메드 플뢰데의 일종이다)'라고 불렸다. 그 이유는 아무도 모른다. 미국인이 발음하기에 플러머리가 더 쉽다고 생각해 덴마크 할머니가 이름을 바꿨을 수도 있고, 메인주에 살던 할머니의 이웃들이 플러머리라는 단어를 사용해서였을 수도 있다. 아래 레시피는 덴마크 이주민의 후손인 메인주 주민

홀리 코다가 제공한 것으로, 증조할머니 아멜리아 토르사게르 묄레르
와 고모 마리온 코다를 거쳐 그녀에게 전해 내려왔다고 한다.

: 대황 플러머리(뢰드그뢰드 메드 플뢰데 버전) :

1인치(약 2센티미터) 길이의 대황 줄기 4컵(600그램)

설탕 3/4컵(150그램)

오렌지나 레몬 껍질 간 것 1개

물 1/2컵(120밀리리터)

옥수수가루(옥수수전분) 3테이블스푼

대황, 설탕, 오렌지껍질, 물을 소스팬에 넣고 섞는다. 대황 줄기의 모양이
뭉개지지 않고 부드러워질 때까지 뒤적거리면서 2분 내지 3분 동안 약한
불로 천천히 끓인다. 너무 오래 익히지는 않는다. 옥수수전분에 차가
운 물을 조금 넣고 섞는다. 대황 줄기가 든 팬에 전분물을 넣고 살살 젓
는다. 매끄러우면서 되직해질 때까지 재료를 천천히 저으면서 익힌다.
접시에 붓고 위에 설탕을 뿌린다. 크림을 곁들여서 따뜻할 때 대접한다.
4인분에서 6인분 분량이다.

이제 플러머리는 대부분의 요리책과 디저트 테이블에서 자취를 감
췄다. 플러머리라는 단어도 오늘날 거의 사용하지 않는다. 하지만 실
러버브와 마찬가지로 한때 너무나 흔한 음식이었던 탓에 일상생활에
서 가볍고 별로 중요하지 않은 것(공허한 칭찬, 허풍, 쓸모없는 장신구)을 플러
머리라고 빗대어 부르곤 했다. 마크 트웨인은 증기선에 꾸며놓은 신혼
부부의 신방 장식을 비판하면서 이렇게 썼다. 신방의 "허세 가득한 플
러머리는 그것을 칭송하는 시민들의 온전한 사고력을 해친다."[19]

플러머리와 가까운 친척 격인 블랑망제 역시 중세 시대에 탄생해서 오랜 세월에 걸쳐 많은 변화를 겪었다. 진정 세계적인 음식이라 할 수 있는 블랑망제는 이탈리아, 프랑스, 스페인, 독일, 터키, 영국을 거쳐 미국까지 전파되었다. 요리, 식사, 음식, 건강에 대한 르네상스 시대의 훌륭한 안내서인 플라티나의 《신성한 즐거움과 건강에 대하여》에는 비안코만자레biancomangiare의 레시피가 실려 있다. 블랑망제, 비안코만자레, 망하르 블랑코manjar blanco 모두 '하얀 음식'을 의미한다. 하지만 언제나 하얀 것은 아니었다. 프랑스 요리책에는 블랑망제를 부분적으로 빨간색, 금색, 푸른색, 은색 등 다양한 색깔로 물들이는 법을 소개하고 있다. 표현이 모순되긴 하지만, 19세기의 한 요리책에는 초콜릿 블랑망제 레시피도 등장한다.

원래 하얀 블랑망제는 두드려 편 닭고기에 아몬드 우유를 넣고 걸쭉해질 때까지 익힌 뒤 설탕으로 감미를 돌게 하는 요리였다. 거기에 가끔 장미 향수를 넣고 식탁에 올리기 전에 석류 씨앗으로 장식했다. 이후엔 잘게 찢은 닭고기나 (고기가 금지된 금식일을 위해) 생선에 쌀이나 녹각정을 넣어서 되직하게 만든 뒤 설탕과 아몬드를 첨가했다. 터키에 이 원조 블랑망제에 가까운 음식이 지금까지 전해지고 있다. 타부크 괴쉬tavuk göğsü라 불리는 이 닭가슴살 푸딩은 잘게 찢은 닭고기, 쌀, 우유, 설탕을 넣고, 시나몬으로 향을 낸다. 그리고 디저트로 식탁에 올린다. 필리핀의 블랑망제는 물소 우유를 넣고 옥수수가루로 걸쭉하게 만든 뒤 구운 코코넛을 뿌린다. 편하게 티복티복tibok-tibok이라 부르는데, 흔들면 마치 심장 박동이 뛰는 것처럼 가볍게 떨리기 때문이다.[20]

17세기쯤, 대부분의 나라에서 블랑망제 레시피에 있던 고기와 생선은 사라졌다. 라 바렌은 닭고기 대신 닭 육수를 사용했고, 마시알로는 닭고기나 생선을 빼고 만든 블랑망제를 영국에 소개했다. 그는《궁중과 민중의 요리사》에서 두 가지 블랑망제 레시피를 선보였다. 첫 번째 레시피는 닭을 사용했지만 체에 걸러서 부드럽게 만들었고 두 번째는 생선이나 가금류 없이, 녹각정 부스러기, 아몬드 가루, 우유, 크림, 오렌지꽃 향수로만 만들었다. 이 레시피가 발전한 것이 오늘날 우리가 즐기는, 틀 모양으로 굳힌 크리미한 블랑망제다. 형태를 잡아 접시 위에 올리기 위해선 블랑망제를 굳혀야만 했는데, 이를 위해 부레풀, 우족, 녹각정, 해초와 같은 다양한 식재료가 사용되었다. 19세기에는 갈분, 옥수수가루, 낟알로 된 젤라틴을 썼다.

플러머리와 마찬가지로 요리사들은 저마다 블랑망제를 예쁜 모양으로 굳혀서 창의적인 방식으로 식탁에 올렸다.《쉽고 간단한 요리의 기술》1796년 판에서 저자 해나 글래스는 블랑망제를 반달과 별 모양으로 굳혀서 투명한 젤리 위에 올렸다. 그리고 이 레시피를 '달빛'이라고 이름 붙였다. 글래스 부인이 소개한 기본 블랑망제는 부레풀을 이용해 젤리를 만들고 장미 향수와 오렌지꽃 향수로 향을 입힌, 달콤한 크림 형태였다. 그녀는 "이 음식은 훌륭한 곁들임 요리다. 크림, 포도주 등 어떤 음식과 먹어도 괜찮다. 구운 배를 함께 내놓아라. 그러면 보기에도 예쁘고 맛도 좋을 것이다"라고 설명한다.[21]

블랑망제는 미국에서도 인기를 끌었다. 남북전쟁 시절, 루이자 메이 올컷이 쓴 소설《작은 아씨들》에는 마치가 사람들이 블랑망제 주변에 "초록 잎으로 만든 화관과 에이미가 아끼는 주황색 제라늄 꽃을 둘러서" 내놓았다는 구절이 등장한다.[22] 루이자 메이의 엄마 애비게일 올컷은 출처가 불분명한 신문에서 갈분 블랑망제 레시피를 오려 자신의 선집《조리법과 간단한 개선책》에 넣기도 했다. 19세기에 유명세를 떨

아무런 장식을 하지 않은, 순수하고 우아한 블랑망제.

쳤던 미국 요리사 마리아 팔로아는 가정학자 겸 교사이자 요리책 저
자로, 잡지 칼럼과 홍보 팸플릿뿐 아니라 유명 요리책을 여러 권 집필
했다. 그녀는 자신의 책《팔로아의 젊은 주부》에서 블랑망제를 젤리처
럼 굳히기 위해 식용 바닷말Irish moss(해초의 일종)을 사용했다. 다음은 그
레시피다.

: 해초 블랑망제 :

식용 바닷말 1/4파인트(약 140밀리리터)

우유 2파인트(약 1.1리터)

설탕 2테이블스푼

소금 1솔트스푼

바닐라 농축액 1티스푼

바닷말은 양을 어림잡아 준비한다. 깨끗이 씻어서 돌과 해조류를 걸러낸다. 모래가 완전히 제거될 때까지 계속 씻는다. 이중 냄비에 차가운 우유를 붓고 바닷말을 넣은 뒤 불 위에 올린다. 20분 동안 익히면서 자주 젓는다. 그런 다음 소금을 넣고 체에 걸러 그릇에 붓는다. 설탕과 향료를 추가한다. 그릇을 차가운 물에 헹군 다음, 블랑망제를 옮겨 담고 그릇 모양으로 굳힌다. 완성되면 접시에 올리고 슈거파우더와 크림을 곁들인다.[23]

블랑망제는 이탈리아 산간 지역의 그 유명한 크림 푸딩, 판나 코타와 굉장히 흡사하다(부레풀이나 식용 바닷말보다는 우유나 젤라틴으로, 우유나 젤라틴보다는 크림으로 만들 때 더욱 비슷하다). 이제는 이탈리아를 넘어 전 세계적으로 유명한 디저트로, 해나 글래스가 블랑망제를 접대한 방식처럼 가끔 배나 여러 가지 과일을 함께 곁들여 먹는다. 초록 잎과 제라늄을 올려도 사랑스러울 것이다.

블랑망제 한 스푼

중세 사람들은 블랑망제가 환자에게 좋은 음식이라고 생각했다. 부드럽고 소화가 잘 되어서기도 하지만, 귀한 의약품인 설탕이 들어갔기 때문이었다. 게다가 건강에 유익한 닭고기와 아몬드까지 들어갔으므로 체액의 균형을 맞추는 완벽한 음식이었다. 《타유방의 요리서》라는 제목의 14세기 레시피 모음집에도 '아픈 사람을 위한 닭고기 블랑망제'라는 음식이 실려 있다.[24]

다섯 세기가 지나 체액설이 영향력을 잃었어도 블랑망제는 여전히 의학적 효험을 지닌 것으로 여겨졌다. 심지어 더 이상 닭고기도 들어가지 않았다. 패니 파머의《병자와 회복기 환자를 위한 음식과 요리》(1904)는 블랑망제 레시피를 두 개 소개하고 있는데, 하나는 초콜릿이고 하나는 바닐라다. 그녀의 동료였던 마리아 팔로아와 마찬가지로, 그녀 역시 블랑망제를 굳히기 위해 식용 바닷말을 사용했다.《작은 아씨들》에서 메그는 이웃집 소년 로리가 아플 때 그를 위해 블랑망제를 만든다. 그리고 여동생 조가 언니의 블랑망제를 가져다주며 이렇게 말한다. "아주 담백한 음식이니 먹어봐. 목이 따가워도 워낙 부드러워서 삼킬 때 아프지 않을 거야."[25]

: 커드와 유장 :

어린 미스 머페트가

투페트에 앉아

커드와 유장을 먹고 있네

그때 다가온 거미 한 마리

그녀 옆에 앉았지

미스 머페트는 놀라 도망쳤네

이 전래 동요는 21세기 어린아이들이 거미에 질겁하게 만든 것으로도 모자라, 몇 가지 의문을 안겨주었다. "투페트tuffet가 뭐예요?" "커드curd와 유장whey이 뭐예요?" 대체 어린 미스 머페트는 왜 저런 음식을 먹는 걸까. 첫 번째 질문은 부모님들이 대답하기 쉽다. 옆에 그림도 그려져 있어 설명하는 데 유용하다. 투페트는 낮은 의자나 작은 무릎 방석을 말한다. 때로는 푸프pouffe라고 부르는데, 속을 두툼하게 채워서 천을 씌운다는 점에서 평범한 스툴과는 다르다.

1884년에 존 에버렛 밀레이가 그린 그림 속에서 미스 머페트가 겁에 질린 눈으로 거미를 쳐다보고 있다.

하지만 커드와 유장은 설명하기 좀 골치 아프다. 어린아이나 특별한 지식이 없는 사람들은 '커드와 유장'이라고 하면 보통 응고된 우유 덩어리를 떠올린다. 냉장고에 우유를 넣어둔 채 휴가를 다녀오면 시큼한 냄새로 우리를 반겨주는 그 물체 말이다. 어떤 면에서는 바로 그 응유가 맞다. 하지만 커드는 가장 오래된 유제품 음식 중 하나로 상한 우유보다는 신선한 코티지 치즈나 리코타 치즈에 더 가깝다. 커드는 우

유가 레닛이나 산과 만났을 때
형성되는 단단한 부분으로, 보
통 치즈를 만드는 과정에서 생
성된다. 유장은 커드 아래에 가
라앉은 얇고 초록빛을 띤 우유
층이다. 하지만 커드와 유장은
그 자체로 즐기기도 한다. 우선
신선하고 따뜻한 우유에 레닛을
첨가하는데, 그대로 두기도 하
고, 레몬, 장미 향수, 복숭아 씨
앗(고편도의 맛을 내기 위해), 또는
바닐라로 향을 내기도 한다. 레
닛을 첨가하고 우유를 따뜻한
장소에 둔 다음, 커드는 위로 올
라오고 유장은 바닥에 가라앉기
를 기다리면 된다.

18세기 런던 거리에서는 행상들이 커드와 유장을 팔았다.

치즈(또는 커드)와 유장을 만들 때 사용하는 레닛은 송아지의 위장
에서 추출하는데, 동네 푸줏간에서 레닛 조각을 구입할 수 있다. 우선
사용하기에 앞서 레닛 조각을 소금으로 박박 문질러 씻어 말린다. 그
런 다음 끓는 물을 붓고 여섯 시간 이상 담가놓는다. 마지막으로, 레
닛을 꺼내고 남은 물을 우유에 붓는다. 우유를 응고시키기 위해 포도
주나 레몬주스를 사용하는 경우도 있었지만 레닛만큼 효과적이지는
않다고 여겼다. '레닛 또는 트라이플 크림' 레시피에는 레닛 대신에 아
티초크를 사용했다. 프랑스식이라는 소문 때문에 이렇게 하면 크림에
서 더욱 좋은 향이 날 것이라고 생각했다.[26]

커드와 유장은 크림이나 백포도주 항아리, 설탕 및 넛맥과 함께 식탁에 올랐을 것으로 짐작된다. 어쩌면 유장은 체로 걸러버리고 커드만 건진 뒤, 설탕과 넛맥을 뿌리고 그릇에 담아 크림을 듬뿍 올려서 내놓았을 수도 있다. 오늘날, 소문난 할루미 치즈를 생산하는 키프로스에서도 따뜻한 커드를 떠서 오렌지꽃 향수를 뿌리거나 캐럽carob 시럽(쥐엄 열매로 만든 시럽 — 옮긴이)을 한 바퀴 둘러서 내놓는다. 따뜻한 봄날 오후에 정원에 앉아서 먹는 커드와 캐럽 시럽은 미스 머페트도 탐낼 만한 맛있는 간식이다.

유장 역시 때로 단독으로 마셨다. 수년 동안 시골 사람들은 소박한 여름 음료로 유장을 즐겼다. 휘그whig라고도 불렸는데 17세기와 18세기에는 건강한 음료로 각광받았다. 새뮤얼 피프스는 일기에 "유장 가게"에 가서 "엄청난 양의 유장"을 마셨다고 적기도 했다. 프랑스에서는 유장('퍼틸레petit lait'라고 불렸다)이 퐁파두르 부인의 두통과 월경 증후군을 치료했다고 알려지며 유명세를 탔다.[27]

커드 또는 부드러운 생치즈는 치즈케이크의 베이스이기도 하다. 예부터 요리사들은 물기를 뺀 커드를 두들겨서 부드럽게 만든 뒤 매끄럽고 근사한 치즈케이크를 만들었다. 기원전 776년, 첫 올림픽 경기를 치렀던 그리스 운동선수들도 치즈가 든 케이크를 먹었다.[28] 18세기 영국 요리사들은 치즈케이크에 레몬, 장미 향수, 오렌지꽃 향수, 넛맥 등을 첨가해 향을 냈으며 건포도나 자두도 가끔 넣었다. 그런 뒤 가장자리가 주름진 파이 접시나 작은 타르트팬에 반죽을 붓고 구웠다. 요즘에는 치즈를 생산하는 곳이면 어디서나 치즈케이크를 즐긴다. 전통적으로는 부활절이나 오순절 같은 봄철 축일에 먹는다. 지금은 크림치즈로 만든 뉴욕 치즈케이크를 가장 클래식한 종류로 여긴다.

정킷

크림으로 만든 푸딩 중에는 정킷junket도 있었다. 정킷의 유래는 프랑스어 '종케트jonquette'로, 원래 치즈의 모양을 잡아주는 골풀 바구니를 의미했다. 이후 치즈를 지칭하는 단어로 사용하다가, 이어서 달콤하고 향이 좋은 커드 디저트를 지칭하게 되었다. 또한 설탕절임이나 진미를 지칭하는 일반 명사로도 쓰였다. 플라티나의 《신성한 즐거움과 건강에 대하여》에서도 '아몬드 정킷' 레시피를 소개하고 있는데, 여기선 금식일에 먹을 수 있도록 우유 대신 아몬드 우유를 사용했다.[29]

16세기에 들어서 정킷이라는 단어는 흥겨운 잔치나 만찬을 뜻하는 단어로 사용되기 시작했다. 그러다 19세기 미국에서 관료가 공금으로 떠나는 유람을 의미하는 단어로 진화했다. 세금을 납부하는 시민들은 이런 정킷을 하찮고 쓸데없는 짓이라고 여겼다. 블랑망제와 플러머리와 마찬가지로, 사람들은 정킷이 환자가 먹기 좋은 음식이라고 생각했다. 하지만 대부분의 환자들이 먹었던 (휘핑크림, 럼, 아몬드나 다른 첨가물 없이) 담백한 버전을 모두가 좋아한 건 아니었다. 제1차 세계대전 동안 《새터데이 이브닝 포스트》의 특파원으로 일한 미국 작가 어빈 코브는 수술 후 회복을 위해 병원에 머물면서 정킷을 접하고 다음과 같이 후기를 남겼다.

> 세상 사람들이 보통 정킷을 어떻게 먹는지 모르겠지만, 병원에서 주는 정킷은 세심한 과정을 거쳐 환상적이고 먹음직스런 맛을 내는 데 필요한 재료들을 제거한 커스터드다. 기본적인 맛은 계란과 비슷한데, 그 맛이 마치 상당히 기분이 언짢은 암탉이 홧김에 낳은 계란 맛 같다.[30]

코브가 병원에서 먹었던 것보다 훨씬 먹음직스러워 보이는 정킷.

눈처럼 하얀 식탁

16세기부터 19세기 초반까지 해마다 지독하게 추운 겨울이 반복되었다. 얼마나 추위가 맹위를 떨쳤으면 그 시기를 "소小 빙하기"라고 부를 정도였다. 기온이 곤두박질칠 때면 유럽과 북미 대륙은 추위에 벌벌 떨었다. 강추위는 농작물과 무역에 큰 피해를 입히고 많은 사람들에게 고통을 안겼다. 언제나 그렇지만 가장 큰 피해자는 가난한 이들이었다. 농부, 어부, 포도주 제조자는 생계가 곤란해진 이들 중 일부에 불과했다. 영국에서는 템스강이 오늘날보다 넓고 얕아 자주 얼었다.

강이 얼어붙을 때면 런던 시민들은 기회를 놓치지 않고 눈과 얼음판에서 어떻게든 즐길거리를 찾아냈고, 꽁꽁 언 강 위에서 즉흥적으로 '얼음 축제'를 벌이곤 했다.

어른, 아이 할 것 없이 얼음강 위에서 스케이트를 지치고, 썰매를 끌고, 미끄럼을 탔다. 음악가들은 악기를 연주했다. 마차가 배를 대신해 승객들을 태우고 강 위를 달렸다. 상인들은 얼음 위에 간이 텐트를 치고 음식을 팔았다. 로스트 비프부터 진저브레드, 핫초콜릿까지 없는 게 없었다. 1814년 얼음 축제의 마지막 순서에는 코끼리가 등장해 템스강을 무사히 행진하기도 했다. 인쇄업자들은 얼음 위에 인쇄기를 설치해 놓고 기념품 전단을 찍어서 판매했는데, 많은 전단지에 다음과 같은 장난스런 내용이 담겨 있었다.

: 알림 :

제이 프로스트(J. Frost) 자네가 무력으로 템스강을 점령했으니

나는 자네에게 당장 그만두라고 경고하노라.

에이 소우(A. Thaw. 해빙기라는 뜻 ─ 옮긴이) 작성

에스 워너(S. Warner)가 1814년 2월 5일 얼음 위에서 인쇄함.[31]

어쩌면 창문 밖으로 펼쳐진 설경이 만찬 테이블 위의 아름다운 겨울 왕국에 영감을 주었는지도 모르겠다. 18세기, 상류층 집안의 요리사들은 온 식탁을 눈처럼 하얀 달콤한 음식으로 뒤덮었다. 크림과 계란 흰자를 섞어서 풍성한 거품을 만든 뒤 로즈마리 줄기를 꽂은 모습은 눈 덮인 산꼭대기에 작은 나무들이 서 있는 설경과 흡사했다. 과일은 물에 적셨다가 차가운 곳에 두어 일부러 성에가 생기도록 했다. 온갖 종류의 크림과 커스터드푸딩, 크리미한 알콜 음료도 제조했다.

영국 철학자이자 미의 권위자이자 수필가인 조지프 애디슨(1672~ 1719)은 한 디저트를 접하고 그 아름다운 모양에 반한 나머지, 조금이라도 먹어 훼손시키는 건 저속한 짓이라고 생각했다. 물론 식탁에 앉은 다른 사람들은 그런 양심의 가책을 전혀 느끼지 않았다. 애디슨은 1709년 3월 21일 화요일자《태틀러》에서 어느 정찬 테이블을 언급하면서 "프랑스풍의 겉만 번지르르한 진미kickshaws('어떤 것'을 의미하는 프랑스어 '켈크 쇼즈quelque chose'에서 변형된 단어다)로 가득하다"며 가혹하리만치 경멸을 표했다. "구운 호저"인 줄 알았던 요리가 실은 "라드를 바른 칠면조"이질 않나, 테이블엔 그의 마음에 드는 음식이 하나도 없었다. 그는 결국 불명예스럽게 사이드 테이블로 내쫓긴 "훌륭한 등심구이"를 발견하고 고기로 배를 채웠다. 그는 고기구이가 "화려한 진미"에 눌려 중요하지 않은 음식으로 취급된다는 사실에 기분이 상했다. 하지만 디저트가 식탁에 오르자 기분이 완전히 되살아났다.

> 마침내 디저트가 나왔다. 진정 그전에 나왔던 어떤 음식만큼이나 놀라웠다. 모든 음식이 제자리에 놓이자 마치 겨울을 묘사한 하나의 아름다운 작품처럼 보였다. 각추 모양의 설탕절임들이 고드름처럼 매달려 있고, 과일들은 가짜 서리를 맞은 채 여기저기 흩어져 있었다. 동시에, 엄청난 양의 크림을 휘저어 만든 눈밭 주위로 우박이 쏟아져 있는 것마냥 작은 알사탕 접시들과 형형색색의 젤리가 무수히 놓여 있었다. 나는 앞에 놓인 디저트들이 정말 마음에 들었다. 그래서 조금도 건드리고 싶지 않았다. 사람들이 레몬껍질 조각이나 알사탕 때문에 그토록 아름다운 작품을 망가뜨리려 하자, 화가 치밀려고 했다.[32]

식탁의 풍경은 흰 눈으로 뒤덮인 고요한 정원처럼 사랑스럽고 평

1814년 템스강에서 열린 시끌벅적한 얼음 축제를 묘사한 조지 크룩섕크의 캐리커처.

화스럽기 그지없었을 것이다. 그렇지만 식탁에 그런 풍경을 꾸미기까지 수많은 사람들이 손님들 몰래 저택 지하방에서 엄청난 땀을 흘려야 했다. 평범한 가정집 요리사들은 디저트 테이블에 눈부신 설경을 창조할 일이 없었다. 하지만 그 대신 스노, 크림, 커스터드푸딩을 만들고 예쁘게 장식했다. 사실 수세기 동안 다양한 크림과 스노를 만들었다. 바르톨로메오 스카피도 16세기에 네베 디 라테neve di latte, 즉 밀크 스노레시피를 소개했다. 《정확하고 새로운 요리책》(1545)에는 '스노로 가득한 음식 만드는 법'이라는 레시피가 실렸는데, 해나 울리의 요리책 《여왕의 찬장》(1672)에 적힌 아래 레시피와 아주 비슷하다.[33]

: 스노 크림 만드는 법 :

크림 1파인트(약 570밀리리터), 계란 흰자 3개, 장미 향수 한 스푼 또는 두 스푼을 섞고 박달나무 가지로 휘저어서 거품을 낸다. 그런 다음 접시로 옮겨 담는다. 그전에 먼저 맨치트(manchet)를 반으로 잘라 버터를 바른 뒤 접시에 고정시키고, 가운데에 긴 로즈마리 가지를 꽂는다. 접시에 스노 크림을 전부 올린 다음, 다양한 설탕절임으로 장식한다.[34]

프랑스와 독일뿐 아니라 영국 요리책에도 비슷한 레시피는 많이 등장한다. 위 레시피에서 스노 크림 아래에 놓인 맨치트는 작고 하얀 빵 덩어리인데, 보통 먼저 빵 껍질을 제거한 뒤 스노 크림을 쌓아 올렸다. 빵 대신 사과를 쓰는 사람들도 있었다. 크림과 계란 흰자를 휘저어서 위로 올라온 거품을 걷어서 빵이나 사과 위에 쌓았다. 그리고 이 과정을 접시가 가득 찰 때까지 반복했다. 또 다른 크림의 경우 거품층을 떠서 체에 걸러 건조시키고, 남은 크림을 다시 휘젓고, 다시 거품을 떠내는 과정을 크림이 바닥날 때까지 계속했다.

전기 믹서는커녕 철사로 된 거품기나 회전식 계란 교반기도 없던 시절이라, 크림과 계란 흰자를 젓는 일은 엄청나게 고된 노동이었다. 대개 나뭇가지 묶음을 사용하다 보니 레시피들은 보통 반죽을 저어서 거품을 내는 데 30분 이상 걸린다고 명시했다. 하지만 이런 힘들고 따분한 과정에도 불구하고, 요리사들은 자신의 작품에 창의적인 솜씨를 발휘하기를 멈추지 않았다. 많은 요리사들이 반죽에 향을 추가하기 위해 로즈마리 가지를 사용하거나 작은 나뭇가지에 로즈마리 줄기를 묶어서 거품기를 만들었다. 해나 글래스는 나뭇가지에 레몬껍질을 묶어서 사용했는데, 많은 요리사들이 같은 방법을 썼다. 몇몇은 고편도 향을 입히기 위해 복숭아나무 가지를 사용하기도 했다. 나뭇가지 대신에 몰리니요molinillo(멕시코에서 핫초콜릿에 거품을 내기 위해 쓰는 거품기)를 쓰는 사람들도 있었다.

휘핑크림이라는 용어는 17세기까지는 사용하지 않았던 것으로 보인다. 프랑스에서 휘핑크림은 크렘 샹티이 또는 크렘 푸에테crème fouettée라고 불렀다. 이탈리아에서는 판나 몬타타panna montata, 스페인에서는 나타 몬타다nata montada, 독일에서는 슐라크자네schlagsahne다. 휘핑크림을 유독 좋아하는 비엔나 사람들은 슐라고베르스schlagobers라고 부른다. 슐라고베르스는 리하르트 슈트라우스가 작곡하고 하인리히 크뢸러가 안무를 맡은 발레의 제목이기도 했다. 발레의 배경은 비엔나의 제과점으로, 무대 위에서 마지팬, 진저브레드, 프루트케이크가 살아서 춤을 춘다. 1924년에 초연을 본 하인리히 크랄리크라는 비평가는 이렇게 평을 남겼다. "이 맛있는 휘핑크림은 아쉽게도 소화하기 쉽지 않다."[35]

휘젓지 않고 열을 가해 요리한 크림은 고형 크림이라 부르는데, 이 크림은 여전히 영국의 별미 중 하나로, 근동지역에서 즐기는 카이마크kaymak와 가까운 친척뻘이다. '데번셔 크림'이라고도 알려져 있는 고형 크림은 우유나 크림을 저온에 가열해서 응고될 때까지 기다린 후, 걸쭉한 크림층만 조심스레 걸러내 만든다. 대개는 스콘과 함께 먹지만 과일에 얹거나 그 자체로 즐기기도 한다. 해나 울리는 '양배추 크림'이라 불리는 장식용 크림을 만들었는데, 고형 크림을 양배추 이파리 형상으로 만든 음식이다. 그녀의 레피시는 설탕에 장미 향수를 섞은 혼합물을 각 이파리마다 바르라고 지시하는데, 이는 잎사귀들이 서로 달라붙지 않고 양배추 포기 모양을 잘 유지할 수 있도록 하기 위함이었다.

: 양배추 크림 만드는 법 :

새 우유 50파인트(약 28리터)를 불 위에 놓고 끓인다. 크림이 굳지 않도록 계속 젓는다. 그런 뒤 20여 개의 접시에 최대한 빨리 붓는다. 식어서 굳으면 크림만 걸러내 파이 접시에 양배추 모양으로 놓는다. 이때 잎 하나를 일그러뜨려서 다른 잎 위에 놓기를 세 번 반복한다. 설탕과 장미 향수를 되직하게 섞어서 깃털처럼 생긴 도구로 양배추 사이에 바른다. 어떤 사람들은 크림 약간을 생강과 함께 끓인 다음 불을 끄고 장미 향수와 설탕을 넣어 향을 돋운다. 그리고 살짝 데쳐서 으깬 요르단 아몬드 즙을 넣고, 식어서 크림이 될 때까지 젓는다. 접시 바닥에 너무 딱딱하지도 너무 타지도 않은, 얇게 자른 구운 맨치트를 놓고 크림을 부은 뒤, 그 위에 양배추를 올린다.[36]

매력적인 혼란

유제품으로 만든 일부 디저트는 정의를 내리고 역사를 추적하기가 여간 어렵지 않다. 레시피도 굉장히 다양할 뿐 아니라, 어떤 요리사는 '풀fool'이라 부르는 것을 다른 요리사는 '트라이플trifle'이라 부르는 탓이다. '풀'은 대개 구스베리와 같은 과일이나 요즘처럼 대황 줄기 등을 크림에 넣고 섞은 음식을 지칭하는데, 예전에는 케이크, 커스터드, 포도주, 휘핑크림 등(최소한의 재료가 이 정도다) 좀 더 다양한 재료를 사용해 만든 트라이플과 비슷했다. 둘 다 한때는 풍미가 좋고 만들기 쉬우며,

폭신하고 색다른 디저트였다. '풀'과 '트라이플'이라는 이름('fool'은 '바보', 'trifle'은 '하찮은'이라는 뜻이다 — 옮긴이)은 비난의 뜻이 아니라, 오히려 구름처럼 폭신한 크림으로 만들어진 간단하게 즐기는 가벼운 디저트라는 의미를 담고 있다.

그 정의도 디저트의 모양만큼이나 딱 꼬집어 설명하기 힘들다.《옥스퍼드 영어사전》에서는 '풀'을 "크림에 다양한 재료를 넣고 끓인 요리"로 "사어死語다"라고 정의내리고 있다. 그러면서 초기 용례를 다음과 같이 인용한다. "영국에서 풀 또는 트라이플이라 부르던 고형 크림의 일종. 존 플로리오의《단어의 세계: 가장 방대하고 정확한 영어-이탈리아어 사전》(1598)에서 발췌."[37] 이와 같이 16세기 후반에 풀과 트라이플을 같은 종류의 고형 크림으로 본 사례가 존재한다.

사실 트라이플의 초기 레시피들은 오늘날 우리가 아는 트라이플처럼 층층이 쌓은 디저트의 형태가 아니었다. 그보다는 휘핑크림에 과일을 마구 섞어서 가볍게 즐기는 매력적인 여름 디저트, 고전적인 풀과 흡사했다. 게다가 초반에는 단순한 휘핑크림이 아닌 커스터드를 넣거나 비스킷이나 케이크를 추가하기도 했다. 이렇게 만들 경우 오늘날의 트라이플과 좀 더 비슷해졌다. 플로리오의 책보다 거의 한 세기쯤 뒤인 1688년에 출간된《문장학 학원》의 저자 랜들 홀름은 풀을 이렇게 설명했다. "풀은 커스터드의 일종이지만 좀 더 투박하다. 크림, 계란 노른자, 시나몬, 삶은 육두구로 만들어서, 시페트Sippets 위에 올린 뒤 얇게 썬 대추, 설탕, 하얗고 빨간 사탕과자를 흩뿌려서 내놓는다."[38] 시페트는 반듯하게 자른 작은 빵 조각으로, 시페트를 사용하면 풀보다는 트라이플에 좀 더 가까워졌다.

요즘에는 대개 풀을 달콤한 과일 퓌레와 크림만으로 만드는 디저트라고 정의한다. 예나 지금이나 풀에 가장 많이 사용하는 과일은 구스

우아한 현대의 코로네이션 트라이플.

베리다. 에스텔 우즈 윌콕스가 쓴 19세기 미국 요리책에서 발췌한 이 레시피에서는 구스베리에 커스터드나 그냥 크림 중 하나를 선택해서 쓰라고 제안하고 있다.

: 구스베리 풀 :

구스베리를 부드러워질 때까지 뭉근하게 끓인 뒤, 설탕을 넣고, 체(토기로 만든 체가 가장 좋다)에 거른다. 그런 다음 익힌 커스터드나 단맛을 낸 진한 크림(2파인트〔약 1.1리터〕당 1/4파인트〔약 140밀리리터〕가량) 중 하나를 구스베리에 넣고 조심스레 섞어서 식탁에 곧바로 올린다.

—L. S. W. 부인[39]

오늘날에는 다양한 버전의 트라이플을 접할 수 있다. 하지만 기본적인 트라이플은 케이크나 비스킷을 술에 적셔서 베이스로 깔고, 커스터드와 가능하면 젤리까지 올린 뒤, 맨 위에 실러버브나 휘핑크림을 얹는 것이다. 19세기 말에 출간된 미국 소설 《엘시 베너》에서, 작가 올리버 웬델 홈스는 트라이플을 다음과 같이 묘사했다. "트라이플은 가정에서 만든 가장 훌륭한 예술 작품이다. (…) 크림과 케이크와 아몬드와 잼과 젤리와 포도주와 시나몬과 거품이 한 곳에 섞인 모습이 아름답다."[40]

트라이플은 자연스레 영국을 벗어나 다른 영어권 국가로도 전파되었다. 미국, 호주, 뉴질랜드를 비롯해, 영국의 식민지였던 인도와 캐나다의 영어 사용자들 사이로도 퍼져나갔다. 그 밖에 다른 나라에서도 트라이플을 먹기 시작했다. 헬렌 사베리와 앨런 데이비드슨은 자신들의 책 《트라이플》에서 트라이플을 받아들인 나라들을 추적했는데, 독일, 아이슬란드, 헝가리, 에리트레아, 남아프리카, 러시아, 프랑스 등이 여기에 속했다. 프랑스에서는 요리 저술가 쥘 구페가 트라이플에 무스 아 랑글레즈mousse a l'anglaise라는 이름을 붙이기도 했다.[41]

미국 최초의 요리책을 집필한 저자, 어밀리아 시몬스가 소개한 트라이플은 간단했다. 흔히들 그녀의 책을 《미국식 요리》라고 부르지만,

온전한 제목은《미국식 요리: 미국의 실정과 모든 계층에 맞게 적용한 고기, 생선, 가금류, 채소 손질하는 기술. 그리고 페이스트, 퍼프, 파이, 타르트, 푸딩, 커스터드, 절임류를 비롯해 임페리얼 플럼부터 평범한 케이크까지 모든 종류의 케이크를 만드는 최고의 방법》이다. 영국을 비롯한 해외에서 요리책을 수입하고 번역 출판하던 시절, 그녀의 책은 미국인이 쓰고 미국에서 출판한 최초의 요리책이었다. 1796년에 출간된 이 책은 크랜베리와 같은 미국식 재료를 사용하고, 수박껍질을 이용해 "미국식 시트론"을 만들고, 트리클treacle(당밀)이라는 영국식 단어 대신 멀래시즈molasses(당밀)라는 미국식 단어를 선택해서 유명세를 얻었다. 그녀의 트라이플 레시피는 당시 영국식 트라이플과 비슷했지만 대부분의 다른 레시피들보다 좀 더 현실적이고 명확하다.

: 트라이플 :

그릇에 곱게 부순 비스킷, 러스크, 향신료 케이크를 가득 채우고, 포도 주로 적신다. 그런 다음 러스크 위에 잘 익힌 커스터드(너무 걸쭉하면 안 된다)를 붓는다. 그 위에 실러버브를 올리고, 젤리와 꽃으로 장식한다.[42]

이탈리아 사람들도 추파 인글레세zuppa inglese라는 비슷한 디저트를 만들었다. 사베리와 데이비드슨은 이 디저트를 "꼭 영국에서 기원했다고 볼 수는 없지만, 영국식 트라이플과 구성 재료가 비슷한 (스펀지 케이크/비스킷, 리큐어, 커스터드와 (또는) 크림, 토핑/장식은 선택) 이탈리아 디저트"라고 일컬었다.[43] 하지만《주방의 과학과 잘 먹는 기술》의 영국식 판본(1891)에서 펠레그리노 아르투시는 그의 레시피를 "추파 인글레세(영국식 트라이플)"라고 부른다. 좀 더 복잡하고 화려한 시칠리아 버전의 이름은 '카사타cassata' 또는 '카사타 팔레르미타나cassata palermitana'다.

트라이플은 요리사의 수만큼 많은 버전이 존재하지만, 일반적으로 리큐어에 적신 스펀지케이크와 리코타 치즈 한 겹, 설탕에 절인 과일, (가능하다면) 초콜릿으로 만들며, 그 위에 설탕 아이싱과 (또는) 마지팬, 또는 아주 가끔 휘핑크림을 올리기도 한다. 20세기 디저트인 티라미수는 에스프레소와 럼주를 적신 레이디핑거 쿠키, 크리미한 자발리오네zabaglione와 마스카포네 필링, 휘핑크림을 층층이 쌓은 케이크로 역시 트라이플과 가까운 친척이다. 아마도 크리미한 리코타 디저트 중 가장 유명하고 사랑받는 것은 시칠리아의 카놀리cannoli일 것이다. 리코타 필링에 고상한 단맛을 첨가한 뒤 가끔 초콜릿 조각이나 설탕에 절인 시트론 또는 호박으로 맛을 한층 끌어올린 이 디저트는 원기둥 모양의 바삭바삭한 페이스트리가 겉을 둘러싸고 있다. 뚫린 양 끝에 잘게 다진 피스타치오를 뿌리기도 한다. 페이스트리가 눅눅해지지 않도록 먹기 직전에 크림을 채우면, 부드러운 크림과 바삭한 페이스트리가 완벽한 궁합을 이루게 된다.

20세기에 등장한 이와 비슷한 디저트로 남미의 파스텔 데 트레스 레체스pastel de tres leches(세 가지 우유 케이크)도 있다. 스펀지케이크를 가당 연유, 무가당 연유, 크림에 적신 것으로, 1970~1980년대경에 네슬레 사에서 레시피를 소개하면서 유명해졌다. 멕시코에서 가장 즐겨 찾는 디저트이며, 거의 모든 남미 국가들이 저마다 다른 버전을 가지고 있다.[44]

<h2 style="text-align:center;color:gray">벌벌 떠는 겁쟁이 커스터드</h2>

커스터드custard의 기원은 최소 14세기까지 거슬러 올라간다. 커스터

드라는 단어는 크러스타드crustade에서 유래했는데, 딱딱한 껍질이 있는 타르트라는 의미다. 보통 수프나 우유, 계란, 향신료를 넣고 고기나 과일을 첨가한, 뚜껑 없는 파이를 의미했다. 파이는 짭짤하든 달콤하든 대개 식사 말미보다는 중간에 식탁에 올랐다. 결국 디저트 코스에서 가장 인기 있는 디저트로 변신했지만, 짭짤한 키슈처럼 아직 요리로 즐기는 파이도 있다.

달콤한 커스터드(우유, 계란, 설탕, 향료를 함께 조리해 크리미하게 농도를 맞춘 음식)는 부엌에서 가장 다목적으로 사용되는 음식에 속한다. 조리기에 올려서 뭉근하게 끓일 수도, 오븐에 넣어서 구울 수도, 불에 그을릴 수도, 컵에 담아 익힌 뒤 그대로 식탁에 올릴 수도, 예쁜 모양으로 틀을 잡을 수도, 파이나 타르트에 넣고 구울 수도, 에클레어나 슈크림빵과 같은 슈 페이스트리 속에 채울 수도, 소스로 사용할 수도, 바닐라부터 복숭아 잎까지 다양한 향을 입힐 수도, 심지어 빵가루를 묻혀서 튀길 수도 있다. 프랑스식 디저트 일 플로탕트ile flottante는 커스터드 크림을 바다 삼아 떠 있다. 심지어 얼리면 아이스크림으로도 변한다.

커스터드와 거기서 파생된 다양한 디저트들을 사람들은 푸딩, 크림, 크렘, 크렘 앙글레즈, 크렘 캐러멜, 페이스트리 크림, 플랑이라는 이름으로 부른다. 프랑스 주방에서는 커스터드가 아니라 크렘crème이라는 단어를 사용한다. 스페인에서는 나티야natilla, 이탈리아에서는 크레마crema, 독일에서는 파닐레푸딩Vanillepudding, 포르투갈에서는 크레므 드 오부스creme de ovos라 한다. 태국과 라오스에는 상카야sangkaya라는 커스터드가 있는데, 코코넛 밀크를 넣고, 어리고 부드러운 코코넛 껍데기나 속을 긁어낸 호박을 그릇 삼아 요리한다.

커스터드를 넣고 구운 파이와 타르트는 어디서나 흔히 볼 수 있다. 스카피가 16세기에 소개한 커스터드 파이, 파스티치 디 라테pasticci di

스포드 도자기사에서 만든, 격자 소용돌이 문양을 새긴 커스터드 컵과 스탠드 세트, 1810년작.

latte에는 장미 향수와 시나몬 향이 들어갔다. 포르투갈식 커스터드 페이스트리인 파스테이스 드 나타pasteis de nata도 보통 시나몬으로 향을 내는데, 포르투갈부터 브라질, 마카오까지 포르투갈어를 사용하는 나라에서 널리 사랑받고 있다. 코코넛 커스터드 파이와 바나나 크림 파이는 한때 미국 식당에서 가장 주목받는 메뉴였다.

커드터드는 또한 유머의 소재가 되기도 한다.《요리사》라는 제목의 17세기 에세이에서, 작가이자 영국 성공회 목사였던 존 얼은 주인공 요리사를 날카로운 칼과 펄펄 끓는 물을 무기 삼아 주방에서 전쟁을 벌이는 난폭한 사람으로 묘사한다. 얼에 따르면 이 요리사는 군대에서 하명하듯 음식을 배치하는데, 강하고 튼튼한 고기는 앞줄에, "두려움에 몸서리치는 타르트와 바들바들 떠는 커스터드를 비롯해, 차갑고 겁 많은 우유에 적신 음식milk-sop(나약한 남자라는 뜻도 있다 ─ 옮긴이)은 뒷줄에" 배치한다.[45] 20세기 초반, 유난히 부드러워 "바들바들 떨리는"

1947년 영화 〈폴린의 위기〉에서 셰프들이 파이를 던질 준비를 하고 있다.

커스터드 파이는 거의 모든 할리우드 슬랩스틱 코미디에 모습을 드러 냈다. 영화 속 등장인물들이 파이를 던지고 얼굴이 파이로 범벅이 되 는 광경을 지켜보는 것이 코미디의 하이라이트였다. 파이 난투극이 1920년대 할리우드 영화에서 개그 소재로 워낙 인기를 끌다 보니, 키 스톤 스튜디오에 파이를 공급했던 페이스트리 가게는 파이 외엔 어떤 디저트도 만들지 않았다고 한다.[46]

몸 개그 소재, 환자용 보식, 소박한 가정식 디저트, 페이스트리 셰 프의 화려한 작품. 크림과 커스터드는 이 모든 역할을 한 팔방미인이 었다. 게다가 아이스크림의 베이스이기도 하다. 물론 모든 사람이 얼 음을 구할 수 있게 되면서 아이스크림이 커스터드의 인기를 대신했지만 말이다. 이렇게 초기 디저트들이 사라지는 것을 적어도 한 사람은 애석하게 생각했다. 런던에 커밍 박물관을 설립한 수집가 헨리 사이어 커밍은 1891년 "실러버브와 실러버브 그릇"이라는 기사에서 실러버브와 실러버브용 그릇이 기억 저편으로 사라질 위험에 처해 있다고 기고했다. 여기서 그는 이미 실러버브 그릇을 구경하기 힘들어졌으니 운 좋게 그릇을 구했다면 소중히 다루어야 한다고 주장한다. 더불어 다음과 같은 별난 시도 남겼다.

: 휘핑한 실러버브 :

눈 덮인 산을 닮은 실러버브가

커스터드, 젤리, 타르트,

와인에 적신 스펀지케이크, 트라이플과 함께

만찬장을 꾸미곤 했던 나날들

오! 실러버브는 우리의 기쁨이었지

스페인산 셰리주와 향료에서 감도는 짙은 풍미

아! 얼마나 먹고 싶어 했던가

등이 아닌 입으로 맛보는 휩(whip. 채찍이란 뜻도 있음 — 옮긴이).

동네 아이들은 얼마나 아우성을 쳤던지

눈앞에 보이는 실러버브의 자태!

풍성한 거품에 군침이 돌고

아이들은 신이 나서 두 손을 비볐네

어리석은 사람들은 이미 잊었지

실러버브를 어떻게 만드는지

실리제도가 얼마나 사랑했는지

새로 시작하려면 도움이 필요하네

문화권마다 레시피도 이름도 다르지만, 크림과 캐러멜은 완벽한 맛의 궁합을 이룬다.

오! 분명 사람들의 머리가 이상해졌음이니

악마의 놀음에 놀아났음이라

누구의 사악한 심술이 그들에게서

실러버브의 즐거움을 빼앗아갔을까[47]

커밍이 실러버브를 (커드와 유장, 우유술, 리체, 스노와 플러머리와 마찬가지로) 찾아보기 힘들다고 말한 것은 사실이었다.[48] 아이스크림이 등장했는데 왜 그런 구식 디저트에 안주하겠는가? 20세기가 되자, 아이스크림이 우리의 새로운 즐거움이 되었다.

S 1. Jelly of two colours.   T 1. Raspberry Cream.   U 1. Centre Dish of various Fruits
V 1. Trifle.   W 1. Strawberries au naturel in ornamental Flowerpot.

비턴 여사가 선보인 젤리, 크림, 트라이플, 과일 디저트는 단순하지만 우아했다.

4장
모 두 를 위 한 디 저 트

"디저트에는 우아함이 있다." 비턴 부인은 이렇게 말했다. 고상한 스노와 플러머리 물고기, 양배추 크림이 펼쳐진 디저트 테이블을 보면 그녀가 왜 그렇게 묘사했는지 이해할 수 있다.[1] 하지만 그녀도 익히 알고 있었겠듯이, 디저트는 단조로운 노동도 동반했다. 나뭇가지 묶음으로 계란이나 반죽을 한 시간 동안 저어야 하는 시절에 디저트를 만들기란 쉽지 않은 일이었다. 게다가 그 시절엔 베이킹을 하려면 먼저 스토브에 불을 지피기 위해서 무거운 땔감이나 석탄을 옮기는 수고를 해야만 했다. 아이스크림은 얼음을 구할 수 없으면 언감생심 꿈도 꿀 수 없었을 뿐더러, 설령 얼음이 있다고 해도 만들기 어려웠다. 디저트의 개수와 다양함은 요리사가 어떤 도구를 갖추고 있는지, 어떤 재료를 구할 수 있는지, 그 재료를 살 만한 돈이 있는지에 따라 제한되었다. 일반적으로 이는 디저트를 만드는 일은 하인의 몫이고, 그것을 즐기는 일은 부유한 사람들의 몫임을 의미했다. 하지만 19세기에 들어 제조업과 운송업이 발달하고 장비가 좋아지고 과학 기술이 발전하면서, 만들기 쉽고 저렴한 디저트가 훨씬 많이 만들어지기 시작했다.

처음 등장했을 때 아이스크림은 상당히 고급 음식이었다. 그러다 보니 1671년 가터 축제일에는 만찬 코스에 아이스크림이 딱 한 접시만 나왔다. 이 아이스크림을 맛본 사람은 찰스 2세 한 사람뿐이었다. 그로부터 수세기가 지나서야 아이스크림은 일상적인 디저트 테이블에 올랐다. 19세기에 얼음 산업이 생겨나고, 새로운 아이스크림 제조기와 저렴한 설탕이 공급되면서, 영국과 미국 도시의 길거리 소년들도 푼돈으로 아이스크림을 살 수 있게 되었다.

16세기 나폴리의 연금술사들이 얼리는 법을 실험하다가 눈이나 얼음에 소금이나 질산칼륨을 첨가하면 다른 물질을 얼릴 수 있다는 사실을 발견했다. 처음에 요리사들은 이 신기술을 이용해서 피라미드 모양 틀 속에 물을 가득 채우고 과일과 꽃을 넣어 얼렸다. 정찬 테이블을 아름답게 장식하고 공기도 시원하게 하기 위해서였다. 또한 물속에 과일을 담가 표면이 매끈하게 반짝일 때까지 얼린 뒤 식탁에 전시했다. 얼음으로 바다를 만들어서 그 위에 마지팬으로 만든 배를 띄우기도 했다. 그러다 17세기 후반이 되어서야 요리사들은 술과 크림을 얼리는 법을 깨우쳤다. 그렇게 해서 소르베토sorbetto가 얼린 셔벗sherbet으로 다시 태어났다. 소르베토는 플로리오가 1611년 자신의 사전에서 "터키에서 마시는 음료로, 물, 레몬주스, 설탕, 엠버, 사향으로 만듦. 매우 비싸고 맛이 좋음"이라고 정의한 음료다.[2] 요리사들은 당시 인기 있던 다양한 크림과 커스터드푸딩을 아이스크림, 즉 당시 이름으로 '얼린 크림iced cream'과 '얼린 푸딩iced pudding'으로 변형시켰다.

안토니오 라티니는 17세기 후반에 나폴리에서 스페인 귀족 가문을 돌보는 집사로 일하면서 《현대적인 집사》라는 책을 펴냈다. 이 책은 얼음과 아이스크림 레시피를 다룬 초기 서적 중 하나다. 라티니는 과

1778년에 프랑스 세브르에서 생산한 이 도자기 아이스크림 서버는 아름다울 뿐 아니라 실용적이었다. 원통형 용기 안쪽과 움푹 들어간 뚜껑에 얼음을 넣어서 내용물을 차가운 상태로 유지했다. 용기 안에는 아이스크림이 들어갔다.

일 주스 또는 크림으로 만든 얼음을 지칭하기 위해 소르베토 또는 소르베티sorbetti라는 단어를 사용했다. 젤라토gelato라는 이름이 사용된 건 19세기부터였다. 라티니는 나폴리 사람들이 엄청나게 많은 소르베티를 먹었으며, 나폴리 사람이라면 누구나 태어날 때부터 소르베티 만드는 법을 안다고 적고 있다. 그렇지만 소르베티는 전문가에게 맡기는 게 최고라고 조언한 것만 봐도, 그 말이 과장임은 의심할 여지가 없다. 그의 레시피는 설명이 자세하지 않았다. 기술을 이미 익힌 사람이 아니라면 책만 보고 아이스크림을 만들기 어려웠을 것이다. 하지만 그가 소개한 소르베티의 풍미는 환상적이었다. 우유 빙과인 소르베토 디 라테sorbetto di latte는 설탕에 절인 시트론 또는 호박으로 맛을 냈고, 시나몬 빙과에는 잣을 첨가했다. 제철에는 생체리를 이용했으며, 생체리가 나지 않는 계절에는 건체리를 이용해서 시큼한 체리 빙과를 만들었다. 초콜릿 소르베티 레시피는 두 개였는데, 초콜릿을 단순히 음료로만 즐기던 당시로서는 혁신적인 레시피였다. 그에 따르면 그중 하나는 얼린 무스로, 이 소르베티를 만들려면 얼리는 내내 계속 저어야 했다. 그 이유는 미래의 요리사들이라면 강조할 만한 불가피한 일이라는 게 전부다. 7는 또한 얼음의 밀도가 설탕과 눈과 같아야 한다고 지적했는데, 그 말인 즉 얼음처럼 꽁꽁 얼리면 안 된다는 뜻이었다.

그 후 몇 년 동안 요리책에는 소수의 아이스크림 레시피만 소개되었다. 레시피들은 전반적으로 크림을 만드는 법보다 얼리는 기술을 설명하는 데 치중했다. 글래스 부인과 래펄드 부인은 비슷한 레시피를 소개했는데, 다음은 래펄드 부인의 레시피다.

잘 익은 살구 12개의 껍질을 벗기고, 씨를 제거하고, 끓는 물에 데친다. 그리고 좋은 대리석 절구에 넣고 찧는다. 거기에 두 번 정제한 설탕 6온스(약 170그램), 뜨거운 크림 1파인트(약 570밀리리터)를 넣고, 털로 엮은 체에 거른다. 내용물을 금속 그릇에 담고 뚜껑을 닫는다. 큰 통 안에 작은 얼음 덩어리들을 넣고 소금을 듬뿍 뿌린 뒤, 그 속에 금속 그릇을 담는다. 그릇 가장자리에 크림이 어는 게 보이면 저은 뒤, 다시 얼 때까지 둔다. 크림이 전부 얼면 금속 그릇에서 꺼내고, 자신이 모양을 내고 싶은 틀 안에 부은 뒤 뚜껑을 닫는다. 전처럼 얼음과 소금이 든 통을 하나 더 준비하고, 그 안에 틀을 넣는다. 틀 위아래로 얼음을 놓고, 네다섯 시간 동안 그대로 둔다. 틀을 따뜻한 물에 담가서 내용물을 꺼낸다. 계절이 여름이라면, 먹기 직전에 꺼내는 게 좋다. 살구가 없다면 다른 과일을 사용해도 상관없으나, 잘 어는지만 예의주시하라.[3]

1768년 파리에서 마침내《제과점 주방에서 얼음과자를 만드는 기술》이란 책이 발간되었다. 이 책은 얼음과자와 아이스크림만을 전문으로 다룬 첫 번째 요리책이다. 저자인 M. 에미는 굉장히 뛰어난 기술을 가졌다는 사실 외에는 별로 알려진 게 없는 제과사로, 이 책에는 백 개가 넘는 레시피를 비롯해, 얼음과자를 얼리고 모양을 내고 접대하는 방법이 적혀 있다. 에미가 겨냥한 독자는 전문 제과사들이었다. 그의 설명은 아주 명쾌해서, 지시사항을 신중히 잘 따르면 완벽한 아이스크림을 만들 수 있을 거라 자신할 정도였다. 또한 그는 오늘날 도전정신이 가장 뛰어난 페이스트리 셰프들에 필적할 정도로 다양하고 새로운 맛을 시도했다. 용연향, 흑빵, 파인애플, 크림을 탄 커피, 파메르산 치즈, 그뤼에르 치즈, 송로 버섯(균류), 바닐라, 이 밖에도 수없이 많다.

에미는 완벽주의자이면서 동시에 실용주의자였다. 그는 맛으로 보나 맛을 기대하는 즐거움으로 보나, 제철 과일과 베리류를 사용하는 게 좋다고 생각했다. 신선한 과일을 구하기 힘든 겨울에는 초콜릿, 커피, 시나몬과 같은 향료로 아이스크림을 만들라고 제안했다. 그러면서 과일 절임으로 아이스크림을 만드는 법도 설명했는데, 제과사의 고용주들이 겨울에도 과일 맛이 나는 아이스크림을 원했기 때문이었다. 또한 얼음과자와 아이스크림에 알코올을 사용하는 것도 못마땅하게 생각했으나, 굳이 사용해야 한다면 어떤 알코올을 사용하는 게 좋은지도 조언했다. 그에 따르면 마라스키노 리큐어, 럼, 또는 코디얼 래터피아는 써도 괜찮지만, 질은 장담할 수 없다고 한다.[4]

에미를 비롯한 여러 제과사들은 과일, 채소, 꽃처럼 아이스크림에 쓰였던 재료를 실물처럼 형상화하는 것은 물론, 일찍이 플러머리, 리치, 젤리, 크림으로 구현했던 화려한 모형을 흉내 내기 위해 아이스크림을 틀에 넣고 색깔을 입혔다. 일스 부인이 만든 숭어 크림처럼 진짜와 똑같이 생긴 물고기를 만들기도 했다. 아이스크림 멜론, 배, 피클, 백조, 물고기, 햄 등도 만들었다. 어떤 제과사들은 뛰어난 솜씨를 발휘해 얼음으로 가짜 음식을 만들어 식사하는 손님들을 속였다. 손님들은 식탁에 오른 다양한 과일, 고기, 생선이 사실 아이스크림임을 깨닫고는 감탄사를 연발하며 기뻐했다. 이런 장난은 발루아의 앙리를 감쪽같이 속이며 즐거움을 선사했던 설탕 만찬을 연상시켰다.

  가짜 음식으로 손님을 놀래키는 장난은 시간이 갈수록 인기가 높아졌다.《완벽한 요리사》(1895)에서 작가 조지 살라는 비엔나에서 놀라운 아이스크림을 본 적이 있다고 밝혔다. "식탁에 로브스터, 굴, 아스파라거스 묶음, 심지어 양고기 커틀릿과 작은 햄을 똑같이 흉내 낸 얼음이 올라왔다." 이후 그는 친구 몇몇을 정찬에 초대하고선 자신도 "크림-아이스 서프라이즈"를 시도해보겠다고 결심한다. 그는 큰 감자를 몇 개 사서 껍질에서 "매끄러움이 사라지고 물결무늬가 생길 때"까지 구웠다. 그리고 구운 감자를 반으로 잘라서 속을 파낸 뒤 계란 흰자로 속을 칠하고 아이스크림을 채웠다. 그런 뒤 하나로 합쳐서 접시 위에 냅킨을 깔고 내었다. 그는 이 음식을 "양철통에 넣고 얼린 구운 감자"라는 이름으로 메뉴에 올렸다. 대부분의 손님이 속아 넘어갔다. "충격적이다!" "믿을 수 없다"는 탄식이 이어졌다. 하지만 한 남자가 눈을 찡긋하더니, 감자 하나를 집어서 그 속에 든 아이스크림을 열어 보였다. 어떻게 알아챘냐고 묻자, 그가 답했다. "구운 감자는 (…) 차갑게 대접하지 않습니다. 그리고 감자가 나올 때는 유리 접시와 얼음용 스푼을 놓지 않는 법이지요."[5]

1805년 파리에서 아이스크림을 먹는 것은 상류층의 특권이었다.

아이스크림의 대중화

산업혁명은 영국을 시작으로 독일, 프랑스, 미국 및 여타 나라들로 퍼져나가며 서민들의 삶을 근본적으로 변화시켰다. 이 변화에는 양면이 존재했는데, 긍정적인 면 중 하나는 일반인도 얼음과 아이스크림을 살 수 있게 되었다는 점이다. 18세기까지는 오직 부유층만 호수나 연못, 또는 얼음 창고에서 얼음을 구할 수 있었다. 하지만 19세기 중반, 프레더릭 튜더라는 한 미국인이 얼음을 채취, 저장, 운반, 판매하는 사업을 세계적으로 확장하면서 거의 모든 사람이 얼음을 구할 수 있게 되었다. 튜더와 후발 주자들은 얼음을 상품화시켰다. 얼음은 전 세계

애그니스 마셜 부인은 1894년에 출간한 《화려한 얼음과자》에서 자신이 만든 아이스크림 틀을 홍보했다.

나이에 상관없이 아이스크림은 특별한 간식이다.

로 유통되어 집집마다 배달되었고, 얼음 덩어리와 차가운 음식을 보관
하는 아이스박스는 흔한 가정용품이 되었다. 얼음 보급의 파급력은 굉
장했다. 우선 음식을 유통하는 방식이 바뀌었다. 철도에 냉장 차량이
도입되어 신선한 과일, 채소, 생선, 갓 도축한 고기를 먼 거리에 있는
새로운 시장까지 배송할 수 있게 되었다. 고열 환자를 치료하는 등 의

술에도 영향을 미쳤다. 얼음을 구하기 쉬워지면서 아이스크림을 생산하고 판매하는 일도 가능해졌다.

튜더가 미국 보스턴에서 인도 캘커타로 얼음을 유통하면서 인도에도 아이스크림 산업이 들어섰다. 오늘날 인도 전역에서는 망고, 피스타치오, 무화과, 아이들에게 인기인 초콜릿 입힌 '초코바' 등 다양한 맛의 아이스크림을 즐긴다. 인도의 전통적인 얼린 디저트는 '쿨피kulfi'로, 우유를 졸인 다음 설탕, 피스타치오, 아몬드, 장미 향수를 넣어서 만든다. 아이스크림과 달리 마구 휘젓지 않고 원뿔 모양 틀에 넣어서 얼리는 게 특징이다.[6]

1843년, 필라델피아 출신의 미국 여성 낸시 존슨이 최초의 아이스크림 제조기를 개발했다. 외부에 설치된 L자형 핸들을 돌리면 내장된 교유기가 움직이면서 아이스크림을 만드는 제품이었다. 이 제조기를 사용하면 용기를 열어서 아이스크림을 직접 젓지 않아도 되는 것은 물론, 전문가나 주부 할 것 없이 더 빠르고 쉽게 아이스크림을 제조할 수 있었다. 게다가 에미와 같은 제과사들이 오랫동안 권장했던 것처럼 아이스크림을 부드럽게 혼합할 수도 있었다. 이따금씩 어린 소년들이 핸들을 돌린 보답으로 주걱에 묻은 아이스크림을 핥아먹는 상을 받기도 했다. 영국에서는 제과사 토머스 매스터스가 1844년에 비슷한 아이스크림 제조기를 발명했다. 이 기계는 얼음도 생산할 수 있었다. 덕분에 그는 인공 얼음으로 아이스크림을 만든 최초의 인물이 되었다. 하지만 천연 얼음이 구하기도 쉬워지고 더 안전하다고 여겨진 때라, 성공을 거두지는 못했다.

아이스크림 제조기는 여러 사람의 손을 거쳐 나날이 개선되었고, 마침내 19세기 후반기쯤에 주부와 전문가들 사이에 널리 보급되었다. 요리업계가 발행한 간행물들은 호텔, 레스토랑, 아이스크림 가게, 제과

아이스크림 노점상. 엘리트 제과사들에게는 무시를 당했으나 아이들에겐 인기만점이었다.

점을 대상으로 마력馬力을 이용한 아이스크림 제조기에 이어 증기력으로 움직이는 제조기를 홍보했다. 아이스크림을 국가적 자부심으로 여기는 이탈리아에서조차 수입 아이스크림 제조기는 귀한 대접을 받았다.《주방의 과학과 잘 먹는 기술》에서 펠레그리노 아르투시는 다음과 같이 말했다.

> 세 가지 일을 처리하고 주걱도 필요 없는 미국의 아이스크림 제조기덕분에 아이스크림 만들기가 훨씬 쉽고 빨라졌다. 그러니 이 맛있는 음식의 감각적 쾌락을 더욱 자주 즐기지 않는다면 부끄러운 일이 될 것이다.[7]

새로운 장비와 얼음의 보급 덕분에 요리 애호가들부터 길거리 노점상까지 너도나도 아이스크림을 만들기 시작했다. 물론 전문 엘리트 제과사와 전통주의자들은 이를 유감스럽게 생각했다.《올드 런던 스트릿 크라이즈》(1885)의 저자 앤드루 튜어는 길거리 노점상에서 파는 호키포키Hokey-pokey라는 저렴한 아이스크림에 불신의 눈초리를 보냈다. 그는 이 아이스크림을 "끔찍할 정도로 달고, 지독할 정도로 차갑고, 벽돌처럼 딱딱하다. 좀 더 비싼 우유 대신에 (다행히 몸에 해롭지는 않은) 스웨덴 순무를 걸쭉하게 갈아서 베이스로 쓴다고 알려져 있다"고 혹평했다.[8] 영국 제과사 프레더릭 T. 바인 역시 길거리 노점상에서 파는 얼음을 "미심쩍다"고 평했다.[9] 1883년 판《컨펙셔너즈 저널》의 미국 편집자가 보인 적개심은 이보다 심했다. 그는 "품질 떨어지는 싸구려 기성품처럼 공장에서 찍어내는" 아이스크림이라며 다음과 같이 비난했다.

손님들은 페니 릭(penny lick)이라는 유리잔에 놓인 아이스크림을 다 핥은 뒤 노점 주인에게 돌려주었다. 사용한 다음 매번 세척을 했는지는 알 수 없다.

부실하고 불량한 공장 제품, 핀치백 크림, 교회 바자회와 자선단체에서 파는 크림, 기숙사와 빈민 구호소에서 주는 크림, 이런 것들은 크림이 아니라 거품만 가득한 구정물이자, 눈이 녹아내린 진창이자, 불쾌하기 그지없는 '향신료' 덩어리일 뿐이다. 이 향신료의 구성성분은 악마가 밀사로 보낸 화학물질이라는 것 외에는 알려진 바가 없다.[10]

하지만 이 비평가들이 택한 쪽은 역사가 택한 길과 반대였다. 아이스크림은 사방에 보급되었고, 모든 곳에서 사랑받았다. 1891년에 증기선 햄버그 아메리칸 패킷호는 세계를 항해하는 동안 아이스크림을 선내 메뉴에 올렸다. 그 후부터 증기선은 물론, 철도 식당차, 호텔, 레스토랑, 미국식 약국인 소다수 판매점에서 항상 아이스크림을 판매했다. 가끔 케이크나 파이도 곁들여 팔았다. 아이스크림은 전문가나 비전문가 모두가 만들었고, 가게나 노점상 모두가 판매했고, 힘 있는 자나 없는 자 모두가 즐겼다.

성에서 오두막까지

페이스트리 요리사의 기술은 모든 문명화된 나라에서 높이 평가받고 있다. 그 기원은 인류 초기, 다시 말해 인간이 미각을 즐겁게 하기 위해 눈앞에 놓인 밀가루, 버터, 계란을 다양한 방식으로 혼합했던 그날로 거슬러 올라간다. 그 덕에 케이크와 브리오슈(brioche)가 탄생했다. 그 최초의 인간은 여기에 꿀, 설탕, 과일을 하나둘씩 첨가했다. 그리고 이 반죽을 오만가지 모양으로 빚다가, 결국 작은 시골집부터 성까지 만들기에 이르렀고, 모든 축제와 행사의 축하연을 빛나게 할 전통적인 케이크를 탄생시켰다.[11]

위의 글은 저명한 프랑스 요리사인 쥘 구페가 제과 서적 도입부에서 언급한 케이크의 간략한 역사 중 일부다. 그는 또한 초창기의 역사도 언급했다.

페이스트리의 기본 요소를 배우는 일은 여성들이 받는 훈련에서 꽤 중요한 부분이다. 귀족 가문의 숙녀나, 부유층 집안의 딸이나, 수녀원의 은둔자나 모두 자신의 손기술을 잘 이용해서 각양각색의 고급 진미를 준비했다.[12]

그는 자신의 책이 전문적인 남성 페이스트리 셰프는 물론 이런 여성들을 위한 책이기도 하다고 말했다.

고대부터 케이크를 비롯한 다양한 달콤한 음식들을 실험해왔다는 구페의 말은 옳다. 하지만 그는 산업화가 아이스크림부터 케이크까지 디저트를 민주화하는 데 얼마나 크게 기여했는지는 간과했다. 19세기에 새로운 오븐, 요리 기구, 틀, 효모, 식재료, 유통, 냉장 기술이 등장하며 전문가, 비전문가를 가리지 않고 페이스트리 및 디저트 요리사들의 레퍼토리를 바꾸었다. 새로 등장한 요리책들도 영향을 미치는 데 한몫

색감 있는 접시들이 구페의 페이스트리를 더욱 돋보이게 만들었다. 네덜란드 로테르담에서 출간된 《페이스트리와 제과에 대한 고귀한 책》의 1893년 판본에서 발췌.

했다. 특히 늘어나는 중산층을 겨냥한 요리책들이 급격하게 증가했다. 심지어 어떤 책은 컬러 도판도 실었다. 책마다 레시피 소개는 물론, 파티를 준비하고, 음식을 장식하고, 테이블을 멋지게 세팅하는 법까지 다양한 조언을 담았다. 많은 요리책이 여성 저자가 여성 독자를 위해 쓴 책이었지만, 몇몇 남성 요리사들도 (남성으로 추정되는) 전문 요리사는 물론 여성들이 읽기 좋은 요리책을 집필했다. 이런 모든 새로운 변화들이 베이킹 문화를 바꾸었고, 요리사들은 현란한 디저트 세계를 창조하기 시작했다.

베이킹 오븐의 신세계

새로운 기계와 장비들이 아이스크림 제조 과정을 단순화시키고 아이스크림을 저렴하게 공급하도록 만든 것처럼, 새로운 오븐 역시 베이킹을 향상시켰다. 일단 적응을 하자 새 오븐은 과거에 쓰던 것보다 사용하기도 쉽고 효율성도 높았다. 19세기 초반 네덜란드, 영국, 미국에서 사용하던, 주철로 만든 장작 스토브나 석탄 스토브만 사용해도 베이킹이 훨씬 쉬워졌다. 하지만 여전히 무거운 석탄이나 장작을 날라다가 불을 때야 한다는 불편함이 있었다. 그러다 1826년, 영국의 발명가 제임스 샤프가 가스 스토브를 발명해 특허를 받게 된다. 많은 도시에서 가스 램프로 불을 밝히기 시작할 때라, 도시의 가정에서는 새로운 가스 스토브를 주방에 들여놓기 시작했다. 물론 거부하는 사람도 있었다. 새로운 기술이 도입되면 반대하는 사람이 존재하기 마련이다. 하지만 런던 상류층의 사교클럽인 리폼 클럽Reform Club의 유명 셰프 알렉시스 소이어는 가스 스토브를 권장했고, 그의 추천은 가스 스토브의 보급을 앞당겼다. 그는 다음과 같이 말했다.

> 가스 스토브는 또한 훨씬 경제적이다. 원하는 순간 불을 지펴도 되고, 오직 필요한 양만큼만 사용하며, 사용을 끝낸 즉시 끌 수도 있다. 매일 가스가 공급되는 런던이나 몇몇 대도시에만 설치할 수 있다니 정말 안타까울 따름이다. 하지만 그런 대도시야말로 가스 스토브가 정말 필요한 곳이다. 시골의 집들보다 부엌이 작기 때문이다. 정말 작은 부엌에서는 가스 스토브를 설치해서 불이건 뭐건 만드는 게 아예 불가능하다.[13]

소이어가 언급하진 않았지만, 요리 애호가들은 주방이 훨씬 청결해졌을 뿐 아니라, 오븐에 불을 때려고 장작이나 석탄 더미를 더 이상 나를 필요가 없다는 사실에 특히 기뻐했음이 분명하다. 20세기 초반에 들어 많은 도시에 전기가 공급되면서 전기 스토브도 사용되기 시작했다. 가스오븐과 전기오븐에 마침내 온도 조절 장치가 설치된 것도 이때쯤이다. 물론 온도 조절 장치는 그 후로도 몇 년 동안 실험단계를 거쳤다.

1870년에 나온 신상품 스토브 광고. 사용법이 너무 쉬워서 아이들도 베이킹을 할 수 있다고 홍보하고 있다.

새로운 오븐과 불 조절 기술이 등장하기 전까지 요리사들은 오븐 온도가 베이킹을 시작하기 적당한지, 음식마다 베이킹 시간이 얼마나 걸리는지 확인하기 위해 자신의 판단과 경험에 의존해야 했다. 레시피들은 느슨한 오븐, 빠른 오븐, 민첩한 오븐과 같은 용어들을 사용했다. 어떤 요리사들은 온도를 확인하기 위해 오븐에 직접 손을 넣어서 얼마나 오래 버틸 수 있는지를 살폈다. 오븐 속에 흰 종이를 집어넣고 갈색으로 타들어가는 데 걸리는 시간을 계산하기도 했다. 래펄드는 치즈케이크 만들 때 오븐이 너무 뜨거우면 케이크가 타고 "아름다움을 빼앗기는" 반면, "너무 느린 오븐을 사용하면 케이크가 설구워진다"고 설명했다.[14]

영국의 요리책 집필가 엘리자 액턴은 구운 배 디저트를 만들 땐,

"빵을 꺼낸 다음" 오븐에 배를 넣고 밤새도록 두라고 조언한다. 그러면 "설탕을 넣고 끓이거나 구운 배보다 맛이 훨씬 좋아지기" 때문이었다.[15] 빵을 구울 때 오븐의 온도가 훨씬 높으므로 빵을 굽고 나서 오븐이 식으면 배를 천천히 익히기에 적당해졌다. 케이크 레시피 부문을 소개하기에 앞서 액턴은 다음과 같이 설명했다.

> 모든 가벼운 케이크를 알맞게 부풀어 오르게 하려면 민첩한 오븐이 필요하다. 매우 크고 진한 케이크는 끝까지 잘 구울 수 있도록 열기를 균일하게 유지해야 한다. 반면 작은 설탕 케이크는 아주 작은 오븐이 필요하다. 반도 익기 전에 색깔이 짙게 변하는 것을 막기 위해서다. 진저 브레드도 두꺼운 종류가 아니라면 약하게 구워야 한다. 머랭, 마카롱, 래터피어는 이것보다는 조금 더 센 열도 견딜 것이다.[16]

1904년 후반, 영어와 독일어로 출간된 《미국식 부엌을 위한 독일 요리》라는 책에서, 작가 헨리에테 다비디스는 오븐의 열기를 측정하려면 종이를 사용하라고 조언한다.

> 오븐의 열기를 측정하려면 종이 조각을 사용하라. 만약 오븐 속에서 종이가 금세 누런색(검정색이 아니라)으로 변한다면, 이는 열기가 1단계임을 의미하며, 퍼프 페이스트와 이스트를 넣은 반죽을 굽기에 적당하다는 뜻이다. 서서히 노란색으로 변한다면 열기가 2단계로, 대부분의 베이킹에 적당하다. 3단계는 케이크 등을 굽기에는 온도가 너무 낮으므로, 베이킹보다는 건조할 때 사용해야 한다.[17]

세기가 바뀔 무렵, 온도 조절 장치가 달린 오븐들이 등장하면서 요리책들은 베이킹 온도를 구체적으로 명시하기 시작했다. 1904년, 영국 제과업계에서 출간한《책으로 보는 케이크》의 몇몇 레시피는 섭씨 150도, 175도, 190도(화씨 300도, 350도, 375도)처럼 오븐 온도를 명시해놓았다. 그 밖의 레시피들은 여전히 "구워라"라고 지시한다. 이 책에 실린 "새로 특허 받은 가스 오븐" 광고에는 가스 공급을 "전적으로 통제할 수 있으며, 열기를 아주 세세히 조절할 수 있다"는 문구가 적혀 있다.[18]

21세기에 들어 일부 요리사들은 숯으로 굽는 초기 방식을 다시 살려냈다. 2016년 6월 26일자《뉴욕타임스 매거진》의 한 칼럼에서 샘 시프턴은 석탄이 회색 재로 뒤덮이고 온도가 중간쯤 됐을 때 그릴 위에 닭고기를 놓으라고 조언한다. 또한 온도를 확인하기 위해 "석탄 위 5인치(약 13센티미터)쯤 되는 곳에서 손을 5초에서 7초 동안 들고 있어라"고 설명했다.[19]

다양한 요리 도구의 등장

새로운 오븐을 시작으로 요리사들은 새로운 요리 도구를 갖추기 시작했다. 오늘날 사용하는 것만큼 간편한, 철사로 된 거품기와 전기 교반기의 등장은 요리 환경을 크게 향상시켰다. 더 이상 나뭇가지 묶음을 들고 한 시간 넘게 계란이나 반죽을 저을 필요가 없어졌다. 케이크와 비스킷을 굽고 머랭을 비롯한 다양한 디저트를 만들면서 손목을 혹사하고 고생을 감수하는 건 옛말이 되었다. 다양한 전기 교반기가 19세기 중반에 특허를 받았다. 하지만 오로지 한 브랜드, 도버Dover만이 이름을 알렸다. 미국에선 도버사 제품의 인기가 어찌나 좋았던지 레시피에서 "도버로 5분간 저으세요"라고 지시할 정도였다.[20] 열성적으로 계란 교반기를 받아들인 미국과 달리 영국과 유럽에선 철사로 된 거품기를 훨씬 선호했다. 그렇지만 나뭇가지 묶음을 고집하는 사람은 없었다.

더 좋은 계량 도구도 등장했다. 19세기 후반, 계량컵과 계량스푼이 시장에 모습을 드러내기 전까지, 대부분의 레시피에서는 액체의 경우 찻잔이나 와인잔 가득, 마른 재료의 경우 소금스푼 가득과 같은 계량 용어를 사용했다. 1페니어치의 향료나 "3펜스짜리 동전 하나면 살 수 있는 양의 시나몬 가루"와 같은 화폐 단위도 사용했다.[21] 소이어는 음식에 따라서 반 페니짜리 동전이나 반 크라운 은화만큼의 두께로 페이스트리를 말라고 독자들에게 지시하기도 했다. 어떤 페이스트리 반죽의 경우, 각각 "1페니짜리 동전보다 훨씬 크게" 스무 조각으로 잘랐다.[22] 때로는 레시피에서 정확한 설탕의 양을 알려주지 않고 단맛을 내라고만 지시했다. 재료를 "충분히" 준비하라는 경우도 있었다. 얼마만큼이 충분한 양인지는 요리사가 판단하기 나름이었다.

계란 교반기를 사용하면 나뭇가지 묶음보다 훨씬 쉽고 빠르게 저을 수 있었다.

유럽의 요리사들은 부피보다 좀 더 정확한 무게를 계량 단위로 사용하기 시작했다. 하지만 미국에선 와인잔과 한줌을 대신할 단위로 저울이 아닌 계량법과 계량스푼을 택했다. 19세기 미국의 '컵

CINNAMON
Laurus cinnamomum.

3

Fig1

4   2

Fig.1 Cinnamon tree
" 2. Complete flower

Fig.3. Vertical section of flower enlarged
" 4. Fruit of cinnamon tree.

19세기 향신료 상인의 명함에 그려진 시나몬. 유럽인들
이 세계를 돌아다니며 구했던 향신료 중 하나다.

케이크' 레시피는 때로 작은 케
이크가 아니라, 단순히 1컵, 2컵,
3컵, 4컵 같은 공식에 따라 만든
케이크를 의미했다. 이를테면 버
터 1컵, 설탕 2컵, 밀가루 3컵, 계
란 4개, 그리고 베이킹파우더 1티
스푼 같은 식이었다. 패니 메릿 파
머의 유명한 요리서 《보스턴 요리
학교 요리책》(1896)과 같은 미국
요리책들이 정확하고 통일된 계량
법을 주장하면서 무게에서 부피로
계량법이 바뀌는 데 일조했다. 유
럽과 미국은 여전히 다른 계량법
을 사용한다. 하지만 오늘날 일부
요리책들은 레시피에 무게와 부피
를 모두 실어서 요리사들이 편한
방식을 선택하게끔 한다.

경력이 오래된 요리사에겐 오
브의 구체적인 온도나 표준화된 계량 도구가 필요 없었을지도 모르지
만 젊은 요리사들은 달랐다. 특히 가족과 멀리 떨어져 사는 경우에는
더욱 그랬다. 베이킹에 대한 지식을 알려줄 사람이 곁에 없던 그들은
사용하기 쉬운 새로운 베이킹 제품과 막 생산되기 시작한 인스턴트 반
죽 가루의 소비자로 등극했다.

1790년, 미국의 첫 특허등록증이 탄생했다. 특허를 받은 사람은 효
모의 초기 형태인 탄산칼륨 제조법을 발명한 새뮤얼 홉킨스였다. 이
등록증에는 당시 대통령이던 조지 워싱턴의 서명도 담겼다. 오랫동
안 요리사들은 빵을 만들고 케이크를 부풀리기 위해 이스트를 사용해
왔다. 스펀지케이크에는 계란 흰자로 만든 거품을 사용했다. 버터와
설탕을 섞어서 젓는, 일명 크림화 방법 역시 케이크를 부풀리는 데 유
용했다. 어밀리아 시몬스는 진주회眞珠灰(탄산칼륨)라 불리는 팽창제를
사용했는데, 진주회는 재거름이나 홉 또는 감자로 만든 수제 액상 효
모를 일컫는 미국식 용어인 '앰튼emptins'으로 만들었다. 그러다 19세
기 중반, 화학 효모 제품이 시중에 소개되면서 19세기 후반부터 20세
기 초반 사이에 케이크 수가 엄청나게 증가했다.

버드 앤드 선스사의 창업자 겸 화학자인 영국인 앨프리드 버드는 생
이스트를 소화시키지 못하는 아내를 위해 이스트를 대체할 제품을 실
험하기 시작했다. 1843년에 "버드의 발효 가루"를 개발한 그는 곧 시
중에 제품을 판매했다. 이것이 훗날의 베이킹파우더다. 그는 또한 커
스터드 분말과 블랑망제 분말도 만들었다.《실용 요리 백과사전: 요
리 기술과 테이블 접대법에 대한 완벽한 사전》의 1898년 판에는, 브
랜드명은 밝히지 않고 "블랑망제 분말이 묶음으로 판매되고 있다. 녹
말가루 조제물질이 들었는데 맛도 좋고 저렴하다고 한다"고 기록하고
있다.[23]

독일의 아우구스트 외트커는 '베이킨'이라는 이름의 베이킹파우더
를 개발해 500그램씩 작은 봉투 단위로 주부들에게 판매해서 성공을
거두었다. 1906년까지 이 회사가 판매한 봉투의 수는 5천만 개에 달

1837년 앨프리드 버드가 계란 알레르기가 있는 아내를 위해 전분으로 이 유사 커스터드 분말을 개발했다. 진짜 커스터드에 비하면 심심하다는 평가도 있지만 여전히 잘 팔린다.

한다.[24] 미국에서 가장 인지도가 높은 브랜드는 럼퍼드, 데이비스, 클래버걸이었다. 안정성 논란이 일자 일부는 맛에 거부감을 느꼈지만, 20세기에 들어설 무렵 사람들은 타르타르 크림, 베이킹소다, 베이킹파우더 모두 베이킹에 사용했다. 화학 효모는 베이킹 시간을 줄여주었다. 그러다 보니 일단 안전성에 신뢰를 얻고부터 불티나게 팔렸다. 여성 잡지에서는 새 제품을 이용한 레시피를 선보였으며, 업체들은 자체 레시피 책과 팸플릿을 제작해 상품을 홍보했다. 때론 저명한 요리사와 요리책 저자를 섭외해 집필을 맡기기도 했다.

1895년, 로열 베이킹파우더사는 고객으로부터 받은 레시피를 모아서 요리책을 출간했다. 책 제목은《내가 가장 좋아하는 레시피》로 짭

베이킹파우더는 디저트를 바꾸어놓았을 뿐 아니라 기발한 광고를 제작하는 데도 영감을 주었다.

짤한 음식과 음료뿐 아니라 파이, 쿠키, 푸딩, 도넛, 케이크까지 다양한 레시피를 망라했다. 대부분의 레시피(전부는 아니지만)에서 자연스레 로열 베이킹파우더를 재료로 사용했다. 일례로 매사추세츠주 린필드의 스티븐 길먼 부인이 보낸 '일렉션 케이크Election Cake(증조할머니의 레시피)' 레시피는 "할머니가 이 베이킹파우더를 알았다면 사용했을 게 분명하다"는 이유로 로열 베이킹파우더 1티스푼을 넣으라고 조언한다.[25] 이 책에 적힌 대부분의 레시피는 한 단락으로 되어 있으며 혼합하는 과정, 팬의 크기나 온도와 같이 세세한 부분은 구체적으로 명시하지 않았다. 다음은 그 전형적인 예다.

: 차 비스킷 :

크림 2파인트(약 1.1리터), 밀가루 4파인트(약 2.2리터), 로열 베이킹파우더 4티스푼, 소금 1티스푼

빠른 오븐에 넣고 10분에서 15분 정도 굽는다.

— 뉴저지 프리홀드에서 제임스 S. 파커 부인[26]

푸딩의 자부심

푸딩의 역사는 유구하다. 일부 브레드푸딩은 이집트부터 영국까지, 이탈리아부터 인도까지, 고금을 막론하고 많은 나라에서 만들어왔다. 그 기원은 적어도 중세까지 거슬러 올라간다. 레시피도 많고 다양하다. 해나 글래스가 소개한, 흰 우유에 적신 뒤 보자기에 싸서 익힌 담백한 작은 빵 덩어리는 가장 소박한 푸딩의 전형적인 예다. 빵과 사과에 버터를 발라 켜켜이 쌓은 푸딩인 프랑스식 사과 샬로트, 샤를로트

오 폼charlotte aux pommes은 좀 더 진하고 화려한 편에 속한다.

라이스푸딩은 서양인의 눈에 띄기 전까지 수세기 동안 아시아 사람들이 즐기는 디저트였다. 인도에서는 거의 모든 지역마다 고유한 버전이 있을 정도로 라이스푸딩을 즐긴다. 남인도에서는 라이스푸딩을 파야삼payasam이라 부르는데, 인도 서남부의 조그만 주 케랄라에는 검정색과 하얀색, 두 종류의 파야삼이 있다. 검정색 파야삼은 코코넛 밀크, 잭프루트 설탕절임, 바나나(또는 쌀)에 야자즙 조당(정제하지 않은 흑설탕)을 넣어서 만든다. 흰색은 우유, 설탕, 그리고 쌀 또는 버미첼리로 만든다. 인도 서남부에서 '케랄라'는 '코코넛 나무의 땅'을 뜻한다. 그렇다 보니 이 지역의 디저트에는 코코넛이 유난히 많이 들어간다. 스리 케랄라 바르마 대학의 조교수인 브린다 바르마에 따르면, "파야삼 중의 왕은 차카 프라다만chakka pradhaman"이다. 이 음식은 잭프루트 잼, 코코넛 밀크, 코코넛 크림, 생강, 코코넛 조각, 기버터(정제 버터)로 만든다.[27] 때로 캐슈넛과 (또는) 건포도를 추가하기도 하지만, 대부분의 파야삼과 달리 쌀이 들어가지 않는다.

라이스푸딩은 소박하고 담백하게 만들 수도 있지만, 크림을 넣어 풍미가 좋게, 또는 프랑스 푸딩 '황후의 쌀Riz à l'impératrice'처럼 설탕에 절인 과일, 리큐어, 커스터드를 넣어 호화롭게도 만들 수 있다. 남미 사람들은 아로스 콘 레체arroz con leche에 데킬라에 적신 건포도를 첨가한다. 포르투갈 사람들은 기념할 만한 행사가 있을 때마다 아로스 도스arroz doce에 시나몬을 뿌려 장식한다. 하지만 라이스푸딩에 아무런 고명도 올리지 않고 담백한 채로 먹으면 밋밋하고 심심할 수 있다. A. A. 밀른이 쓴 시 〈라이스푸딩〉에는 메리 제인이라는 아이가 다시는 라이스푸딩을 먹지 않겠다며 "온 힘을 다해서 울어젖히는" 구절이 등장한다.[28] 밀른이 시를 쓴 1920년대 영국에서 라이스푸딩은 평범한 유아식이

19세기 영국에서는 가족이 모여 함께 크리스마스 푸딩을 만들었다.

었다. 그는 라이스푸딩이 만들기에 따라 얼마나 쉽게 물리는 음식인지 잘 알고 있었던 것이다.

플럼 푸딩, 슈에트 푸딩, 롤리폴리 푸딩, 스포티드 딕과 같은 영국의 고전적인 스팀드 푸딩은 고대 그리스의 고기 푸딩과 블러드 푸딩에서 기원한 것으로, 원래 깨끗이 씻은 동물의 창자에 소시지와 같은 혼합물을 집어넣고 찌는 음식이었다. 짐승을 도축한 직후, 상하기 쉬운 고기, 피, 내장을 빨리 없애버리려고 만들던 것이 시작이었다. 이런 종류의 푸딩 중에서 가장 유명한 것이 해기스다. 영국 시인 로버트 번스는 해기스를 "푸딩족의 위대한 족장님!"이라고 칭송하기도 했다. 달콤한 디저트가 아니라 짭짤한 요리에 속하는 이런 푸딩은 내장을 필요로 한다는 단점 때문에 오직 도축 때만 만들 수 있었다. 그러다 17세기에 누군가가 위장이나 창자 대신 촘촘하게 짠 보자기에 푸딩 반죽을 담는 기막힌 아이디어를 떠올렸다. 푸딩 보자기는 기술적으로 혁신적인 물건은 아니었지만 푸딩을 조금씩 바꿔놓기 시작했다. 원래 푸짐하고 고기가 듬뿍 든 음식이던 푸딩에 과일, 설탕, 향신료를 첨가하기 시작하면서, 더 가볍고 달콤한 푸딩, 즉 디저트 푸딩이 만들어졌다. 찰스 디킨스가 《크리스마스 캐롤》에서 인상적으로 묘사한 플럼 푸딩이 바로 그런 푸딩이었다. 플럼 푸딩은 집에서 구웠든 가게에서 샀든, 여전히 영국에서 가장 중요한 크리스마스 디저트다.

19세기에 제조업자들이 금속으로 된 푸딩 틀을 대량 생산하기 시작하면서, 푸딩은 전보다 더욱 인기를 끌었다. 19세기까지 영국에서는 푸딩이 없으면 제대로 된 식사가 아니었다. 엘리자 액턴은 《가족을 위한 현대적 요리》에서 '너무 화려하지 않은' '편집자의 푸딩'부터 '가난한 작가의 푸딩'까지, 수십 개의 레시피를 소개했다. 하인이 없는 가정에서도 푸딩 틀을 이용해서 훌륭한 푸딩을 만들 수 있었다. 미국에서는 에스터 앨런 하우랜드가 자신의 책《뉴잉글랜드의 알뜰한 주부》에 50개의 푸딩 레시피를 담았다. 푸딩은 또한 바다를 건너 각계각층 사람들의 식탁에도 올랐다. 유명한 프랑스 셰프 위르뱅 뒤부아는 자신의 책《예술적인 요리: 귀족과 상류층의 공적인 접대를 위한 실용적인 체계》에서 푸딩 틀에 넣고 만든 영국식 플럼 푸딩 레시피를 소개했다. 그는 플럼 푸딩이 워낙 유명해서 모든 나라에서 즐긴다고 말했지만, 그의 레시피로 만든 푸딩이야말로 최고로 보인다.[29]

아래는 비턴 부인이 소개한 좀 더 간단한 푸딩 레시피다.

: 알마 푸딩 :

1237. 재료: 신선한 버터 1/2파운드(약 227그램), 슈거파우더 1/2파운드, 밀가루 1/2파운드(약 113그램), 건포도 1/4파운드, 계란 4개.

방법: 버터를 저어서 진한 크림처럼 만든다. 설탕을 조금씩 뿌리고 둘을 잘 섞는다. 그런 다음 밀가루를 조금씩 뿌리고, 건포도를 추가하고, 잘 풀어놓은 계란을 넣어 촉촉하게 만든다. 모든 재료를 잘 휘저어 섞고 나면, 버터를 바른 틀에 반죽을 넣어 모양을 잡는다. 그대로 보자기로 싸고 묶어서 끓는 물에 넣는다. 그리고 5시간 동안 삶는다. 보자기에서 꺼낸 뒤 슈거파우더를 그 위에 흩뿌려서 대접한다.

시간: 6시간. 총 비용: 6페니.

5~6인분으로 충분함.

어느 계절에나 어울림.[30]

19세기 초에 웨지우드사에서 만든 젤리 틀 한 쌍. 두 틀 사이에 투명한 젤리를 부은 뒤 젤리가 굳으면 바깥의 단색 틀을 제거한다. 그러면 반짝거리는 투명한 젤리 사이로 안쪽 틀의 아름다운 장식이 보인다.

젤리, 평범하고도 특별한

과거에는 우아한 젤리 음식을 만드는 데 비용도 많이 들고 만들기도 어려워서, 오직 하인을 거느린 상류층만 젤리를 즐길 수 있었다. 젤리를 먹을 수 있는 행운아들은 마음껏 젤리를 즐겼다. 엘리자베스 1세 시대의 사람들은 젤리에 생강과 클로브, 또는 장미 향수와 신선한 딸기를 넣어서 맛을 냈다. 로버트 메이는 젤리를 가리비 모양의 틀에 넣고 물을 들였다. 18세기에 젤리는 식탁에 놓인 장식용 디저트 스탠드의 층층을 채우며 촛불 불빛 아래서 반짝거렸다. 19세기 후반에 들어 마침내 젤라틴이 시장에 대량 공급되면서 젤리는 중산층 가정에서도 즐길 수 있는 음식이 되었다.

새로운 젤라틴 제품들은 가격도 저렴하고 요리 시간도 줄여주었다. 하지만 일부는 그다지 좋은 반응을 얻지 못했다. 비턴 부인은 이 제품들이 우족으로 만든 젤라틴처럼 맛이 좋지 못하다고 평가했다. 광고에 따르면 이를 대체할 제품은 크로스 앤드 블랙웰사와 같은 곳에서 만든 기성제품인 "월등하게 뛰어난 젤리" 정도였다.[31] 하지만 20세기 초반에, 믿을 만한 판젤라틴과 인스턴트에 가까운 가루젤라틴(블랙커런트부터 라임까지 다양한 맛이 있었다)이 등장하면서 젤리는 저렴하면서 빠르고 쉽게 만들 수 있는 주류 디저트로 등극했다. 제조업자들은 판매량을 높이기 위해 재빨리 레시피가 담긴 소책자를 제작했으며, 소정의 금액과 소책자 앞장을 보내는 고객에게 젤리 틀도 판매했다. 그렇게 젤리는 훌륭한 식탁 장식물을 벗어나 흔한, 그래서 더욱 환영받는 디저트가 되었다.

초콜릿의 변신

새로 등장한 디저트 재료 중 가장 흥미롭고 만들기 편한 것은 초콜릿이었다. 물론 초콜릿 그 자체는 전혀 새로운 음식이 아니었다. 아즈텍인들과 마야인들은 수세기 동안 초콜릿을 음료처럼 마셨다. 16세기에 스페인 식민지 정복자들이 유럽으로 카카오콩을 들여오면서부터 유럽 사람들 역시 초콜릿을 마시기 시작했다. 가톨릭 신자들은 운 좋게 금식일에도 핫초콜릿을 마실 수 있었다. 초콜릿은 커피나 차와 같은 음료보다 지방이 훨씬 많이 들어 있어서 맛도 맛이지만 포만감이 아주 좋았다. 그래서 인기가 더욱 높았다. 17세기 후반, 런던의 커피하우스와 파리의 카페에서 상류층 인사들도 초콜릿을 즐겼다. 하지만 초콜릿은 여전히 음료로 취급되었다. 약재상과 작은 포목점에서 굵게 갈아놓은 무가당 초콜릿을 팔곤 했는데, 갈거나 녹여서 음료로 만들거나 드물게는 음식에 사용하곤 했다. 라티니Latini사는 초콜릿으로 아이스크림을 만들었으며, 일부 제과사들은 초콜릿 커스터드, 초콜릿 크림, 초콜릿 드라제를 만들었다. 하지만 초콜릿을 베이킹에 사용하는 경우는 거의 없었다. 미국 최초의 초콜릿 공장은 1765년, 매사추세츠주 도체스터에 제임스 베이커가 차린, 그 이름도 잘 어울리는 베이커

1870년의 한 명함에 그려진 카카오 나무줄기.

스 초콜릿사다. 하지만 이 회사는 오랫동안 베이킹용 초콜릿이 아닌 음료용 초콜릿 조각만 생산했다. 이후 베이킹용 초콜릿을 제조하기 시작하면서 회사 이름은 자산이 되었고, 베이커스사는 업계에서 독보적인 존재가 되었다. 베이커스사는 스위스 출신 화가 장에티엔 리오타르의 파스텔화 〈초콜릿을 나르는 처녀La Belle chocolatière〉를 광고에 사용했는데, 사람들은 이 아름다운 서빙 메이드의 이미지만 봐도 베이커스 초콜릿사 광고임을 단번에 알아보았다.[32]

19세기 후반, 네덜란드, 스위스, 영국의 화학자들이 카카오콩을 가공하는 시스템을 개발하면서 초콜릿의 생산과 소비 패턴이 완전히 바

베이커스 초콜릿사의 포장지와 업무용 명함에는 보통 〈초콜릿을 나르는 처녀〉 그림이 그려져 있었다.

뀄었다. 암스테르담의 쿤라트 판하우턴이 코코아 매스에서 코코아 버터를 분리해낸 뒤 가루로 만드는 법을 최초로 개발했고, 이를 이용해 좀 더 균질하고 지방이 적은, 음료용 초콜릿 파우더를 만들었다. 스위스 베른의 로돌프 린트는 '콘칭'이라는 기법을 개발해 부드럽고 깔끔하게 녹는 초콜릿을 탄생시켰다. 영국 브리스톨의 조지프 프라이는 초콜릿 반죽을 만들 수 있는 수력압착기를 개발했고, 그렇게 만든 반죽을 틀에 부어 판형 초콜릿을 생산했다.[33] 이런 모든 혁신 덕분에 초기의 초콜릿 덩어리보다 훨씬 사용하기 쉽고 더욱 맛 좋은 초콜릿과 코코아 제품이 탄생하게 되었다. 자연스레 초콜릿 디저트도 더욱 많이 만들어졌다.

차츰 모든 지역의 요리애호가와 전문가들이 케이크, 쿠키, 푸딩, 타르트, 소스, 아이스크림에 부지런히 초콜릿을 넣기 시작했다. 요리책들은 초콜릿을 이용한 새로운 레시피를 소개하거나 기존의 레시피를 새롭게 해석했다. 다른 제조업체들과 마찬가지로, 초콜릿 회사들 역시 자사의 제품을 이용해 요리책을 출간했고 당대 유명 저자들을 집필에

당밀이 아닌 초콜릿이 소용돌이치는 클래식한 마블 케이크.

참여시켰다. 미국에서는 초콜릿을 이용한 레시피가 쏟아졌다. 베이커스사처럼 브랜드명을 명시하는 일도 흔해졌다. 지금은 당연히 초콜릿으로 만드는 디저트들 중 일부는 원래 당밀을 이용해서 맛을 내고 어두운 색을 구현했다. 일례로 요즘의 마블 케이크는 밝은 색과 짙은 색의 소용돌이 패턴을 바닐라와 초콜릿 반죽으로 만들지만, 20세기 전에는 짙은 부분을 초콜릿이 아닌 당밀과 흑설탕으로 만들었다. 초콜릿을 구하기가 더욱 쉬워지고 인기도 더욱 높아지면서 당밀은 구식 재료로 전락하고 말았다.

네모난 초콜릿 디저트인 '브라우니' 역시 원래 당밀로 만들었다. 브라우니라는 이름은 1880년대에 캐나다의 일러스트레이터 팔머 콕스가 그린 〈브라우니〉라는 유명 만화에 나오는 요정 무리에서 따온 것으로 추정된다. 이 유쾌한 요정들은 잡지, 신문, 노래, 책은 물론 인형, 크

디저트 브라우니는 팔머 콕스의 만화 캐릭터에서 이름을 딴 여러 제품들 중 하나다.

리스마스 장식, 아동용 식기구와 같은 상품에도 등장했다. 이스트먼 코닥사에서 만든 경량 카메라의 이름 역시 브라우니였다. 당밀 대신 초콜릿을 이용한 초기 브라우니 레시피 중에는 매사추세츠주 보스턴에 본사를 둔 또 하나의 초콜릿 회사, 라우니사에서 출간한 요리책에서 소개한 것도 있다. 라우니식 브라우니는 20세기 초반, 뉴잉글랜드 지역에서 발행한 요리책들에 가장 많이 실린 레시피가 되었다.

: 라우니식 브라우니 :

버터 1/2컵

계란 2개

설탕 1컵

넛맥 1/2컵

라우니 프리미엄 초콜릿 2칸

밀가루 1/2컵

소금 1/4티스푼

버터를 크림화시키고 남은 재료를 넣는다.
버터를 바른 판에 앞의 혼합물을 펼치고 10분
에서 15분 정도 굽는다. 오븐에서 꺼내자마자
사각형으로 자른다.[34]

대중 광고에 처음으로 등장한 만화 캐릭
터, '브라우니'. 이 유쾌한 요정의 인기가
높아지면서 종이 인형부터 볼링핀까지
모든 것에 브라우니라는 이름이 붙었다.

인스턴트 제품의 성공

19세기 후반, 제과계에는 컬러 도판과 같은 새로운 인쇄 기술을 이
용해 페이스트리 매뉴얼을 출간하는 일이 흔해졌다. 제과사들은 모든
기술을 이용해 자신의 창작품을 자랑하고 싶어 했다. 쥘 구페가 프랑
스와 영국에서 연이어 책을 출간하며 그 흐름을 선두에서 주도했다.
이에 뒤질세라 요하네스 마르틴 에리히 베버와 같은 독일 제과사들이
재빨리 컬러 도판을 넣어 책을 발간했고, 이 책들은 영어, 스페인어, 스
웨덴어, 프랑스어로 번역되어 퍼져나갔다.[35] 1904년 영국 제과사 T. 퍼
시 루이스와 A. G. 브롬리가 발행한 《책으로 보는 케이크》는 다양한
전시회 및 경연대회에서 상을 받은 케이크 디자인을 컬러풀한 도판으
로 실었다. 작가들은 "케이크 데코레이션은 여전히 걸음마 단계다"라
고 언급하면서,[36] 복잡한 케이크 디자인뿐 아니라 기본적인 프로스팅
과 케이크 테두리 장식 기술을 그림으로 설명했다. 이 책에는 생일, 크
리스마스, 세례식을 위한 눈부시게 화려한 케이크부터 금전적으로 여

유가 부족한 손님이 사먹기 좋은 좀 더 간단한 케이크까지 다양한 케이크 레시피가 들어 있다. 그중 '페니 스쿨 케이크Penny School Cake'와 '실링 앤드 식스페니 스펀지케이크Shilling and Sixpenny Sponge Cake'는, 마지팬 가토와 3단짜리 웨딩 케이크와 더불어 믹스제품으로 만드는 케이크였다.

전문 제과사들은 레시피와 디자인은 물론이고, 가격 책정, 상품 진열, 유통 기한처럼 실무적인 사항들도 신경 써야 했다. 업계 소식지와 요리책들은 가격을 비롯해 판매 및 진열에 대한 조언을 다루고, 제빵사, 제과사, 아이스크림 제조자와 같은 전문가들을 대상으로 엄청나게 많은 제품 및 장비의 광고물을 실었다. 요리책에선 아이싱할 때 쓰는 다양한 짤주머니와 잎, 별, 꽃 모양으로 반죽을 짤 수 있는 깍지를 비롯해 슈거파우더, 아이싱 염료, 검 페이스트 케이크 장식, 퐁당과 같은 핵심 도구와 재료를 홍보했다. 케이크에 옮기기 전에 아이싱 꽃을 올려놓고 만들 스탠드 못도 있었다. 미리 만들어놓은 아이싱 꽃과 기타 장식들, 빵을 구울 가스 오븐, 케이크 모형(진열용)과 케이크 상자를 홍보하는 광고도 실렸다.

애그니스 마셜은 19세기의 성공한 요리사로, 강연가, 기업가, 런던 요리학교 창립자 겸 요리책 저자이기도 하다. 그녀의 책으로는 《마셜 부인의 요리책》 《얼음과자에 대한 책》 《화려한 얼음과자》 등이 있다. 그녀는 엑스트랙트, 아이스크림 냉동고, 틀, 아이싱 주머니, 깍지, 젤라틴, 식물성 염료, 심지어 사탕수수로만 만든 설탕과 슈거파우더까지 직접 브랜드화시킨 수많은 제품을 자신의 책에서 광고함으로써 사업적 감각을 드러냈다. 또한 그녀는 아이스크림을 콘에 담아서 먹기를 제안한 첫 번째 사람이기도 하다. 특이점이라면 그녀의 아이스크림콘은 길거리 음식이라기보다 우아한 정찬 파티의 디저트였다는 점이었다.

영국 제과사인 프레더릭 T. 바인은 제과 전문지《영국의 제빵사》의 편집자이자 관련 분야 책을 여러 권 펴낸 작가다. 그가 쓴 책으로는 《얼음과자: 평범하거나 화려하거나》《제빵사를 위한 비스킷》《만들기는 쉽고 수익성은 좋고》《노련한 페이스트리: 페이스트리 베이커를 위한 안내서》《요리사와 제과사》《진열선반과 쇼윈도에 놓기 좋은 잘 팔리는 상품: 업계 종사자를 위한 실용적인 책》등이 있는데, 주로 제과사의 실무적인 일들을 다루었다. 그는 레시피에 삽화를 곁들이고, 가게 주인이 아이스크림, 케이크, 비스킷, 페이스트리 등 다양한 제품에 가격을 얼마나 매겨야 하는지 설명했다. 그러면서 부유한 지역에 위치한 가게라면 권장 가격의 두 배까지 올려도 괜찮을 것이라고 제안한다. 그는 책에 스토브, 아이스크림 냉동고, 아몬드 슬라이서, 그라인더 등을 비롯해 업계의 요구에 딱 맞춘 실용적인 주방 기구의 광고도 실었다. 그중에는 버드사의 블랑망제 분말처럼 인스턴트 또는 모조 제품도 있었는데, 이런 제품들은 해가 갈수록 시장에서 흔해졌다. 바인의 1907년 판《잘 팔리는 상품》에 실린 "왕의 합성 버터Regal Compound" 광고에는 다음과 같은 문구가 적혀 있다.

> 식물성 지방으로 만들었습니다. 달콤하고, 순수하고, 소화도 잘 되고, 중성입니다. 위생 전문가로부터 돼지기름보다 더 건강하고, 더 진하고, 더 유익하다는 평가를 받았습니다. 하지만 가격은 훨씬 저렴하며 (⋯) 모든 저렴한 비스킷과 버터를 사용하는 질 좋은 비스킷을 만드는 데 유용합니다. (⋯) 특히 케이크를 굽고 요리를 하기에 적합합니다.[37]

자신의 명성에 걸맞게 바인은 베이킹 재료에 대해 논할 때 이런 합성 제품을 사용하는 것에 반대 의견을 펼쳤다. 그는 "업계에 갓 들어온 신참이라도 모든 제과에서 버터가 일순위라는 점은 단번에 알 것이다. 당신의 사업이 일등급이라면, 버터 외에 다른 제품을 사라는 꾐에 현혹되지 않기 바란다"고 조언했다.[38] 또한 그는 노른자가 연하고 작은 계란은 피하라고 충고했다. 그러면 과자 색을 짙게 만들기 위해 계란 색 염료를 사용해야 할 수도 있다는 이유에서였다. "자연 그대로의 계란 노란색 에그소Egso"는 "케이크와 비스킷을 만드는 국내외 모든 유명 제조업체들"이 사용할 정도로 업계 전반에 널리 알려져 있었다. 물론 바인은 이 제품을 인정하지 않았다.

가정과학 전문가

같은 시기, 가정과학 운동이라는 새로운 운동이 일어나면서 유럽과 미국에서 요리학교가 성행하기 시작했다. 1883년 마셜 부인이 런던에 설립한 국립요리훈련학교를 비롯해 요리학교들은 젊은 여성들에게 음식을 올바르게 장만하는 법을 가르치고, 귀족 가정에서 식사를 접대할 수 있도록 준비시켰다. 영국의 국립요리훈련학교의 설립 목적은 요리교사를 양성하는 것이었다. 노동자계층 여성과 농부의 아내들을 대상으로 한 스칸디나비아와 독일의 학교들 역시 요리에 과학적으로 접근하는 법을 가르쳤다. 하지만 제1차 세계대전이 끝나고 몇 년이 지나고부터 독일의 가정과학 운동은 늘어난 여가 시간과 새로운 요리 도구와 같은 혜택을 활용하기보다 국가의 경제를 회복하는 데 초점을 맞추었다. 음식역사학자 우르줄라 하인첼만이 지적한 것처럼, 독일의 많은 지역이 전후 가난에 허덕였으며 일부 가정은 끔찍한 경제적 궁핍에 시달렸다. 그러니 요리와 살림에 과학적으로 접근해서 효율성을 높이려는 독일의 시도는 국민들이 배를 굶지 않도록 하기 위한 처사였다.

　미국에서 가장 유명한 가정학 및 가정과학 학교는 1879년에 설립된 보스턴 요리학교였다. 이 학교의 초대 교장인 메리 J. 링컨과 2대 교장인 패니 파머는 모두 교사이면서 요리책 저자였다. 새로운 가정과학 전문가들은 알려진 대로 자신의 저서와 잡지 칼럼에서뿐 아니라 수업에서도 깐깐하게 굴었다. 그들의 레시피는 일찍이 보지 못한 엄격한 잣대를 요리에 적용했다. 그들은 맛과 재미보나 세량이 정확한지, 영양소가 풍부한지, 소화가 잘 되는지를 강조했다. 이들의 영향력이 커지면서, 요리사의 판단과 미각보다 정확한 레시피를 중시하는 생각지도 못한 새로운 경향이 생겨났다.

　빅토리아 시대에 조리 기구가 대량 생산되면서 형편이 괜찮은 가정들은 저마다 시간을 절약해주는 새로운 기구들을 주방에 구비했다. 여성잡지와 요리책들은 사용이 쉬운 제품과 기구들을 지지하는 것은 물론 이따금 잘 꾸민 주방이라면 모름지기 구비해야 할 도구 목록을 제시했다. 시간이 지나면서 목록은 점점 길어져만 갔다. 비턴 부인도 몇 개를 나열하면서 카탈로그에서 더 많이 볼 수 있다고 덧붙였다. 그녀가 열거한 목록에는 찻주전자, 토스트용 긴 포크, 빵을 가는 강판, 요리용 꼬챙이, 커피포트, 다양한 냄비들, 밀가루체, 젤리용 틀, 아이스크림 냉동용 냄비 등이 있었다.

　마리아 팔로아는 1880년 보스턴에서 출간한 《팔로아의 새로운 요리책 겸 마케팅 안내서》에서 더 많은 목록을 열거했다. '주방용 비품' 부문에서 그녀는 "아주 고급스럽게 요리하고 싶다면, 아이스크림 제조기, 젤리와 러시아식 샬로트charlotte russe의 모양을 잡을 틀, 작은 냄비 여러 개, 반죽 커트기를 갖추어야 한다"고 적었다. 그녀는 기본적인 항목을 먼저 갖추고, 그다음에 "훌륭한 요리에 필요한 항목을 추가하라"

1893년, 한 요리학교에서 진지하게 요리 수업을 듣고 있는 어린 소녀들.

고 말한다. 그녀가 제시한, 부엌에 꼭 구비해야 할 주방 도구에는 와플 굽는 틀, 도버사의 계란 교반기, 다양한 베이킹용 냄비, 금속 머핀팬 두 개, 초콜릿 냄비, 푸딩 틀과 푸딩 그릇, 케이크 상자, 향신료 통, 밀가루 체, 슈거파우더 통, 믹싱용 스푼, 테이블스푼, 반죽을 아름답게 자르기 위한 핑킹 커터jagging iron, 비스킷 커터, 사과심 뽑는 기구, 밀방망이, 휘핑크림용 교반기, 파이 틀, 레이디핑거 팬, 짤주머니 등이 있었다. 요리사이자, 가정과학 교사이자, 요리책 저자이자, 주부용 월간지《레이디스 홈 저널》의 칼럼니스트였던 팔로아는 항목을 추천하면서 브랜드명도 같이 기재했다. 그녀는 불순한 이유로 특정 브랜드 제품을 공개적으로 추천한다고 의심을 살까봐, "가치가 없는 제품은 조금도 칭찬하지 않았다. 내가 하는 모든 칭찬은 어떤 간청이나 제안, 또는 그로부터 누군가 금전적으로 이익을 얻을지도 모른다는 사실과는 전혀 상관없다"고 밝혔다.[39]

이로부터 얼마 지나지 않아 미국에선 근처에 가게라곤 잡화점밖에 없는 시골 사람들조차 주방을 훌륭하게 꾸밀 수 있게 되었다. 우편 요금이 저렴해지면서 우편 주문 사업이 현실화되었고, 철도가 깔리면서 시골 마을까지 물건을 배달할 수 있게 된 덕분이었다. 그리고 몇 년이 채 지나지 않아 전 국민이 통신 판매를 이용해 편리하게 쇼핑할 수 있는 길이 열렸다. 1888년, 미네소타주의 역무원이었던 리처드 시어스가 우편망으로 시계를 판매하기 시작했다. 시어스는 시카고로 이주해서 자신의 파트너인 알바 로벅과 함께 총부터 여성용 블라우스, 재봉틀부터 주방용품까지 많은 물건을 합리적인 가격에 판매하는 상품 카탈로그를 제작했다. 1897년도에 발간한 시어스 카탈로그에는 최신형 스토브, 와플 굽는 틀, 젤리 케이크 팬, 튜브 케이크 팬, 머핀 팬, 터크스 헤드 팬, 푸딩 틀, 아이스크림 틀, 주석으로 된 계량컵, 도버사의 계란 교반기 외에도 굉장히 많은 제품이 실렸다. 서부의 아주 작은 시골 마을에 사는 주부들도 이젠 도시에 사는 사촌과 똑같은 요리 기구를 살 수 있게 된 것이다. 그로 인해 모든 사람이 같은 디저트를 즐길 수 있는 시대가 도래했다.

19세기에서 20세기로 넘어가면서 훨씬 많은 디저트들이 탄생했다. 하지만 레스토랑들은 아직 메뉴판에 디저트라는 항목을 어떻게 이름 지을지 정확히 합의를 보지 못했다. 디저트는 이미 19세기 중반부터 달콤한 음식만 따로 대접하는 코스를 의미했지만, 러시아식 접대법이 도입될 때도 여전히 레스토랑, 호텔, 만찬장의 메뉴판에는 다양한 이름으로 올랐다. 어떤 이는 디저트를 두 개로 나누었고, 어떤 이는 세 개로 나누었다. 더 많이 나눈 경우도 있었다. 두 개로 구분하는 경우, 첫 번째는 보통 '페이스트리'였는데, 다양한 케이크, 러시아식 샬로트, 레이디핑거, 머랭, 파이, 타르트, 푸딩으로 구성되었다. 두 번째는 '디저트'였는데, 예상했다시피 수세기 전처럼 과일과 견과류가 나왔다. 하지만 많은 메뉴판에서 '디저트'라는 이름 아래 과일과 더불어 얼음과자와 아이스크림, 젤라틴도 포함했다. 어떤 미국 메뉴는 '페이스트리'가 아니라 '푸딩과 페이스트리'라는 이름을 사용하기도 했다. '디저트'라는 이름 아래에는 아이스크림, 과일, 견과류가 올랐다.

19세기 중반, 뉴욕의 애스터하우스 호텔에서 제공하던 메뉴판을 보면 디저트 코스 이름이 네 개인 것도 있다. 첫 번째는 '장식용 페이스트리'로 '고딕 사원'과 '누가로 만든 꽃'이, 두 번째는 '페이스트리'로 러시아식 샬로트, 스위스 머랭, 샴페인 젤리, 프랑스식 크림 케이크, 바이에른산 치즈, 럼 젤리, 오믈렛 수플레가, 세 번째인 '제과'에는 펀치 케이크, 마카롱, 키스, 아몬드 케이크, 레이디핑거, 보스턴 크림 케이크가 포함되었다. 마지막인 네 번째는 그냥 '과일'이었다.[40]

1886년 영국 그랜빌 호텔에서 제공한 프랑스어 메뉴(당시에는 많은 메뉴가 프랑스어로 적혀 있었다)는 디저트 코스가 세 개로 나뉘어져 있었다.

To prevent possible errors, guests will please write their orders on restaurant checks, with indelible pencil, which will be furnished them, and compare prices on restaurant checks with bill of fare before paying same.

Steamship
"North West"

LUNCHEON.

MONDAY, JULY 11, 1898.

SOUPS.

Cold Consommé, en tasse...20	Julienne...30	
Consommé...30	Tomato...30	
Consommé Solferino...30	Chicken Gumbo...30	

Broiled Whitefish, á la Maitre d'Hotel...50

SALADS.

Potatoes...20	Watercress...25	Chicken...65
Onions...30	Cucumbers...30	Lobster...70
Celery...25	Tomatoes...30	Macedoine...50
Lettuce...25	Cold Asparagus...35	Shrimp...50
	Salmon en Gelee...60	

COLD MEATS.

Roast Beef Sandwich...20	Turkey...60	Westphalia Ham...60
Ham or Tongue "...15	Corned Beef...40	Paté de foi gras...70
Chicken "...20	Tongue...40	Boned Turkey...65
Sardines...30	Ham...40	Roast Quail...75
Roast Beef...50	Chicken...70	Roast Squab...75

VEGETABLES.

Boiled Potatoes...15	Boiled Rice...20	Peas...25
Potatoes, French Fried...15	Stewed Tomatoes...25	Onions in Cream...25
Mashed Potatoes...15	Butter Beans...25	Potatoes in Cream...25

ROASTS AND ENTREES.

Leg of Mutton, Caper sauce...55	Escallops of Veal, á la Milanaise...55
	Ribs of Beef, au Jus...50

CHEESE.

American...15	Fromage de Brie...25	Swiss...25
Edam...20	Roquefort...25	Club...25
	Neufchatel...20	

PASTRY AND DESSERT.

	PRESERVES.
Pumpkin Pie...15	Preserved Apricots...25
Marmalade Tarts...20	" Green Gages...25
Vienna Ice Cream...25	" Strawberries...25
Vanilla Ice Cream...25	" Raspberries...25
Chocolate Ice Cream...25	Canton Ginger...30
Tutti Frutti Ice Cream...25	Raspberry Jam...25
Punch Muscovite...25	Strawberry Jam...25
Punch au Kirsch...25	Peach Jam...25
Punch Romaine...25	Pear Jam...25
Punch Marasquino...25	Gage Plum Jam...25
Punch au Kummel...25	Quince Jam...25
Punch Benedictine...25	Brandy Peaches...35
Assorted Cake...25	" Pears...35
Pound Cake...25	" Cherries...35

Orange Marmalade...25	Red Raspberries...25
Honey...20	Peaches...25
Stewed Prunes...20	Watermelon...25
Oranges...20	Strawberries...25
Bananas...20	

Coffee, single pot...20	Tea, single pot...20
Coffee, large pot...30	Tea, large pot...30
	Milk, per glass...10

The drinking water and ice used on this ship are vaporized and frozen by the DeLaVergne Refrigerating System, and are absolutely pure.
Orders sent to rooms will be charged 50 cents extra per person.

HOURS FOR MEALS:

Breakfast, 7 to 11.   Lunch, 12:30 to 3:30.   Dinner, 5:30 to 9:30.   Central Time.

19세기 후반 증기선의 오찬 메뉴. 보통 '디저트'가 아니라 '페이스트리와 디저트'로 구분했다.

'앙트르메'는 자두 파이, 레몬 젤리, 크림을 올린 배 콤포트, 피티비에르pithiviére 타르트로 구성되어 있다. 두 번째 '얼음과자Glaces'에는 두 개의 얼음 디저트가 있는데, 비스킷 얼음과자와 파인애플 물이다. 마지막 이름 아래에는 아무런 음식도 적혀 있지 않는데, 그 이름은 '디저트'다.[41]

벨기에의 국왕 레오폴드 2세와 왕비 마리 앙리에트가 1894년 5월 26일 브뤼셀에서 가졌던 정찬 메뉴에도 위와 비슷하게 디저트 코스가 세 개다. '앙트르메 드 두쇠르Entremets de douceur'는 워런조프Woronzoff의 푸딩 수플레와 러시아식 샬로트가, '얼음과자'에는 바닐라와 체리가 있고, 마지막 '과일, 디저트'에는 역시 아래에 아무런 목록이 나열되어 있지 않다. 짐작컨대 다양한 과일과 견과류로 구성된 게 아닌가 싶다.[42]

1920년대가 되어서야 '디저트'는 대부분의 메뉴에서 엄연한 코스 이름으로 인정받아 그 아래에 아이스크림부터 스펀지케이크, 과일까지 온갖 달콤한 음식들을 거느리게 되었다.

당시의 일반 가정에서도 적어도 격식 있는 식사 자리에서만큼은 비슷하게 코스를 나누었다. 디저트는 보통 둘로 나뉘었는데, 페이스트리 또는 케이크 코스가 먼저 나오고, 뒤이어 알렉시스 소이어의 책에서 B여사의 남편이 원했던 것처럼 식탁보를 치운 뒤 견과류와 건과일, 생과일로 구성된 설탕절임 코스가 이어졌다.

SYLVIA
HER MAJESTY
MARQUISE

"HOW WELL SHE ENTERTAINS!" . . . Such lovely silverware in use at her party. And you can be just as charming a hostess. . . . Here are three beautiful patterns from which to choose. Each has charm and individuality and each is 1847 Rogers Bros. . . . the silverplate that has graced the first tables of America since the year 1847. Yet, happily, this finest of silverplate is most modestly priced. Six tea spoons—$3.25. Remember, today's hostess has her "guest" set of silverware, just as she has her "best" linen, china, and glass. Write Ann Adams, Dept. Z23, International Silver Co., Meriden, Conn., for Buffet Party Booklet.

I S *This quality mark of the International Silver Company appears on every piece.*

1847 ROGERS BROS.
ORIGINAL ROGERS SILVERPLATE

성공적인 접대에는 로저스 브로스사의 은식기가 쓰였다.

5장

다채로운 케이크의 세계

케이크의 족보는 유구하면서 광대하다. 그렇지만 오늘날 디저트 메뉴에 등장하는 부드럽고 고상한 케이크들은 그들의 옛 선조들과 별 공통점이 없다. 우리에게 친숙한 수많은 케이크들이 나타난 건 19세기부터였다. 산업혁명으로 새로운 도구와 장비와 재료들이 등장하면서 수백 개의 케이크가 새로이 탄생했고, 디저트 테이블을 장식하며 식사자리를 즐겁게 했다.

고대 그리스 로마 시대의 치즈케이크는 진하고 크리미한 오늘날의 치즈케이크가 아니라 치즈와 꿀로 만든 납작한 작은 원반 모양이었다. 과일 케이크도 원래 굽지 않고 쪄서 만드는 플럼 푸딩에서 진화했다. 사실 플럼 푸딩도 고기가 잔뜩 들어간 포리지에서 기원한 것이다. 이탈리아 시에나의 유명한 과일 케이크 판포르테panforte는 적어도 중세시대에 처음 만들어진 것으로 보인다. 견과류와 설탕에 절인 과일이 듬뿍 들어간, 납작하고 밀도 높은 이 과일 케이크는 지역민들이 사랑하는 음식이면서 여행객을 끌어 모으는 명물이다. 판포르테는 튼튼한 빵이라는 뜻으로, 판페파토panpepato(후추를 친 빵)라고도 불려왔다. 과거에는 향신료를 듬뿍 넣었는데 그중 후추의 비중이 가장 높았기 때문이다. 16세기에는 음식에 향신료를 쓰면 출산한 여성이 건강을 회복하는 데 좋다고 믿어 친구와 가족들이 갓 출산한 엄마들에게 과일 케이크를 선물로 주곤 했다.¹ 요즘에야 오래 보

고대의 과일 케이크. 이집트의 파라오 투트모세 2세가 집권했던 기원전 1492~1493년에 만들어졌다.

존할 수 있다는 점을 농담거리로 삼기도 하지만, 과일 케이크의 이런 특징은 오래전만 해도 엄청난 장점이었다.

중세시대에 북유럽 사람들은 다양한 진저브레드(다른 이름으로는 허니 케이크)를 즐겼다. 진저브레드에는 (생강은 물론이고) 후추, 캐러웨이, 아니스 씨앗과 같은 향신료를 넣는 경우가 많았다. 원래 기독교 수도원이나 수녀원에서 만들던 음식이지만 이후엔 전문 길드에 소속된 제빵사들이, 결국엔 베이킹을 즐기는 평범한 사람들도 집에서 만드는 음식이 되었다. 초기엔 웨이퍼 틀처럼 정교하게 조각된 틀에 넣어 종교적 인물이나 군주와 숙녀의 형상으로 굽기도 했다. 진저브레드는 유럽 전역에서 인기를 끌다가 마침내 미국까지 퍼졌는데, 프랑스에서는 팽 데피스pain d'épice, 독일에서는 레프쿠헨lebkuchen(뉘렌베르크식) 또는 페페르쿠헨pfefferkuchen(풀스니츠식), 이탈리아에서는 파네 디 첸체로pane di zenzero, 스페인에서는 판 데 헹히브레pan de gengibre라고 부른다.

오늘날, 베를린부터 버밍엄까지 모든 지역에서 크리스마스 시즌만 되면 제빵사들과 요리 애호가들이 진저브레드로 동화처럼 예쁜 집을

19세기 영국에서 사용한, 나무로 만든 진저브레드 틀. 가게나 축제에서 진저브레드를 만들 때 사용한 것으로 추정된다.

만들어서 아이들을 즐겁게 한다. 하지만 정작 그림 형제의 〈헨젤과 그 레텔〉의 모티브가 된 독일 전설 속 오두막은 원래 빵과 케이크로 만든 집이었다. 창문 유리는 설탕이었다. 그러다 훗날 이야기가 변형되면서 진저브레드로 만들고 사탕으로 장식한 집으로 바뀐 것이다.

현대의 많은 케이크가 이스트로 발효시킨 달콤한 빵의 후손이다. 일 례로 구겔후프Gugelhupf는 전통적으로 결혼식, 세례식, 축일과 같은 축 제 행사에서 대접하던 음식이었다. 처음엔 그릇에 굽다가 시간이 지 나며 터번처럼 생긴 틀로 바뀌었다. 독일어인 '구겔'은 두건, 보닛을 의미하는 라틴어에서 유래했고, '후프'는 독일어로 뛰어넘다, 깡충 뛴다는 뜻이다. 중세 말미, 오스트리아에서는 구겔후프를 예쁘게 장식 해 결혼식용 머리 장신구로 사용하곤 했는데, 신부는 꽃과 불빛이 일

위 _ 스웨덴의 진저브레드 케이크인 미우크 페파르카카. 후추를 비롯한 다양한 향신료가
들어가 더욱 맛있다.
아래 _ 이탈리아 산 지미냐노의 이 페이스트리 가게에서는 판포르테 위에 마지팬까지 올
린다. 지나침은 모자람만 못하다.

장식이 화려한 구겔후프 틀.

렁이는 촛불로 장식한 구겔후프를 머리에 쓰고 결혼식 연회에서 춤을 추었다.[2] 시간이 지나면서 구겔후프는 더 가볍고, 더 달콤한, 케이크와 비슷한 형태로 변했다. 비록 오늘날엔 디저트 케이크가 아니라 아침식 사용 빵으로, 커피나 차와 함께 즐기는 간식으로 사랑받고 있지만 말 이다. 구겔후프는 프랑스식으로 비에누아즈리viennoiserie로 분류되는데, 이는 브리오슈와 크루아상처럼 이스트로 부풀리지만 달콤한, 빵과 케 이크 중간에 해당하는 디저트를 일컫는다. 블랑제리(빵집)나 파티세리 (제과점)에서 모두 팔지만, 그 즐거운 맛에도 불구하고 디저트로는 접대 하지 않는다.

　미국에서 즐기는 번트는 구겔후프에서 영감을 받아 탄생한 케이 크다. 독일 북쪽 지역에서는 구겔후프를 번트쿠헨Bundkuchen이라 부른다. 하지만 미국인들이 이 디저트를 번트 케이크라 부르는 이유는 어떤 특별한 케이크 종류를 지칭하기 위해서가 아니라 단순히 번트팬에 넣고 굽기 때문이다. 번트는 터크스 헤드Turk's head 케이크라고도 불리는데, 세로로 움푹 패인 데다 소용돌이 형태로 생긴 게 터번과 비슷하게 생겨서 붙은 이름이다. 오늘날 초콜릿칩부터 호박까지 다양한 레시피로 즐기는 번트는 엄연히 디저트 케이크다.

파네토네panettone(페루에서는 파네톤panetón, 아르헨티나에서는 판둘세pan dulce라 부른다)나 판도로pan d'oro, 콜롬바colomba와 같은 이탈리아의 달콤한 빵은 모두 명절을 대표하는 음식이다. 이 빵들은 아침식사와 함께, 또는 간식으로, 또는 비에누아즈리와 달리 디저트로도 먹을 수 있다. 또한 프랑스의 바바 오 럼baba au rhum과 나폴리의 바바baba와도 관계가 있다. 바바는 나이 많은 여자 또는 할머니를 뜻하는 슬라브어에서 온 단어다. 케이크의 모양이 나이 많은 여자가 치마를 두른 모습을 닮았다고 하여 붙여진 것으로 짐작된다. 이 케이크는 중세 때부터 만들어졌는데, 처음엔 시그니처인 럼 시럽이 들어가지 않았으나 19세기에 럼 시럽에 적시기 시작하면서 파리보다 나폴리에서 훨씬 큰 인기를 끌게 되었다.[3] 이후 프랑스의 링 모양 케이크 '사바랭savarin'이 여기에 가족으로 합류했다. 이 케이크의 이름은 "무엇을 먹는지 말해주면, 당신이 어떤 사람인지 말해드리지요"라는 말로 유명한, 미식평론가 브리야사바랭의 이름에서 땄다. 사바랭 또한 바바와 비슷한 반죽을 럼 시럽에 적셔서 만든다. 구겔후프와 달리 이스트로 부풀린 이 달콤한 빵들은 디저트로 인정받고 있다.

르네상스가 끝나갈 무렵인 1570년, 이탈리아의 바르톨로메오 스카피는《요리의 예술작품》에서 스펀지케이크를 부풀리려면 계란 흰자를 저어서 사용하라고 지시했다. 이는 케이크를 부드럽게 부풀어 오르

럼에 적셔서 휘핑크림을 얹은 럼 바바는 거부할 수 없는 디저트다.

게 하기 위해 이스트가 아닌 계란을 사용하라고 언급한 최초(가장 먼저
는 아닐지라도)의 사례 중 하나다. 이를 따라 비슷한 레시피들이 우후죽
순처럼 생겨났다. 마르크스 럼포트 역시 1581년 출간한《새로운 요리
책》에서 계란 흰자로 만드는 비스킷 레시피를 소개했다. 1653년《프
랑스 제빵사》(라 바렌이 썼다고 추측된다)가 출간됐을 무렵, 이미 많은 사람
들이 이 방법을 받아들였다. 이 책에는 레이디핑거 쿠키와 비슷한 피
에드몬트Piedmont 비스킷과 마들렌madeleine처럼 틀에 넣고 구운 사보이
Savoie 비스킷을 소개하고 있는데, 모두 이탈리아식 레시피에서 진화한
가벼운 스펀지케이크류였다.[4] 이 모든 디저트는 수세기가 지나 전기
믹서기가 개발되면서 만들기도 훨씬 쉬워지고 인기도 더욱 높아졌다.
오늘날 영국에서 '비스킷'이라는 단어는 미국에선 '쿠키'라고 부르는,

오븐에 구운 작고 달콤한 과자를 말한다. 하지만 《프랑스 제빵사》가 쓰였을 당시만 해도, 비스킷은 스펀지케이크를 의미했다. 마들렌도 물론 작은 스펀지케이크로, 《잃어버린 시간을 찾아서》(1913)에서 기억의 물꼬를 터서 마르셀 프루스트를 유년 시절로 소환하게 만든다. 프루스트는 마들렌을 "엄격하고 경건한 조가비 아래에 풍만한 관능이 숨어 있는, 페이스트리로 만든 작은 가리비 껍데기"라고 묘사했다.[5]

새로운 케이크의 탄생

19세기에 새로운 오븐, 식재료, 주방 기구들이 등장하면서, 케이크는 갈수록 다양해졌고 그 인기도 높이 치솟았다. 19세기가 끝날 무렵, 전문가와 비전문가를 막론하고 모든 요리사들이 아몬드 케이크, 당근 케이크, 초콜릿 케이크, 코코넛 케이크, 레이어 케이크, 로프 케이크, 마블 케이크(초콜릿이 들어감), 파운드케이크, 스펀지케이크, 스파이스 케이크, 엔젤 푸드 케이크, 데빌 푸드 케이크를 만들었다. 거의 모든 나라에서 수많은 공동체와 요리사들이 자신들만의 특별한 케이크를 개발했다. 도시 사람들은 제과점에서 케이크를 사거나 집에서 만들었다. 하지만 도시와 멀리 떨어진 외딴 시골에서는 근처에 가게가 없어 손수 케이크를 구울 수밖에 없었고, 케이크를 능숙하게 굽는 기술이 요리 실력을 판단하는 척도가 되었다. 특히 영국, 미국, 스칸디나비아 국가들에서 이런 경향이 강했다.

젊은 스칸디나비안 처녀들은 결혼하기 전, 종류가 다른 케이크나 쿠키 일곱 개를 완벽하게 만들 줄 알아야 했다.[6] 스웨덴의 시골 지역에서는 각기 다른 케이크를 열다섯 개에서 스무 개 정도 구워서 친구들에

포도를 넣고 구운 번트 케이크. 포도가 풍미를 한껏 살려준다.

게 '케이크 테이블'을 접대하는 게 전통이었다. 그중 가장 유명한 케이크는 라흐카게lagkage, 블뢰드카게blødkage, 토르타tårta라는 레이어드 스펀지케이크였다. 이 케이크들은 계절에 맞춰 레시피가 조금씩 달라졌다. 여름에는 커스터드와 신선한 베리류를, 겨울에는 잼과 휘핑크림을 층마다 발랐다. 덴마크에서는 샌드케이sandkage라는 간소한 파운드 케이크를 "모든 가정주부들의 구세주"라고 불렀는데, 단시간에 만들 수 있고 보관도 용이해서 예상치 못한 손님이 올 때를 대비해 미리 준비해놓을 수 있었기 때문이었다.[7]

그리스와 터키는 역사는 전혀 다르지만, 설탕 시럽에 적신 세몰리나 케이크 레바니revani를 즐긴다는 공통점이 있다. 레시피는 서로 조금 다르다. 케이크 반죽에 레몬맛을 섞거나 아몬드 가루를 추가하기도 하고, 시럽도 단순히 설탕, 물, 레몬 제스트를 섞어 만들기도 하지만 정향, 시나몬, 또는 브랜디를 추가해 맛을 고양시키기도 한다. 요리사들마다 케이크의 맛을 내는 독특한 비법을 가지고 있다. 그렇지만 준비과정의 일부는 언제나 똑같다. 보통은 오븐에서 뜨거운 케이크를 꺼내자마자 시럽을 부어서 매혹적일만치 달콤하고 촉촉하게 만든다. 실리적인 요리사들은 여러 가지 맛도 첨가하고 시럽도 아낄 겸, 스푼 스위츠에 쓰고 남은 시럽을 쓰기도 한다.

19세기 러시아 상류층 사람들은 프랑스식 디저트 문화를 따라했는데, 프랑스어에서 빌려온 데세르트desert, десе́рт라는 단어를 쓰느라 자국어인 자옛키zayedki, заедки라는 단어를 버렸다. 하지만 러시아 사람들이 가장 좋아하는 것은 독일 케이크였다. 이름하야 바움쿠헨Baumkuchen(나무 케이크라는 뜻)으로, 엘레나 몰로호베츠의 《젊은 주부에게 바치는 선물》에서도 이 케이크를 소개했다. 이 요리책은 1861년에 초판이 발간된 이후 1917년 러시아혁명 때까지 러시아 중상류층 주부들의 요리 바이블이었다. 1992년에 이 책을 번역하고 주해한 음식역사학자 조이스 툼리에 따르면, 바움쿠헨은 17세기 말에 독일과 오스트리아에서 만들어지기 시작했는데, 당시는 스펀지케이크 레시피가 처음으로 널리 퍼지던 시기였다. 바움쿠헨은 유럽 전역과 러시아에서 유행하며 특별한 행사 때 즐겨 먹는 케이크가 되었다. 평범한 스펀지케이크와 달리 회전하는 쇠꼬챙이에 반죽을 부어가며 만든 덕에 모양이 여러 겹으로 둘러싸인 원기둥과 비슷했다. 툼리는 "잘라놓은 케이크 조각이 동심원 고리가 그려진 나무 그루터기를 닮았다"고 설명했다. 케이크를 구운 다음 꼬챙이를 빼내면 가운데 구멍이 생겼다. 그 속에 참새와 같은 작은 새를 집어넣고 꽃다발로 입구를 막는 게 관행이었다. 식탁에 케

여러 겹의 바움쿠헨. 새와 꽃이 없어도 장관을 연출한다.

이크를 올리고 꽃을 제거하면 새가 공중으로 날아오르면서 손님들을
깜짝 놀라게 했을 것이다. 로버트 메이의 파이 속에서 날아올랐던, 동
요 속 그 검은 새들처럼 말이다.[8]

독일 요리사들은 쿠헨kuchen을 만들고, 토르테torte(케이크) 속을 공들여
채웠다. 하지만 세계적으로 찬사를 받은 독일 케이크는 초콜릿 스펀지,
신 체리, 키르시바서, 휘핑크림, 초콜릿 부스러기로 만드는 화려한 디저
트, 바로 블랙 포레스트다. 음식역사학자 우르줄라 하인첼만에 따르면,
이 케이크의 이름은 블랙 포레스트 지역의 전통적인 검정색, 하얀색, 빨
간색 복장에서 따왔다고 한다. 이 케이크는 19세기 제과점 주방에서 처
음 만들어져서 1950년 즈음 대중 요리책에 등장하기 시작했다.[9]

덴마크에서는 모든 사람이 자기만의 특별한 에블리케이æblekage(사
과 케이크) 레시피를 가지고 있다고 한다. 어떤 건 케이크 반죽 위에 얇

게 저민 사과조각, 설탕, 시나몬을 올려서 굽는다. 굽지 않는 사과케이크 형태도 있는데, 영국의 트라이플처럼 으깬 마카롱이나 버터로 노르스름하게 구운 빵 부스러기를 건포도 젤리, 사과 소스와 겹겹이 쌓고, 그 위에 휘핑크림을 올린다. 어떤 식으로 만들든지 간에, 에블리케이는 집에서 만드는 디저트다. 반면 덴마크 페이스트리인 비너브뢰 weinerbrød(비엔나 빵이라는 뜻)는 전문 제과사가 만든다.

프랑스의 제과점은 가토gateaux로 유명힌데, 가도 속에는 내내 진한 페이스트리 크림이나 초콜릿 무스가 들어간다. 어떤 가토는 장식이 매우 화려한 반면, 어떤 것은 단순하면서 세련되다. 지극히 우아한 가토 중의 하나가 오페라다. 오페라는 커피시럽에 아몬드 스펀지케이크를 담근 뒤 초콜릿 가나슈, 커피 버터크림과 함께 겹겹이 쌓아서, 맨 위에 초콜릿을 매끈하게 펴 바른 케이크다. 보통 케이크 표면에 'opéra'라는 글자를 짤주머니로 짜서 새겨 넣는다. 당연히 파리 시민들은 파리에 유명세를 안겨준 수많은 제과점들 중 한 곳에 가서 가토를 구입했다. 하지만 프랑스의 요리 애호가들, 특히 시골 사람들은 디저트를 직접 만들었다. 그중 하나가 파운드케이크인 카트르 카르quatre quarts(4분의 4)다. 이 케이크는 딱 네 가지 재료(밀가루, 계란, 설탕, 버터)를 1파운드씩 사용해서 만드는데, 보통 식빵 틀에 넣고 구웠다.[10] 버터에 설탕을 넣고 섞거나 크림처럼 만들어서 빵을 부풀리는 파운드케이크는 촉촉한 식감과 훌륭한 보존성으로 유명하다.

스카피가 소개한 것처럼 초기의 스펀지케이크는 버터나 다른 지방 없이, 오로지 휘핑한 계란 흰자만으로 빵을 높이 부풀리고 폭신폭신한 식감을 구현했다. 하지만 시간이 지날수록 버터, 전란全卵, 심지어 베이킹파우더까지 스펀지케이크 재료로 쓰였다. 1940년대에는 이름마저 제빵사다운 해리 베이커가 식물성 기름을 이용한 스펀지케이크를

오페라는 가토 중에서도 세련된 숙녀다.

만들었다. 이것이 훗날 '시폰 케이크'다. 그가 제너럴 밀사에 레시피를 팔고 그 레시피가 《베티 크로커의 그림으로 보는 요리책》에 실리게 되면서 시폰 케이크는 미국에서 선풍적인 인기를 끌었다.[11]

오랫동안 많은 요리책에서 프랑스식 최고급 요리를 다루어왔지만, 가정 요리를 다룬 책이 출간되기 시작한 건 19세기에 들어서부터였다. 눈에 띄는 초기의 가정 요리책은 1822년에 출간된 아글레이 아당송의 《시골집》이다. 오늘날 아당송은 1805년 프랑스 물랭 북서쪽 발렌에 직접 만든 아름다운 정원으로 유명한데, 이 정원은 현재 대중에게 개방되어 있다. 아당송의 이 두 권짜리 책은 시골 땅을 관리하는 법에 대한 정보지이자, 그 땅에서 자라는 800종의 식물에 대한 학술논문이자, 음식역사학자 바버라 케첨 휘턴이 말했다시피 "탁월하고 실용적인 요리책"이다. 휘턴은 "그녀의 레시피는 참신하고 독창적이다"라고 말하며 "요리에 도움이 된다"고 평가했다.[12] 아래는 아당송의 주부를 위한 케이크 레시피를 휘턴이 번역한 것이다.

: 랑도르크식으로 만드는 케이크 :

밀가루 250그램과 설탕가루 250그램을 준비한다. 여기에 계란 노른자 6개와 녹인 무염버터 250그램을 넣고 섞는다. 반죽을 15분 동안 젓는다. 계란 흰자 6개를 단단해지도록 저어서 반죽에 추가한다. 지름이 12인치(약 30.5센티미터)인 아주 얕은 파이 접시에 버터를 바른다. 파이 접시에 반죽을 붓고 그 위에 껍질 벗긴 아몬드 몇 알을 놓는다. 오븐에 넣고 약한 불에서 한 시간 동안 굽는다.[13]

도나우강에 인접한 국가들의 디저트는 제1차 세계대전 전에 세계적으로 유명세를 떨쳤다. 휴지만큼 얇은 페이스트리가 과일을 가득 감

잘츠부르크 노케를. 구름처럼 가벼운 이 수플레는 눈 덮인 알프스 산맥에 바치는 디저트다.

싸고 있는, 그 종류도 엄청나게 다양한 슈트루델Strudel부터 잘츠부르크 노케를Salzburger Nockerl이라는, 봉우리가 여러 개인 수플레까지 종류도 각양각색이었다. 파리지앵들처럼 비엔나의 여성들도 빵을 구울 이유가 전혀 없었다. 거의 모든 골목 초입마다 제과점이 있었기 때문이다. 계란 흰자를 휘핑하고 견과류 가는 일을 담당할 하인을 거느린 안주인은 페이스트리 셰프에 필적할 만한 케이크가 만들어지는 과정을 감독했을 것이다. 그런 하인이 없으면 제과점까지 걸어가서 어지럽게 늘어서 있는 케이크와 페이스트리 가운데서 원하는 것을 구입하면 됐다. 아니면 제과점에서 오후에 친구들과 야유제Jause(티타임)를 가지면서 커피에 토르테나 케이크를 즐기고, 어디서나 볼 수 있는 구름 같은 휘핑 크림인 슐라고베르스를 곁들였을지도 모른다.

린처토르테Linzertorte도 빠지지 않았을 것이다. 린처토르테는 버터가

도나우강이 흐르는 도시 린츠에서 이름을 딴, 잼을 가득 채운 린처토르테. 시나몬과 정향, 아몬드 또는 헤이즐넛을 넣어 향이 풍성하다. 윗면은 항상 격자 무늬로 장식한다.

듬뿍 들어간 아몬드 또는 헤이즐넛 타르트로, 속에 라즈베리잼이나 살구잼이 가득 들어 있다. 자허토르테Sachertorte도 고르지 않았을까. 비엔나에서 가장 유명한 케이크이자 한때 논쟁의 중심이었던 자허토르테는 19세기 중반 비엔나에 살던 프란츠 자허가 연회 담당 견습생으로 일하면서 만든 케이크다. 그가 죽은 뒤 이 케이크는 7년에 걸친 법정 공방의 주인공이 됐다. 호텔 자허와 데멜 제과점이 '원조 자허토르테'라는 이름을 사용할 권리를 놓고 재판을 벌인 것이었다. 결국 호텔 자허가 승소했고, 초콜릿 스펀지케이크에 살구 설탕절임을 바르고 초콜릿을 반질반질하게 펴 바른 레시피가 공식적인 자허토르테로 인정받았다. 하지만 이 케이크의 유래와 레시피에 대한 논쟁은 아직까지 계속되고 있다. 물론 그만큼 오랫동안 사람들이 이 케이크를 만들고 즐

제과로 유명한 도시 비엔나에서 초콜릿과 살구로 만든 자허토르테는 인기스타다.

기고 있는 것도 사실이다.[14]

초콜릿과 살구는 환상의 궁합을 이룬다. 셀레스틴 유스티스가 쓴 미국 요리책《옛 크리올 요리》(1903)에는 '레오니 페닌의 드라이 케이크'라는 식욕을 떨어뜨리는 이름의 레시피가 들어 있다. 이 음식은 초콜릿을 사용해 단순한 파운드케이크를 살짝 변형시킨 것으로, 속에는 살구잼이 가득 들어 있고, 위에는 "멋진 초콜릿 아이싱"이 덮여 있다. 유스티스의 책은 남북전쟁 전 부유한 남부인들이 즐겼던 전통 음식을 찬양하고 있는데, 그 레시피들을 개발한 장본인은 남부의 흑인 요리사들이었다. 안타깝게도 이 책은 레오니 페닌의 경력에 대해서는 전혀 언급하지 않았다. 이 케이크는 자허의 케이크보다 단순하지만, 자허처럼 그녀 역시 맛을 조화롭게 결합하는 법을 알았던 게 분명하다.

: 레오니 페닌의 드라이 케이크 :

설탕 1컵, 오븐에서 건조시킨 뒤 체에 거른 밀가루 1컵, 버터 1컵, 계란 3개. 이 전부를 그릇에 넣고 충분히 젓는다. 파이 접시 두 개에 버터를 바르고 약간의 밀가루를 뿌린 다음 케이크 반죽을 붓는다. 그리고 오븐에서 굽는다.

초콜릿 케이크를 만들 때도 똑같은 레시피를 사용할 수 있다. 파이 접시 하나에 반죽을 전부 붓는다. 다 익으면 케이크를 식힌 뒤 반으로 자르고 단면에 살구잼을 바른다. 두 조각을 하나로 합치고 위에 적절히 초콜릿 아이싱을 입힌다.[15]

부다페스트에서 가장 유명한 케이크는 요제프 도보시의 고급스런 케이크, 도보시 토르테Dobos Torte다. 이 케이크는 여섯 겹으로 된 인상적인 스펀지케이크로, 층마다 초콜릿 버터크림을 바르고 맨 위에 반질반질 윤기가 흐르는 캐러멜 시트로 토핑한다. 캐러멜은 굳기 전에 여러 조각으로 잘라서 대접하기 좋게 맨 위에 가지런히 놓는데, 이러면 인상적인 모양을 연출할 수 있다.[16] 부다페스트는 또한 리고 연치Rigó Jancsi라는 케이크와도 인연이 깊다. 이 케이크의 이름은 클라라 워드라는 백만장자 유부녀와 눈이 맞아 달아난 집시 바이올리니스트 리고 연치에서 딴 것으로, 초콜릿 애호가들이라면 사족을 못 쓰게 초콜릿 스펀지에 초콜릿 크림으로 필링을 채우고, 윗면은 초콜릿으로 윤기를 냈다.

영국 요리사들은 푸딩으로 훨씬 유명하지만 케이크를 만드는 솜씨도 아주 훌륭했다. 그리고 그중 일부는 아직까지 많은 사랑을 받고 있다. 그렇지만 영국식 케이크는 정찬이 끝난 뒤 디저트 코스에서 즐기기보다는 티타임에서 대접되는 경우가 더 많다. 그중 하나인 전형적인 마데이라 케이크Madeira Cake는 마데이라산 백포도주가 아니라 레몬

보스턴 크림 파이는 보스턴 파커하우스 호텔의 명물이다.

을 넣어 만드는 스펀지케이크다. 마데이라라는 이름은 마데이라 포도
주와 함께 테이블에 자주 오른다고 해서 붙은 것이다. 빅토리아 샌드
위치 케이크는 영국을 대표하는 상징적인 케이크로 오랜 시간 다양한
방식으로 만들어졌다. 빅토리아 시대의 케이크를 다룬《책으로 보는
케이크》에는 스펀지케이크 두 개를 샌드위치처럼 붙이고 가운데 크림
을 바른 '크림 빅토리아'의 전문가용 레시피가 담겨 있다. 이 케이크는
살구 퓌레를 바르고 다진 피스타치오로 장식을 한 다음 조각으로 잘라
서 팔았다. 그러다 비턴 부인이 케이크 사이에 잼이나 마멀레이드를 발
라 '빅토리아 샌드위치'라고 부르면서 '샌드위치'라는 이름이 붙었다.
그녀는 케이크를 직사각형으로 잘라서 직각으로 겹쳐 쌓았다. 그렇지
만 요즘의 빅토리아 샌드위치는 보통 케이크빵 한 겹을 절반으로 잘라
서 사이에 잼을 바르고 토핑으로 슈거파우더를 뿌린다. 미국식 버전은
워싱턴 파이라 불린다. 이보다 살짝 더 먼 친척은 매사추세츠주의 공식

디저트, 보스턴 크림 파이다. 역시나 레이어드 스펀지케이크인 보스턴 크림 파이는 케이크 사이에 페이스트리 크림을 바르고, 위에 초콜릿을 반질반질하게 펴서 바른다. 이 케이크들이 파이라고 불리는 이유는 레오니 페닌의 케이크와 마찬가지로 원래 파이용 용기에 넣고 구웠기 때문이다.

고유한 미국식 케이크 중에는 하얗고 폭신폭신한 엔젤 푸드 케이크가 있다. 계란 흰자, 설탕, 밀기루, 향신료로 만드는 이 케이크는 계란 흰자 거품을 단단하게 만들기 위해 주석영酒石英을 사용하는 것이 핵심이었다. 레시피를 보면 계란 흰자 12개를 거품 끝이 뾰족해질 때까지 휘핑하라고 지시한다. 따라서 계란 교반기나 거품기가 케이크를 만드는 데 아주 중요했다. 19세기 후반에 여러 가지 버전이 만들어졌으나, 이 케이크는 패니 파머의《보스턴 요리학교 요리책》에서 상세한 레시피를 소개한 이후에야 누구나 다 아는, 국민의 사랑을 듬뿍 받는 디저트가 되었다.[17]

아시아의 케이크

일본의 모치는 주로 팥소가 들어가는 달콤한 떡으로, 대개 새해나 벚꽃 개화를 축하하는 의미로 만들어 먹는다. 하지만 일본에서는 전통적으로 달콤한 디저트보다 소금에 절인 매실로 식사를 마무리했다. 16세기 후반에 포르투갈인들로부터 처음 서구식 케이크와 빵을 들여왔을 때 나가사키 사람들은 이 과자를 난반가시南蛮菓子, 즉 '남쪽 오랑캐의 과자'라고 불렀다. 그 이름에서 느껴지는 부정적인 느낌에도 불구하고 일본인들은 열성적이고 창조적으로 이 과자를 받아들였다. 오

중국의 추석 전통 음식인 월병. 속에는 소를 알차게 채우고 겉에는 상징적인 문양을 새긴다.

늘날 일본인들은 우스갯소리로 디저트 배는 따로 있다고 말한다. 심지어 베츠바라別腹(다른 위)라는 말이 있을 정도다. 일본인 셰프 사이토 요시오에 따르면, "'다른'을 의미하는 '베츠'와 '배'를 의미하는 '하라'의 합성어로, '하라'의 'ㅎ'이 'ㅂ'으로 바뀐 것"이다.[18] 위가 하나 더 있으니, 디저트가 들어갈 공간은 항상 넉넉하다.

오늘날 일본의 디저트는 대개 서양의 디저트를 혁신적으로 개조한 결과물이다. 일본의 스펀지케이크는 팡드로pão de ló라는 포르투갈 케이크가 베이스지만 녹차를 접목하여 일본식 맛을 구현한다. 일본 제과사들은 다른 제과사들과 마찬가지로 디저트의 모양과 이름으로 장난을 치는 것을 좋아한다. 도쿄 노점상에서 판매하는 도미빵은 물고기 모양의 틀에 달콤한 반죽을 넣고 구운 것이다.[19] 이는 일스 부인의 숭어크림을 떠올리게 한다.

중국인의 일상적인 식사에는 디저트가 나오지 않지만, 연회나 특별한 행사에서는 두 개의 디저트가 식탁에 오른다. 하나는 커스터드 타르트인데, 포르투갈의 파스테이스 드 나타, 즉 라이스푸딩이나 바나나 프리터와 비슷하다. 두 번째 디저트는 십중팔구 달콤한 수프(탕수이甜水)인데, 연밥, 잣, 또는 목이버섯과 같은 재료에 복숭아와 체리를 넣고 만든다. 예로부터 전해 내려오는 가장 대표적인 중국 간식은 월병으로 추석기간에 먹는 디저트다. 보통 둥근 빵 안에 팥소, 연밥소, 또는 단껍은콩소를 넣어서 만든다. 보름달을 상징하기 위해 가운데에 소금에 절인 오리알 노른자를 넣고 구울 때도 있다. 월병의 겉면에는 장수 또는 중국인들이 달에 산다고 여기는 토끼를 의미하는 한자를 새겨 넣는다. 월병의 속을 채우는 소는 지역에 따라 다양한데, 요즘 요리사들은 아이스크림을 넣기도 한다.[20]

케이크 이름 짓는 법

케이크를 비롯한 디저트에는 그 음식이 기원한 도시나 지역의 이름이 붙는 경우가 많다. 슈 페이스트리(에클레어나 크림 퍼프처럼)로 만든 고리(또는 바퀴) 모양의 케이크인 파리브레스트Paris-Brest는 파리와 브레스트 지역을 달리는 자전거 경주 이름에서 따온 것이다. 땅콩이 가득 들어간 모스타치올리 로마니mostaccioli romani라는 페이스트리는 원래 로마의 특산물이었다. 식후보다 티타임에 더 즐겨 먹는 바스 번Bath bun과 첼시 번Chelsea bun도 모두 영국의 지명에서 기원했다.

하지만 이름과 레시피는 지리적 경계를 자유로이 넘나들며 이동하기도 하다. 슈파니셰 빈트토르테Spanische Windtorte(슈파니셰는 스페인이라는 뜻—옮긴이)는 오스트리아가 고향이다. 이탈리아 사람들은 스펀지케

210

이크를 판 디 스파냐pan di Spagna(스파냐는 스페인이라는 뜻 ― 옮긴이)로, 케이크의 베이스로 사용할 때는 추파 인글레세zuppa inglese(인글레세는 영국이라는 뜻 ― 옮긴이)로 부른다. 반면 프랑스인들은 스펀지케이크를 제누아génois(제노바라는 뜻 ― 옮긴이)라 부른다. 프랑스의 커스터드는 크렘 앙글레즈crème anglaise(앙글레즈는 영국풍이라는 뜻 ― 옮긴이)다. 그 유명한, 누가 봐도 미국식 케이크인 베이크드 알래스카baked Alaska는 케이크 위에 아이스크림을 얹고 머랭을 겹겹이 두른 뒤 가끔 불을 붙여서 갈색이 되면 손님에게 대접한다. 얼음과 불이 만난 이 디저트의 이름은 미국이 1867년 러시아로부터 알래스카를 구입한 데서 유래했다고 알려져 있다. 하지만 그보다 1년 전, 파리에서 한 중국인 디저트 셰프가 페이스트리로 아이스크림을 둘러싼 뒤 구운 디저트를 이미 선보였다. 얼마 지나지 않아 프랑스 요리사들도 아이스크림과 머랭을 이용해 오믈렛 노르베지엔omelette norvégienne이라는 디저트를 시중에 소개했다. 19세기에 세워진 미국 최초의 레스토랑 델모니코스Delmonico's 역시 '알래스카 플로리다'라는 이름을 붙여 비슷한 디저트를 판매했다. 이후 패니 파머가 이를 '베이크드 알래스카'라 부르면서 지금까지 이 디저트의 이름으로 굳어졌다. 어떤 이름으로 불리든, 이 디저트는 손님에게 놀라움과 즐거움을 선사하는 데 절대 실패하는 법이 없다.[21]

케이크와 디저트에 유명 인사의 이름을 붙이는 경우도 있다. 프랑스의 페이스트리 생토노레Saint-Honoré는 퍼프와 슈 페이스트리에 계란 흰자로 만든 부드러운 페이스트리 크림을 올린 케이크로, 제빵사와 제과사의 수호성인, 생토노레에서 따왔다. 페이스트리 크림을 부르는 또 다른 이름인 크렘 시부스트crème chiboust는 프랑스의 페이스트리 셰프이자 이 크림을 발명한 시부스트의 이름을 딴 것이다. 실레를로켄 Schillerlocken은 둥근 관이나 뿔 모양으로 페이스트리를 바삭하게 구워서

이름에서도 알 수 있듯이 카이저슈마렌(Kaiserschmarrn)은 황제에게 어울리는 팬케이크다.

속에 휘핑크림이나 머랭을 채운 것으로, 독일 시인 프리드리히 실러의 금발 곱슬머리에서 이름이 유래했다.

유명 프랑스 셰프 오귀스트 에스코피에는 런던 사보이 호텔에서 셰프로 일하면서 호주의 오페라 가수 넬리 멜바에게 바치는 페슈 멜바 Pêches Melba를 만들었다. 페슈 멜바는 바닐라 아이스크림, 복숭아, 라즈베리 소스가 혼합된 다소 단순한 디저트다. 하지만 에스코피에는 스타의 명성에 걸맞게 페슈 멜바를 장식했다. 오페라 〈로엔그린〉에서 보여준 그녀의 연기에 경의를 표하는 의미로, 그는 얼음 조각으로 만든 백조 위에 페슈 멜바를 올린 뒤 솜사탕으로 감싸서 테이블에 올렸다.

호주의 유명 디저트인 래밍턴Lamington은 1896년부터 1901년까지 퀸즐랜드 주지사를 지낸 래밍턴 경의 이름에서 유래했다. 이 디저트는 작고 네모난 스펀지케이크로, 초콜릿을 입힌 뒤 코코넛 가루를 묻혀서 만든다. 이 레시피는 1902년에 한 구독자가 주간 신문《퀸즐랜더》의 요리면에 레시피를 보내면서 처음 지면에 실렸고,[22] 이후 요리 애호가들의 단골 베이킹 메뉴가 되었다. 요즘엔 수퍼마켓에서 포장된 래밍턴을 살 수 있다.

디저트계의 팔방미인, 머랭

디저트 셰프의 주방에서 가장 다용도로 활용되는 아이템 중 하나는 머랭이다. 머랭은 파이 위에 빙빙 감아올릴 수도, 둥지 모양으로 짜서 아이스크림이나 필링을 담을 수도, 무수히 다양한 맛을 낼 수도, 구워서 작은 쿠키나 비스킷을 만들 수도, 익힌 뒤 크렘 앙글레즈 위에 띄워 일 플로탕트를 만들 수도, 크림과 섞어서 세상 가볍고 폭신한 천상의 디저트를 탄생시킬 수도 있다.

뉴질랜드의 가볍고 보드라운 파블로바Pavlova 역시 머랭을 사용한 케이크 중 하나다. 이 케이크는 발레리나 안나 파블로바의 이름에서 따온 것이다. 파블로바가 20세기 초반 뉴질랜드로 투어를 갔을 때 페이스트리 셰프들이 그녀를 기리는 다양한 디저트를 만들었다. 그중 이 풍성한 머랭 케이크만이 지금까지 살아남아서 전 세계의 요리 애호가들과 페이스트리 셰프들이 가장 좋아하는 디저트가 되었다. 파블로바는 겉은 바삭하고 속은 촉촉하게 구운 뒤 휘핑크림과 신선한 딸기로 겉면을 장식한다. 뉴질랜드 사람들은 딸기 대신에 키위를 사용해서 그들만의 스타일로 만든다. 그야말로 발레리나만큼 우아한 케이크다.

머랭과 휘핑크림의 멋진 궁합을 증명하는 또 하나의 사례는 놀랍도록 아름다운 슈파니셰 빈트토르테다. 이 케이크는 고리 모양으로 구운 머랭을 차곡차곡 쌓고 고리 안에 휘핑크림을 채워서 만드는데, 휘핑크

파블로바. 완벽한 소풍용 디저트다.

림에 코냑을 첨가해 향을 내거나 딸기나 으깬 마카롱, 구운 헤이즐넛 등을 넣어 맛을 풍성하게 한다. 요세프 베흐스베르크는 아무 장식 없이 이 케이크를 접대해도 상관없지만, 본인은 아름답게 꾸민 것을 훨씬 선호한다고 적고 있다. 베흐스베르크는 체코의 음악가이자 작가 겸 파인 다이닝 마니아로 케이크 옆면에 "장미꽃봉오리와 조개껍데기처럼 소용돌이 모양으로 머랭을 만들어서 붙이고 보라색 설탕절임으로 장식해야" 하며 윗면은 "올록볼록한 돌림띠 형태"로 두르되 이것 역시 머랭 고리로 만들어야 한다고 주장했다. 그는 이 케이크가 "콘셉트, 디자인, 기술면에서 바로크 양식의 위대한 구현이이며, 게다가 천상의 맛까지 보여준다"고 설명했다.[23] 그리고 당시 오스트리아 사람들이 스페인을 우아함과 동일시했기 때문에 머랭을 "슈파니셰(스페인풍)"라고 불렀다고 기록했다. 하지만 음식역사학자 미하엘 크론들은 스페인이 아니라 나팔꽃을 의미하던 독일어 슈파니셰 빈데Spanische Winde에서 비롯되었다고 주장한다.[24]

머랭과 휘핑크림이 빚어낸 또 하나의 환상적인 조합이면서 우아함이라는 스펙트럼의 완전 반대편에 서 있는 디저트가 있으니, 바로 영국식 디저트인 이튼 매스Eton mess 다. 이튼 칼리지에서 이름을 딴 이 디저트는 부서진 머랭 조각, 휘핑크림, 딸기를 마구잡이로 섞은 음식이다. 말썽꾸러기 소년들이 파티가 시작하기 전에 슈파니셰 빈트토르테나 파블로바를 마구 헤집어놓은 것 같은 모양을 하고 있다. 그럼에도 그 맛은 다른 디저트만큼 매력적이며 준비하기도 아주 쉽다.

머랭과 크림이 만나 탄생시킨 가볍고 부드러운 제과를 하나 더 들자면, 블리츠 케이크Blitz cake, 다른 이름으로는 블리츠 토르테를 꼽을 수 있다. 이 케이크의 독특한 점이라면, 케이크 반죽 위에 머랭층을 올려서 함께 굽는다는 것이다. 아래는 매사추세츠주 보스턴에 거주하는 작가 로즈 커민스가 소개하는 집안 레시피다.

: 로즈의 블리츠 케이크 :

케이크 레이어

버터 1/2컵(120그램)

입자가 굵은 설탕 1/2컵(100그램)

소금 1/4티스푼

계란 노른자 4개

바닐라 1티스푼

우유 3테이블스푼

중력분(다목적용) 밀가루 1컵(120그램)

베이킹파우더 1디스푼

머랭 레이어

계란 흰자 4개

입자가 굵은 설탕 3/4컵(150그램)

시나몬 가루 1/2 티스푼

껍질을 벗긴 아몬드 슬라이스 1/2컵(110그램)

휘핑크림

휘핑용 크림 1컵(240밀리리터)

설탕 2테이블스푼

베리류

딸기(또는 블루베리, 라즈베리, 블랙베리) 2컵(300그램)

설탕 2테이블스푼

오븐을 섭씨 175도로 예열한다. 8~9인치(약 20센티미터)의 둥근 케이크 팬 두 개에 기름칠을 하고 밀가루를 뿌린다.

버터에 설탕과 소금을 넣고 크림화시킨 뒤, 계란 노른자, 바닐라, 우유를 넣고 휘젓는다. 밀가루와 베이킹파우더도 넣고 젓는다. 반죽이 잘 섞이고 부드러워질 때까지 세게 젓는다. 반죽을 케이크 팬에 붓는다.

다른 그릇에 계란 흰자와 설탕, 시나몬 가루를 넣고 단단해질 때까지 젓는다. 케이크 팬에 담긴 반죽 위에 머랭을 펼친다. 골고루 펼치기 힘들어도 너무 신경 쓰지 않는다. 머랭을 아몬드로 토핑한다.

케이크 레이어를 30분 동안 굽는다(좀 더 큰 팬을 사용한다면 25분 정도). 또는 케이크가 팬의 가장자리 밖으로 넘치기 전까지 굽는다. 오븐에서 팬을 꺼내 서서히 식힌 뒤, 팬에서 케이크를 꺼내 철사로 만든 선반 위에 올리고 완전히 식힌다. 케이크가 식는 동안 차가운 크림에 설탕을 넣고 저어서 휘핑크림을 만든다.

딸기를 잘라 그릇에 담고 그 위에 설탕을 뿌린다. 이 작업은 식탁에 올리기 전에 20분 동안 하길 바란다. 서빙할 접시에 케이크 레이어를 깔되, 머랭 쪽이 위로 올라가게 한다. 서빙하기 직전에 첫 번째 레이어에 딸기를 놓고 휘핑크림 절반을 바른다. 두 번째 레이어를 그 위에 올리되, 머랭 쪽이 위로 올라가게 한다. 남은 딸기와 휘핑크림을 위에 덮는다. 8~10명에게 대접한다. 당일에 만드는 게 가장 맛있다.

빅토리아 시대의 챔피언 셰프

가정의 요리 애호가들은 일반적으로 보다 단순한 디저트 케이크를 만들었다. 그에 반해 제과업자들은 가장 기발하고 세련된 케이크를 만들기 위해 앞다투어 경쟁했다. 빅토리아 시대의 전문 제과인에게 정교한 디저트를 만든다는 것은 우열을 가리는 경기이자, 자신의 기술과 상상력을 증명하는 길이었다. 그리고 프랑스 출신 영국 셰프 알렉시스 소이어가 바로 그 경기의 챔피언이었다.

소이어는 피에스 몽테는 "한물갔다"면서 다음과 같이 말했다.

> 나는 한때 큰 사랑을 받았던 기념비적인 거대한 설탕 장식품 앞에 앉기를 거부하는 수많은 미식가들을 알고 있다. 현대의 식탁을 장식하는 일이 은세공인의 소관이 된 것은 아주 바람직한 일이다. 우아함의 어머니인 단순함이야말로 새로운 시대적 명령이다.[25]

하지만 소이어가 만든 디저트나 소이어의 인생, 그 어느 쪽도 단순함과 거리가 멀었다. 가난한 집안에서 태어난 그는 셰프로 성공해 부유층 및 유명 인사들과 어울릴 기회가 많았음에도 일하는 내내 가난하고 배고픈 자들을 돕기 위해 노력했다. 1809년 프랑스에서 태어난 그는 어린 나이에 요리에 입문했다. 그리고 스물한 살이 되던 해 영국으로 이주했고 몇 년이 지나지 않아 유명한 셰프가 되었다. 천상 사업가였던 그는 타고난 솜씨를 발휘해 자신의 요리책, 소스, 직접 디자인한 주방 기구들을 홍보하고 판매했다. 하지만 한편으로 요리책에서 발생한 이익의 일부를 기부해 가난한 이들이 굶주리지 않도록 도왔다. 1847년, 아일랜드의 감자 기근 때는 더블린에서 무료 급식소를 운영하기도 했다. 또한 크림 전쟁 기간에 크림반도로 날아가 플로렌스 나이팅게일과 함께 병사들에게 먹일 식량의 질을 개선하기 위해 애썼다.

뿐만 아니라 소이어는 런던 '리폼 클럽'의 상류층 회원들이 즐겼던 옛 장식용 사탕과자, 즉 피에스 몽테에 대적할 만한 케이크를 제작했다. 중세에는 실제 수퇘지를 사용해서 만들었던 불 뿜는 돼지머리가 소이어의 손을 거치면서 돼지 모양을 한 케이크로 탈바꿈했다. 그는 이 케이크를 "가짜 돼지머리"라고 불렀는데, 이 케이크를 만들기 위해서 스펀지케이크를 돼지머리 모양으로 조각하고 속을 비운 뒤 큐라소로 향을 낸 레몬 아이스크림을 채워 넣었다. "실제 수퇘지 색깔과 최대한 비슷하게" 구현하기 위해 겉면에는 초콜릿 아이싱을 입혔다. 눈은 하얀 아이싱에 체리를 박아서 만들었다. 피스타치오 조각을 이용해 눈썹도 붙였다. 뻐드렁니는 검 페이스트를 사용했다. 머리는 건포도 젤리로 윤기를 내고, 크루통croûton으로 장식한 뒤 은식기에 담아 대접했다.[26]

중세의 장식용 사탕과자를 스펀지케이크로 재창조라도 하듯 그는 공작 케이크도 만들었다. "루이 14세의 공작"이라는 케이크에 "분홍빛이 도는 흰색" 당과를 입히고 딸기얼음으로 속을 채웠다. 꼬리는 체리 껍질로 장식했다. 그는 "설탕에 통달한 요리사라면 꼬리를 활짝 편친 형태를 만들 것이다. 그러면 놀라운 효과를 연출할 수 있다"고 말했다.[27] 소이어가 말했다시피, 그럼에도 단순함은 당시의 시대적 명령이었다.

케이크 위의 아이싱

19세기에 설탕 정제 공장에서 가루 설탕 또는 분당이라고 알려진 정제 설탕을 생산하면서부터 케이크를 세련되게 장식하는 과정이 수월해졌다. 초기의 요리사들은 케이크에 아이싱을 입히기 위해서 막자사발에 설탕을 넣고 으깬 뒤 비단과 같은 고운 천에 걸러서 최대한 부드럽게 만드는 작업을 거쳐야 했다. 17세기에는 설탕과 물을 섞어서 끓인 기본 시럽을 케이크 위에 붓는 식으로 당의를 입혔다. 그런 다음 케이크를 재빨리 오븐에 집어넣으면 아이싱이 굳으면서 윤기가 생겼다. 로버트 메이의 《뛰어난 요리사: 요리의 기술과 수수께끼》(1685)

강림절을 위해 만든 아름다운 진저브레드.

에서 소개하는 '대단히 훌륭한 케이크 만들기'라는 레시피에는 설탕
과 물을 섞고 끓이되, "장미 향수를 살짝 넣고 사탕 단계로 끓인 뒤, 오
븐에서 케이크를 꺼내 그 위에 잔뜩 뿌리고 다시 케이크를 오븐에 집
어넣어서 사탕처럼 굳어질 때까지 두라"고 지시하고 있다.[28] 사탕 단계
란 설탕을 끓이는 단계 중 하나로 마시알로가 설명한, 균열이 생기는
카세cassé 단계와 비슷하다.

이를 대체할 방안으로 케이크를 오븐에서 꺼내자마자 위에 머랭
을 쌓는 방법도 있었다. 어떤 요리사들은 머랭을 올린 케이크를 오븐
에 다시 넣어 거무스름하게 만들기도 했는데, 어밀리아 시몬스는 "그
렇게 하면 케이크가 상하고 누렇게 변하니, 케이크를 꺼내자마자 바로
프로스팅하라. 다시 오븐에 넣을 필요도 없으니 이 방법이 가장 좋다"
고 말했다.[29] 또한 케이크 위에 마지팬이나 퐁당을 발라서 부드럽고 우

아하게 윤을 내기도 했다.

19세기에 들어 제과사들은 정제 설탕과 계란 흰자를 섞어서 로열 아이싱을 만들었다. 로열 아이싱은 지금까지도 케이크 장식의 중추 역할을 하는 아이싱 기법이다. 케이크 위에 매끄럽게 펴바를 수도 있고, 무엇보다 짤주머니로 짜서 세심하게 장식할 수도 있다. 제과사들은 짤주머니로 아이싱하는 작업에 흠뻑 빠졌다. 레이스, 소용돌이, 이름은 물론 "생일 축하합니다"나 "행운을 빕니다"와 같은 메시지도 새겼다. 소풍용 케이크에는 테니스 라켓을, 세례식용 케이크에는 요람을 그렸다. 여러 단으로 된 결혼 케이크는 로코코풍의 소용돌이, 커튼 무늬, 레이스, 꽃으로 치장했다. '로열 아이싱'이라는 용어는 빅토리아 여왕의 결혼 케이크에 이 프로스팅 기법을 사용하면서 처음 도입했다.

1888년에 출간된 《마셜 부인의 요리책》에서 애그니스 마셜은 자칭 '비엔나 아이싱'이라고 부르는 프로스팅 기법을 소개했다. 그녀는 슈거파우더, 버터, 럼과 마라스키노 리큐어로 이 아이싱을 만들었다. 오늘날엔 그와 비슷한 아이싱을 버터크림 프로스팅, 또는 영어로 짧게 버터크림, 프랑스어로는 크렘 오 뵈르crème au beurre라고 부른다. 보통은 마셜 부인이 사용한 리큐어보다 바닐라 엑스트랙트로 향을 내며, 버터뿐 아니라 크림이나 우유도 자주 사용한다. 요리 애호가들이 가장 흔하게 사용하는 프로스팅 기법이다.[30]

: 비엔나 아이싱 :

아이싱슈거 10온스(약 283그램)와 버터 1/4파운드(약 113그램)를 섞고 나무 숟가락으로 부드러워질 때까지 젓는다. 실버 레이즈(화이트) 럼주와 마라스키노 리큐어 섞은 것을 작은 와인 한 잔 분량만큼 넣고 크림처럼 될 때까지 섞은 뒤 사용한다. 맛에 따라 향과 색을 첨가해도 된다.[31]

1894년에 출간된 마셜 부인의 《화려한 얼음과자》에 실린 삽화. 위태로운 자세로 얼음을 장식할 설탕실을 뽑아내고 있다.

비스킷이란 무엇인가

　비스킷은 복잡한 제과는 아니지만 정의 내리기가 어렵다. 비스킷이라는 단어는 두 번 구운 빵이라는 뜻의 라틴어 파니스 비스콕투스panis biscoctus에서 유래했다. 원래 물기를 말려 오랫동안 보존하기 위해 두 번 구웠기 때문이다. 러스크, 선원용 건빵, 비스코티biscotti, 츠비바크 zwieback와 같은 비스킷들은 모두 담백하고 건조해서 바다나 전쟁터에 나갈 때 가져가거나 몇 달 동안 식료품 저장실에 저장해놓아도 곰팡이가 생기지 않았다. 하지만 시간이 지나면서 비스킷은 달콤해지고 적용 범위도 굉장히 넓어졌다. 그중 많은 과자가 두 번 굽지도, 담백하지도, 건조하지도 않았다. 1898년에 런던에서 출간한《실용 요리 백과사전: 요리 기술과 테이블 접대법에 대한 완벽한 사전》은 편집자의 이름인 T. 프랜시스 개릿을 따서 흔히《개릿의 책》이라고 불리는데, 이 책에서도 '비스킷'을 분명하게 정의내리지 못하고 있다.

　　비스킷은 보편적으로 유럽 대륙의 모든 제과사들에게 아주 넓은 범위로 받아들여지고 있다. 그들이 비스킷이라고 부르는 페이스트리 제품에 두루 해당하는 단 하나의 분명한 특징은 잘 부서지고 바삭바삭하다는 점이다. 영국이든 외국이든, 페이스트리 요리사들 및 제과사들은 거의 모든 면에서 서로 다른 이런 제과들을 하나로 규정하는 데 필요한 유일한 조건이 '잘 부서진다'는 점이라는 데 상호 합의한 듯 보인다. 사실 이 제과들은 정말 너무나 달라서 분류하려고 시도하기가 불가능할 정도다. 게다가 건조한 것에서 달콤한 것으로, 딱딱한 것에서 부드러운 것으로, 얇게 벗겨지는 것에서 파삭파삭한 것으로, 단순한 것에서 화려한 것으로, 이 조합부터 저 조합으로 재빨리 변하고 있다.

제2차 세계대전 이전에 판매된 화려한 영국산 비스킷 통.

《실용 요리 백과사전》에는 장문의 글로 여덟 쪽에 걸쳐 비스킷 레시피를 소개하면서 커터나 짤주머니처럼 비스킷을 만들 때 사용하는 도구들의 삽화는 물론 비스킷 상자나 비스킷 보관함의 사진 등을 같이 싣고 있다. 레시피 종류는 캐러웨이 씨앗으로 향을 낸 애버너시 비스킷Abernethy biscuit부터 다이아몬드 모양으로 잘라서 '예리한sharp 오븐'에 구운 요크 비스킷York biscuit까지 다양하다. 이 책에서 소개하는 '샴페인 비스킷'은 '샴페인과 함께 대접하면 굉장히 잘 어울려서 샴페인이란 이름이 붙었다'.[32] 이 책이 출간되었을 무렵, 영국인들은 이미 과거의 'bisket'이라는 철자 대신 'biscuit'이라고 쓰고 있었다. 물론 다음과 같이 이의를 제기한《옥스퍼드 영어사전》편집자들에겐 실망스럽기 그지없는 일이었다. "16세기에서 18세기까지 보편적인 영어 표기법은 발음과 같은 bisket이었다. 요즘 사용하는 biscuit은 불어에서 발음은 놔두고 현대식 철자만 무분별하게 차용한 경우다.”

혼란스러운 용어 사용은 이뿐이 아니다. 뉴암스테르담에 거주하는 미국인들은 네덜란드어 쿠키어koekje(작은 케이크)를 쿠키cookie라고 번역했다. 어밀리아 시몬스는 자신의 요리책《미국식 요리》(1796)에서 이 단어를 처음 사용해 널리 퍼트린 장본인이다. 오늘날 미국에서는 영국식 비스킷을 쿠키라고 부르고, 영국인들이 번, 머핀, 또는 심지어 스콘이라 부르는 것들은 ‘비스킷’이라 부른다.

빅토리아 시대에 영국의 과자 제조업체들은(많은 회사들이 아직까지 영업 중이다) 비스킷을 대량 생산하는 데 앞장섰다. 영국의 음식역사학자 애너스테이지아 에드워즈는 이젠 흔히 볼 수 있는 공장 비스킷을 치약과 같은 상품에 비유하면서도, 그런 공장 비스킷을 먹는 행위가 여전히 영국인들에게 향수를 불러일으킨다고 지적한다.[33] 그녀의 요지를 증명이라도 하듯이 ‘나이시Nicey와 와이피Wifey’라는 공동 필명으로 글을 쓰는 한 커플은 차와 기성품 비스킷을 먹는 즐거움에 대한 책,《나이시와 와이피의 훌륭한 차 한 잔과 휴식》(2004)을 펴낸 바도 있다. 그들은 공장에서 만든 비스킷을 좋아한다는 사실에 죄스러움을 느끼기는커녕, 다이제스티브 비스킷이 “지름이 큰 비스킷의 왕이라는 점은 두말하면 잔소리다. (…) 상징적인 비스킷이다”라고 주장한다.[34]

반면, 미국인들은 가정에서 만든 쿠키를 이상화하면서 요리책, 잡지, 신문의 여성지면을 레시피로 가득 채웠다. ‘쿠키’는 너츠, 키스, 스냅, 크러스트, 케이크, 스타, 스틱, 패티, 드롭 케이크drop cake, 록rock, 셰이빙shaving, 허미트hermit, 점블jumble, 웨이퍼, 마카롱이라는 이름으로도 불렸다.《개릿의 책》에서 정의한 것처럼 어떤 것은 얇고 바삭바삭했지만, 또 어떤 것은 부드럽고 케이크처럼 두꺼웠다.《이민자를 위한 요리책》(1904)은 아몬드 쿠키부터 페페르노이에세pfefferneuesse까지, 스프링헤를레springerle부터 '섬세한 츠비바크'까지 서른 개가 넘는 쿠키 레시피를 소개했다. 당시에 출간된 그 밖의 요리책들에도 굉장히 많은 쿠키 레시피가 실렸다. 물론 요리책을 산다고 해서 꼭 베이킹을 한다는 의미는 아니다. 영국인들처럼 미국인들 역시 공장에서 만든 쿠키를 사고 오레오 같은 국민 과자에 똑같이 향수를 느끼기도 한다.

어떤 비스킷은 예나 지금이나 디저트 테이블을 상식할 만큼 고상한데, 아이스크림, 셔벗, 과일 콤포트나 커스터드와 곁들여 먹을 때 특히 우아함이 살아난다. 장미 향수나 아니스 씨앗으로 향을 냈던 17세기 비스킷인 점블이나 노트knot가 사탕과자 및 웨이퍼와 함께 마지막 코스에 오르는 광경은 이따금 정물화로 그려지기도 했다. 프랑스에서 사보이 비스킷이라고 부르는 레이디핑거 역시 디저트 코스로 나왔으며, 인기 디저트인 러시아식 샬로트의 베이스로 사용되기도 했다. 그 밖에 디저트로 대접하기에 손색이 없는 비스킷으로는 둥근 기와를 닮은 아주 섬세한 비스킷 튀일, 르네상스 시대 이탈리아에서 유래해 요즘은 달콤한 필링을 채워 먹는 형형색색의 작은 아몬드 비스킷 마카롱, 영어로는 '키스kiss'라 부르고 스페인어로는 '수스피로스suspiros(한숨)'라 부르는 작은 머랭 쿠키도 있다. 전형적인 두 번 구운 비스킷 '비스코티'(지금은 아몬드와 다양한 견과류, 설탕에 절인 과일 껍질이나 씨앗을 넣어 달콤하게 만든다) 역시 디저트 비스킷이다. 전통적으로 이탈리아 사람들은 (요즘에도 이렇게 많이 먹는다) 식사 말미에 빈 산토Vin Santo와 같은 달콤한 포도주를 곁들여서 대접한다.

파이 (먹는 것) 만큼 쉽다

: 사과 파이 :

영국인들이 시도해온 모든 진미들 가운데

접시를 가장 만족시키고 눈을 호강시키는 것

모든 종류의 호화로운 음식 중에

사과 파이와 견줄 만한 것이 있을까

풍미는 호사스럽고 반죽은 크고 단단하며

장식은 아름답고 맛은 훌륭하다

일찍이 갓 태어났을 때에는

재료는 거칠고 만듦새는 저속했으니

현대 기술처럼 세련되지 못해서

조상님들은 타르트 대신 갈색 빵을 먹었네

파이는 어설픈 반죽 덩어리일 뿐이었으나

시간과 돈을 들이니 이토록 좋아졌구나

— 윌리엄 킹(1663∼1712)[35]

영국 작가 윌리엄 킹이 위의 발췌시를 지었던 18세기 이전 식탁에는 검은 새가 튀어나오거나 고기소가 든 스탠딩 파이와 더불어 과일이나 커스터드를 채운 훨씬 섬세한 파이와 타르트가 함께 올랐다. 생과일 타르트는 철마다 어울리는 재료로 만들었다. 겨울에도 타르트를 즐길 수 있도록 설탕에 과일을 절였다. 봄과 여름엔 커스터드 타르트에 프림로즈나 메리골드와 같은 꽃을 장식했다. 아몬드 타르트에는 장미 향수를 넣어서 향을 돋우었다. 이전까지 약용으로 사용하던 대황 줄기(비록 채소로 분류되긴 하지만)는 이때부터 파이용 과일 재료로 큰 인기를 누리기 시작했다. 사과 파이는 아주 오래전부터 영국인들이 사랑하는 전통 파이다. 그렇지만 중세에 탄생했을 땐 킹이 말한 것처럼 껍질이 얇게 벗겨지지 않고 함처럼 딱딱했다. 이런 달콤한 파이들은 중세 식탁에 아무 때나 올랐다. 반면 오늘날엔 디저트 음식으로 엄격하게 규정하고 있다.

글래스 부인의 《요리의 기술》 1796년 판에도 다양한 과일 파이와 커스터드 파이가 있다. 그녀는 아홉 가지 파이 반죽 빛 크러스트 레시피를 소개했는데, 그중에는 퍼프 페이스트나 거대한 파이에 쓰이는 스탠딩 페이스트도 있다. 그녀는 스탠딩 페이스트를 "구스 파이의 가장자리를 감싸는 울타리로 알맞다"고 설명했다. 그리고 "우지직하며 부서지는 크러스트"는 파이 껍질보다는 파이에 얹는 고명 장식으로 여겼다. 크러스트에는 아몬드 가루와 오렌지꽃 향수가 들어갔다. 글래스 부인은 "훌륭한 퍼프 페이스트 크러스트"로 사과 파이를 만들었다. 독자들에게 사과 껍질, 사과심, 말린 육두구 껍질, 설탕, 물로 시럽을 만들고, 시럽을 체에 거른 뒤 "졸아들어서 맛이 좋아질 때까지" 익힌 뒤 파이에 놓인 사과 위에 부으라고 말한다. 마지막으로 맨 위에 크러스트를 얹고 파이를 구우면 완성이었다.[36]

파이와 타르트의 차이가 언제나 명확한 건 아니다. 일반적으로 파이는 윗면과 바닥에 껍질이 있는 반면, 타르트는 보통 위에 껍질이 없다. 하지만 언제나 예외는 존재한다. 영국에서는 사과나 플럼과 같은 과일 파이는 보통 깊은 파이 그릇으로 만들어서 위에만 껍질이 있다. 과일 타르트는 레몬 커드 타르트나 커스터드 타르트처럼 보통 얇은 팬으로 만든다. 이들은 바닥에만 껍질이 있고 위에는 없다. 하지만 '파이'와 '타르트'라는 단어는 예나 지금이나 영어에서 교차해서 사용하기도 한다. 타르트 레시피인데 바닥과 윗면에 껍질을 만들라 하기도 하

소박하고 예스런 사과 파이는 언제나 맛있다.

고, 파이 레시피인데 바닥에만 껍질이 있는 경우도 있다. 1856년 한 미국인이 소개하는 대황 파이 레시피에서는 파이 접시에 껍질 아랫면을 깔지 않고 바로 달콤하게 요리한 과일을 놓은 뒤 그 위에 껍질 윗면을 덮고 베이킹을 하라고 설명한다.[37] 프랑스의 타르트 타탱tarte tatin은 위에 껍질을 덮고 구운 뒤 뒤집어서 껍질이 아래로 가게 만든다. 그러면 캐러멜화된 사과가 윗면이 된다. 크기가 작은 타르트는 '타르틀레트 tartelt'라고 지칭하기도 하는데 일관되게 사용하지는 않는다.

유럽인들이 온갖 종류의 파이와 타르트를 만들었다고는 하나 세상 어느 나라보다 파이를 즐기는 곳은 미국이다. 미국인들은 종류를 가리지 않고 파이를 사랑했는데 특히 달콤한 파이를 가장 좋아했다. 심

지어 아침으로 파이를 먹었고, 추수
감사절 식사는 언제나 파이로 마무
리 짓는다. 호박, 사과, 크랜베리, 민
스미트, 피칸, 고구마 등 어떤 재료
로 만들든 개의치 않았지만, 형태는
무조건 파이여야 했다. 케이크도, 수
플레도, 아이스크림도 허락하지 않
았다. 위에 작은 파이 조각을 올리지
않는다면 말이다.

미국에서 흔히 쓰는 관용구 '파이
만큼 쉽다'라는 말도, 원래는 '파이
먹기만큼 쉽다'였다. 미국인들이 그

지금은 디저트지만 이 광고가 제작된 1869년에는
민스파이에 고기가 들어 있었다.

만큼 파이를 많이 먹기 때문이기도 하고, 파이를 만드는 것보다 먹는
것이 더 쉽기 때문이기도 하다.

달콤한 디저트 파이의 인기가 너무 좋다 보니, 19세기 일부 미국 요
리책 저자들은 파이에 거부감을 보였다. 보스턴 요리학교의 유명인
사인 메리 J. 링컨은 사과를 "과일의 여왕"이라고 부르며 "시들지 않
는 파이" 형태로 만들기보다는 자연 상태 그대로 먹기를 권유했다.[38]
매리언 할랜드라는 펜네임으로 활동한 메리 V. 터훈 부인은 그보다
더 단호했다. 그녀는 파이를 "파괴적인 과자"라고 부르며 소화가 잘 안
된다고 하거나, "파이에 사족을 못쓰는 것은 (…) 국가적 범죄"라고 주장
한 신문 칼럼에 동조하며 인용하기도 했다.[39] 두 여성 모두 유명 작가였
으나 그들의 힘으론 대중의 파이 사랑을 멈추는 데는 역부족이었다.

1902년 5월 3일 토요일자 《뉴욕타임스》 사설에서는 익명의 기고자
가 파이를 극찬했다. 그는 파이를 "미국에선 번영과 동의어다. (…) 파

이는 영웅들의 음식이다. 파이를 먹지 않는 사람은 영원히 패배할 것이다"라고 주장했다. 이 기고자는 영국인들이 파이에 등을 돌렸으며, 그로 인해 손해를 입었다고 생각했다. 그는 이렇게 말한다.

> 영국의 용맹한 아들들이 파이를 먹었던 시절, 영국이 가장 큰 영광을 누렸다는 것은 중대한 역사적 사실이다. (…) 그러다 소매업이 유해한 영향력을 행사하면서, 파이의 너그러운 크기가 점차 줄어들었고 이젠 하잘 것 없는 타르트 수준까지 쪼그라들었다. 파이가 추락하면서, 높던 이상도 더불어 낮아졌고 영국의 명성과 힘도 소멸했다.

그는 파이를 "계절의 변화를 알리는 달력"이라 부르면서 계절에 어울리는 완벽한 파이를 소개했다. 먼저 사과를 추천하며 사시사철 먹을 수 있는 파이라고 불렀다. 겨울에 적절한 파이는 민스파이인데, "고기와 육즙이 가득하고 향신료 맛이 강해서 추운 날씨에 체온을 적정 수준으로 유지시켜주는 힘을 가지고 있다"고 했다. 봄에는 "불확실한 것들에 대한 조용한 동경을 잠재우기 위해 가볍고 유쾌한 커스터드, 레몬, 대황 파이"를 추천했다. "입술을 붉게 물들이는 베리 파이"와 복숭아 파이는 여름에 먹기 좋았다. 마지막은 가을 파이였다. "자연이 마법의 붓으로 숲을 물들이니, 한 해의 황금빛 영광에 어울리는 호화로운 호박 파이를 추천한다!"[40]

식탁 위의 보석

20세기의 디저트 테이블을 가득 채운 케이크, 파이 및 수많은 디저

미국 시카고의 정육회사가 제작한 19세기 광고. 여성들이 아머(Armour) 민스미트를 이용해서 파이 굽는 법을 배우고 있다.

트들은 연회를 준비하는 주인들에게 난처함을 안겨줬다. 새 은식기의 종류가 워낙 많아 어떤 용도로 어떻게 사용해야 할지 막막하기만 했다. 당시는 엄청나게 다양한 은식기들이 제작되던 시절이었다. 특히 미국에서 계급 사다리 위로 올라가 신분 상승을 꿈꾸던 사람들이 올바른 식기 사용법을 배우려고 혈안이 되었다. 코스가 연달아 나오는 러시아식 접대법은 특정 음식에 특정 식기를 사용하는 문화를 발달시켰다. 자연히 식기구도 다양해졌다. 어떤 테이블에서는 코스마다 식기구를 세팅했다 교체하는가 하면, 모든 식기구를 동시에 세팅하는 테이블도 있었다. 각 위치에 배치된 은제 식기구들은 막 부유층에 진입한 손님들에게 많은 혼란과 걱정을 안겨주었다.[11] 음식마다 포크가 정해져 있다 보니, "어떤 포크를 사용해야 하나요?"는 신중한 손님들이 에티켓 저자에게 묻는 단골 질문이 되었다. 보통은 주인이 사용하는 것을 사용하라는 대답이 돌아왔다. 이 대답은 많은 손님들이 음식을 먹기 전에 잠깐 멈추고 테이블 너머 주인을 향해 은근슬쩍 눈길을 던지게끔 만들었다. 주인들은 어떤 포크가 적절한지 뿐 아니라 어떤 서빙 도구를 사용해야 하는지도 배워야 했다. 아스파라거스를 덜 때 집게를 써야 할까, 대형 스푼을 사용해야 할까? 어떤 게 푸딩 스푼이고, 어떤 게 블랑망제 스푼일까? 고급스런 정찬과 접대법은 경험이 미숙한 사람들에게 무례를 범하기 딱 좋은 근심스런 행사가 되었다.

은식기가 급증한 데는 몇 가지 이유가 있었다. 남북전쟁 뒤 미국 서부에서 은광이 개발되면서 은의 가격이 극적으로 낮아졌고 그 덕에 구입이 쉬워졌다. 동시에 전기 도금 기술이 개발되면서 상대적으로 저렴한 은도금 접시가 테이블에 올랐다. 새로운 금형 각인 기술로 인해 은을 좀 더 정교하게 장식하는 일도 가능해졌다. 그 바람에 새로운 식기에 결합문자나 가문의 문장은 물론, 새나 꽃과 같은 자연을 주제로 한 장식도 새길 수 있게 되었다. 이와 더불어 남북전쟁 후 미국 경제가 부흥하면서, 은식기를 상속받는 것은 고사하고 은식기로 식사하는 것은 꿈도 못 꾸었던 가정들조차 은식기를 구매할 수 있게 되었다. 그러니 남은 일은 이것들을 어떻게 사용하는지 배우는 것뿐이었다.

미국의 운 좋은 신혼부부들은 결혼 선물로 은식기를 받고 싶어했다. 《스크라이브너스 먼슬리》 1874년 12월 호에서 윌리엄 C. 코넌트는 이렇게 말한다.

> 결혼 선물을 주는 관습이 너무 보편화되어서, 요즘의 풍족한 젊은 부부들은 하다못해 스푼부터 포크, 버터 나이프, 과일 나이프, 파이 나이프, 생선 나이프, 냅킨 링, 그 밖의 사소한 제품들까지, 진품 식탁용 은기(銀器)가 없으면 집안일을 시작하지도 않는다.[42]

물론 여전히 이런 은식기는 소수의 전유물이었다. 하지만 형편이 되는 사람들에겐 선택지가 넓어졌다. 수세기 전만 해도 시대에 뒤떨어지거나 사악하다고 여긴 포크도 그 종류가 다양해졌다. 샐러드용, 육류용, 생선용, 체리용, 정어리용, 올리브용, 굴용 등 용도별로 구체적으로 나뉘었다. 나이프도 그만큼 종류가 늘었다. 버터 나이프, 정찬용 나이프, 생선 나이프, 과일 나이프, 디저트 나이프, 케이크 나이프를 전부 사용했다.[43]

수프용 스푼도 하나로는 부족했다. 작은 수프 스푼은 부용을 먹을 때, 좀 더 큰 스푼은 크림 수프를 먹을 때 사용했다. 다관에서 차를 뜨는 스푼, 크림을 뜨는 스푼, 베리용 스푼, 블랑망제용 스푼, 설탕용 스푼뿐 아니라 커피, 홍차, 초콜릿용 스푼도 따로 있었다. 토울사는 식사용 스푼 19종류와 서빙용 스푼 17종류를 조지 왕조풍 문양으로 만들어 판매했다. 식사 한 번에 필요한 세트는 총 131점으로 구성됐으며, 12명이 앉는 식탁을 완전히 세팅하는 데는 총 1,888점이 필요했다.[44]

아이스크림 하나만 먹는 데도 슬라이서, 화려하게 장식된 손도끼, 나이프 등 서빙 도구를 풀세트로 장착해야 했다. 아이스크림은 삽처럼 뭉툭한 끝으로 먹을 수도, 포크나 아이스크림 포크처럼 끝이 갈라진 스푼으로 먹을 수도 있었다. 아이스크림 뜨는 기구scoop는 19세기 말에 등장했는데, 일반적으로 가정에서보다는 전문가들이 더 많이 사용했다.

〈은의 시대〉라는 기사에서 코넌트는 한 화려한 정찬 테이블을 굉장히 상세하게 묘사했다. 디저트 코스가 나오자 그는 이렇게 설명했다.

1855년에 제작된 설탕뿌리개 스푼. 식탁 위에 놓인 과일이나 푸딩에 설탕을 멋있게 뿌리기 위해 사용했다.

아이스크림이 거대한 은제 스탠드 위에 높이 솟아 있다. 아이스크림이 녹는 걸 막기 위해 스탠드에는 북극의 경치가 새겨져 있고 그 밑에는 거울처럼 반짝이는 넓은 쟁반들과, 날카롭지만 넉넉한 아이스크림 스푼과, 얼음처럼 매끈한 받침들이 놓여 있다. 또한 과일 얼음을 담기 위한 비슷한 스타일의 커다란 그릇들과 그에 맞춘 접시들도 있다. 케이크와 봉봉은 낮은 정과그릇(compotiers), 즉 아래에 기둥이 있는 아름다운 접시에 담겨 있다. 은으로 된 케이크 나이프는 프로스팅에 금이 가지 않게 자를 수 있도록 근사한 칼날에 멋진 톱등을 가지고 있다.[45]

이어서 그는 과일 그릇을 "하바나와 북극의 과수원에서 크고 노란 과일"을 싣고 온 "상상 속의 유람선"이라고 묘사하면서, 둘의 조화를 "은색 그림 속에 열린 금색 사과"에 비유했다. 또한 이렇게 말했다.

진한 커피를 홀짝이도록 만든, 금과 은으로 된 우아한 보석. 스푼, 나이프, 호두 송곳에 새겨진 우아한 디저트 문양. 담배를 건네고 불붙이고 재까지 담는 은제 장식품들.[46]

물론 코넌트의 포괄적인 일반화에도 불구하고, 모든 테이블이 은식기나 설경이 새겨진 아이스크림 탑으로 휘황찬란하게 빛났던 것은 아니다. 하지만 19세기의 마지막 몇 년 동안 대부분의 나라에서는 평범한 가정이든, 거대한 저택이든, 레스토랑이든, 호텔이든, 장소를 막론하고 디저트로 식사를 마무리했다. 케이크, 아이스크림, 푸딩, 파이를 대접하기도, 그저 비스킷과 과일만 내놓기도 했다. 특별한 행사에 한정하지 않고, 디저트는 가족의 저녁식사부터 공식적인 만찬까지 어떤 식사자리에서든 자연스러운 마무리 코스가 되었다.

ARTISTICALLY SERVED ICES.

1. Asparagus Ice flavoured with Asparagus Flavouring.
2. Violet Ice flavoured with Violet Flavouring and studded with Crystallized Violets.
3. Bunches of Roses, Violets, Primroses, Carnations, Orange Blossoms dressed with Ivy Leaves.
4. Three different Roses, also flavoured as Flowers.
5. Strawberry, Lemon, Raspberry, Chocolate, Café au Lait, Orange.

유명 요리책《실용 요리 백과사전》에 실린, 19세기 영국의 우아한 얼음과자들.

6장

그렇게 세상은 디저트가 되었다

20세기에 들어서자 자유로운 경향이 계층고하를 막론하고 사회를 휩쓸었다. 빅토리아 시대의 형식주의가 지나간 자리에 에드워드 시대의 편안하고 속도감 있는 문화가 대세로 자리 잡았다. 열차, 증기선, 자동차는 훨씬 빨리 달렸고, 정찬 스타일도 그와 보조를 맞춰 달라졌다. 화가, 건축가, 디자이너들이 새로운 스타일을 구축하며 집, 가구, 은식기, 의복을 변화시켰다. 발터 그로피우스, 루트비히 미스 반 데어 로에, 르 코르뷔지에와 같은 건축가들의 구상은 건축물을 넘어 그 속에서 사는 사람들의 생활 방식과 욕망에도 영향을 미쳤다. 정교한 테이블 세팅, 화려한 은식기, 줄줄이 이어지는 코스 요리는 바우하우스 양식의 식탁 공간에서는 시대착오적인 유물로 전락했다.

심지어 은식기를 살 형편이 되는 사람들도 《스크라이브너스 먼슬리》에서 "은의 시대"라 일컫던 당시의 겉치레를 과하다고 여기기 시작했다. 1925년, 당시 미국 상무부 장관이던 허버트 후버의 제안을 받아들여 스털링 실버웨어 제조협회는 새로운 패턴의 제품을 생산할 경

중세 시대와 마찬가지로 요즘에도 웨이퍼와 포도주는 정찬의 완벽한 마무리다.

우 한 세트의 개별 제품 수를 최대 55개로 한정하기로 결정했다.[1] 그때쯤 이미 많은 가정들이 새로운 경향에 적응하기 시작했다. 제1차 세계대전이 끝난 직후, 한 정부 당국자는 당시의 사회적 관습을 이렇게 표현했다. "형식주의는 괴성과 함께 밀려났다."[2]

전쟁도 전쟁이었지만, 여성의 참정권, 할리우드, 재즈의 시대, 금주법 시행, 이 모든 것이 사회적 기준을 느슨하게 만든 범인이자 은인이었다. 역사학자 아서 슐레진저는 미국에서 부가 증가하고 구세계의 귀족적 관행을 모방하면서 구시대의 엄격한 규칙들이 지속됐다고 설명했다. 물론 모든 사람들이 그런 관습을 모방한 건 아니지만 시대 변화를 연구한 그의 저서《몸가짐 배우기: 미국 에티켓 책에 대한 역사적

연구》에서 지적하듯이, 대부분의 사람들이 그 규칙들을 분명히 인식하고 있었다. 슐레진저는 금주법이 "금단의 열매 원리를 작동시켜 예상치 못한 방향으로 음주 습관을 확산"시키고, 자동차가 "보다 허물없이 남녀가 동행하도록 부추기고", 라디오가 "외딴 시골 마을 사람들에게 변화하는 도시의 생활과 사고방식"을 알려주었다고 주장했다. 이 모든 변화가 새로운 사회적 가치를 퍼트리는 데 일조한 것이다.[3]

영국에서도 제1차 세계대전 이전의 복잡한 에티켓 및 정찬 규칙이 시대에 뒤떨어지는 구식 관행이라고 생각하는 사람들이 늘어났다. 영국의 왕세자를 비롯해 많은 사람들이 여러 코스로 이루어진 딱딱하고 틀에 박힌 정찬은 지루할 뿐 아니라 시간 낭비라고 생각했다. 한 왕실 구성원이 집필한 자서전에서는, 한 왕자(훗날 에드워드 7세) 덕에 보다 간소한 정찬이 도입되었다며 그 공을 추켜세웠다. 더욱 빠르고 현대적인 식사법을 원한 건 에드워드 7세 혼자가 아니었다.[4]

많은 사람에게 더 이상 과거의 방식을 유지하기란 무리였다. 광대한 영지를 소유한 영국 귀족 중 일부는 전쟁통에 아들과 상속자를 잃었다. 게다가 집안을 관리할 하인들도 무리지어 사라졌다. 전쟁 때문이기도 했지만, 예전 같았으면 저택에서 일하고 싶어 했을 남녀들이 관공서나 공장에서 근무하기를 선호했기 때문이었다. 영지를 관리할 아들도, 집안 살림을 돌볼 하인도 없다 보니 많은 사람들이 보다 간소한 삶을 살 수밖에 없었다.

이 시대 귀족들의 삶을 보여주는 전형적인 사례가 레이디 애그니스 지킬이다. 스코틀랜드의 귀족이자 훌륭한 접대로 유명한 그녀는 제1차 세계대전에서 벌인 활약으로 대영제국이 수여하는 기사 작위를 받았다. 훗날 음식과 접대에 관한 일련의 칼럼을 작성했는데 이 글을 수집해서 1922년 책으로 펴낸 것이 바로 《주방 에세이》다. 그녀는 이 책에서 전쟁 시절을 유머와 상상력으로 반추하면서 과거보다 줄어든 하인과 재산을 관리하고 새로운 살림법을 받아들이는 과정을 털어놓았다. 여기엔 호사스런 접대를 줄이고 손님들에게 미국식 시리얼을 사용해서 디저트를 낸 일화도 있다.

: 살구 퓌레(튀긴 쌀을 곁들임) :

밤새 물에 담가놓은 가장 좋은 건살구 1파운드(약 460그램)를 뭉근히 끓인다. 부드럽게 익었으면, 껍질을 벗긴 살구 작은 통을 추가로 붓는다. 둘을 함께 끓이고 달콤하게 만든다. 철로 된 체에 걸러서 시럽을 제거하고 나머지를 얕은 유리그릇에 담는다. 어느 정도 휘핑한 크림 (6페니어치 정도)를 윗면 전체에 얇게 바른다. 다진 피스타치오를 몇 개 놓아 장식한다. 음식을 내면서 손가락을 씻을 유리그릇을 식탁에 함께 돌린다. 그리고 오븐에서 갓 바삭하게 구운 미국식 시리얼 '튀긴 쌀'을 손님들이 각자 집어서 뿌릴 수 있도록 한다. 이 디저트는 축일 오찬이나 일요일 저녁 식사용으로 적당하다. 분량은 5~6인분이다.[5]

일부는 여전히 전통적인 규칙에 따라 수프 뒤에는 반드시 생선 코스가 나와야 한다고 믿었지만, 1937년 미국에서 가장 권위 있는 에티켓 전문가, 다름 아닌 에밀리 포스트는 다음과 같이 기술했다.

모두가 적은 양의 고기로 버티고 터무니없이 적은 음식에 적응하게 된 것은 전쟁 때문일 수도 있다. 아니면 노인들조차 날씬한 몸매를 꿈꾸게 만든 허영심 때문인지도 모른다. 하지만 원인이 무엇이든 간에 사람들은 예전보다 식탁에 훨씬 적은 음식을 올리고 있다. 하인들이 인상적인 배열로 늘어서서 서빙하는 거대한 저택의 거부들조차 혼자, 또

아이스크림과 웨이퍼는 전통적인 조합이며 칵테일 잔에 담아내는 것은 보다 최근 트렌드다.

는 적절한 식욕을 가진 친한 친구들과 식사할 땐 세 개, 많아봐야 네 개의 코스를 즐긴다.[6]

포스트는 나아가 사람들이 더 이상 어떤 포크를 사용해야 할지 걱정할 필요가 없다는 점도 언급했다. "도구 선택은 중요하지 않다. 계층이 높은 사람들은 그런 사소한 일에 전혀 신경 쓰지 않는다."[7] 그녀의 책《사교, 직장, 정치, 가정에 필요한 에티켓》은 1922년 처음 출간되었는데, 나중에 《에티켓: 사교적 관례의 답안지》로 바뀌었다. 이 안내서는 그녀가 죽기까지 10번 개정되고 90번 인쇄되었다. 또한 그녀는 신문에 칼럼을 기고하고 자신의 이름으로 라디오 프로그램을 진행했다. 수천 명의 독자들과 청취자들이 그녀에게 본인이 겪고 있는 문제, 질문, 걱정거리들을 보냈고, 그녀는 열심히 경청하고 현명하게 대답해주었다. 그 결과, 그녀는 에티켓 분야의 훌륭한 지표가 되었다. 그녀는 사람들의 삶에 일어나는 변화를 인지하고, 책의 판본이 바뀔 때마다 변화하는 세태를 반영했다. 포스트는 언급하지 않았지만, 당시는 또한 전 세계적으로 대공황이 불어 닥친 시기였다. 그래서 많은 사람들이 원하든 원치 않든 음식을 비롯해 모든 지출을 줄여야만 했다.

포스트는 하인을 거느린 가정이 줄어들긴 했지만 그럼에도 여성들이 여전히 손님을 접대하길 원한다는 사실을 깨닫고 그들을 위한 맞춤 전략을 제공했다. 그녀는 그들에게 "1인 3역의 부인들"이라는 별명을 붙였다. 요리하고, 서빙하고, "겉보기엔 평온하고 한가로운 안주인 노롯"까지 세 가지 역할을 동시에 해야 했기 때문이다. 포스트는 뷔페를 권장하면서 심지어 예상치 못한 손님이 닥쳤을 때를 대비해 종이로 된 접시, 컵, 냅킨을 보관해놓으라고 제안하기도 했다.[8] 하지만 포크나 형식주의에 대한 포스트의 관대한 태도에도 선은 있었다. 콜 포터와 달리 그녀는 "아무거나 상관없다"라는 말을 믿지 않았다. 디저트에 어울리는 접시라든가, 프랑스 셰프들에 대해선 분명한 태도를 보였다. 그녀는 다음과 같이 말했다.

> 트집 잡기 좋아하는 사람들은 이렇게 말한다. "디저트란 얼음과자와 그 뒤에 나오는 과일과 사탕을 의미한다." 사실 '얼음과자' 역시 잘못된 단어다. 왜냐면 요즘 '디저트'는 틀에 담아내는 아이스크림이지 얼음과자(수많은 작은 얼음들)가 아니기 때문이다. 그리고 아이스크림과 케이크가 엄연히 포함되어 있는데도 정찬의 마지막에 나오는 '달콤한 음식'을 '디저트'라 부르기를 거부하는 것은 적어도 훌륭한 관례나 훌륭한 사교계의 해석이 아니다. '디저트'라는 용어가 기원한 프랑스에서는 '얼음과자'를 디저트와 분리한다. 프랑스 셰프들이 식사의 각 항목을 별개의 코스로 지정하길 좋아하기 때문이다. 하지만 우리나라에서는 셰프와 요리책들의 조언에도 불구하고, 디저트는 식사 뒤에 나오는 모든 달콤한 것들을 통칭하고 있다. 그리고 훌륭한 미국식 디저트는 아이스크림, 또는 파이다. 하지만 파이는 '손님용' 디저트가 아니다. 반면 아이스크림은 당연히 격식 있는 정찬을 마무리하는 디저트다.[9]

1922년 판본에서 이 문단은 다음과 같이 끝난다. "티스푼보다 두 배 큰 스푼을 디저트 스푼이라고 부른다는 사실은 '디저트'가 '손가락'으로 집어먹는 간식이 아니라 '스푼'으로 먹는 음식이라는 증거에서 비롯한다."[10] 그렇지만 1937년 판본에서는 스푼에 대한 이야기를 삭제했다.

냉장고의 출현

포스트가 아이스크림의 필연성에 대해서 글을 쓰던 당시, 냉장고를 살 형편이 되는 사람은 거의 없었다. 1920년대 미국에서 포드 모델T의 가격은 300달러, 한 가정의 연간 수입 평균은 2천 달러, 냉장고는약 900달러였다. 냉장고를 좀 더 합리적인 가격에 대량 생산하기 시작한 것은 제2차 세계대전이 끝난 다음부터였다. 1960년대까지 대부분의 영국 가정에는 냉장고가 없었다. 그들은 아이스박스(황당하지만 가끔냉장고라고 불렸다)나 시원한 창고에 음식을 보관했다. 날씨가 굉장히 추워지면 도시 사람들은 비상 출구에 아이스크림과 같은 차가운 음식을내놓았고, 교외 거주자들은 뒷베란다에 두거나 뒷마당에 쌓인 눈에 파묻었다.《요리의 즐거움》의 1975년 판본에서 저자 어마 S. 롬바우어는어린 시절 겨울에 가족들이 틀에 넣고 얼린 아이스크림을 눈 아래 보관하던 일을 회상했다. "우리 같은 꼬맹이들은 아이스크림이 뒷마당눈 속에서 꽁꽁 얼어 있기를 언제나 바랐다. 눈에 파묻힌 아이스크림찾기는 정말 즐거운 놀이였다!"[11]

냉장고 제조업체들은 주부들에게 새 주방기기가 비싼 값어치를한다는 확신을 주어야 함을 깨달았다. 1927년에 제너럴 일렉트릭사가출간한 한 요리책자에는 '왜 냉장고인가?'라는 장이 실렸다. 여기서저자는 아이스크림과 여러 음식을 차갑게 보관할 수 있을 뿐 아니라환자용 아이스백을 얼릴 수도 있다면서 냉장고를 권유했다. 사실 초

1870년대에 제작된 아이스박스 광고. 이름이 '냉장고'다.

기 냉장고의 냉동칸은 납작한 얼음틀 크기 정도밖에 되지 않았다. 이 책자의 저자는 파머 요리학교의 교장이자 월간지《우먼스 홈 컴패니언》의 요리 에디터인 앨리스 브래들리였는데, 그녀는 냉장고의 실용성에 대해 다음과 같이 솔직하게 털어놓았다.

> 이 책을 만들고 있는 지금, 전기냉장고는 아직 새로운 발명품이며 그유용성이 완전하게 밝혀지지 않았다. 그렇지만 얼음으로 냉장하는 아이스박스에 비하면 엄청나게 발전한 물건임은 이미 판명이 났다. 이제 전기냉장고 사용자들이 새로운 사용법을 찾아야 할 일만 남았다.[12]

가격이 내려가고 더 많은 사람들이 냉장고를 구입할 수 있게 되면서, 요리책과 제조업체가 발행한 소책자들이 그 새로운 방식을 찾도록 도와주었다. 많은 레시피들이 냉장고 쿠키, 냉장고 반죽, 냉장고 롤, 냉장고 케이크 등을 소개했다. 운 좋게 냉장고를 구입한 사람들은 냉장고를 자랑하기 위해 음식을 만들었다. 안주인들은 자신도 모르게 17세기 식탁의 인상적인 얼음 피라미드를 흉내 내면서 네모난 얼음 조각 안에 과일과 꽃을 얼렸다. 이렇게 냉동 샐러드, 냉동 치즈, (이보다 반가운) 냉동 무스와 파르페의 시대가 열렸다. 영국 작가 엘리자베스 데이비드는 다음과 같이 말했다.

> 당시 영국에서 냉장고를 소유한다는 것은 꽤 전위적인 일이었다. (…) 1930년대는 똑똑한 안주인들이 독창적인 아이디어로 수많은 얼린 음식을 접대하던 시절이었다.[13]

전쟁 시기의 디저트

전시에 어떤 디저트를 즐겼는지 논하는 것은 사소한 일처럼 보일 것이다. 특히 제2차 세계대전이나 전후 시기는 더욱 그렇다. 하지만 약간의 달콤함은, 그게 실제든 회상이든, 그런 엄혹한 시절에도 환영받았다. 작가이자 미술 수집가인 거트루드 스타인과 그녀의 동성 연인 앨리스 B. 토클라스는 전쟁 기간 내내 프랑스에서 살았는데, 이후 토클라스는 당시 자신들이 먹었던 음식과 그리워한 음식을 다룬 요리책 겸 회고록을 저술했다. 독일이 프랑스를 점령하자 그들은 파리에서 프랑스 북동쪽에 위치한 블리니로 거처를 옮겼다. 토클라스의 말에 따르면 그들은 그곳에서 "과거에 살았다". 천만다행히도 그들에겐 채소

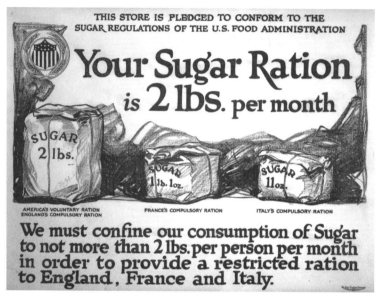

제1차 세계대전 시기에 미국인들은 설탕 배급량이 훨씬 적은 영국, 프랑스, 이탈리아를 돕기 위해 설탕 사용을 자발적으로 줄이라는 요구를 받았다.

밭과 창고에 저장해둔 와인이 있었다. 하지만 버터, 우유, 계란은 부족했다. 토클라스는 디저트로 라즈베리 젤리를 이용한 유사 플러머리를 만든 뒤 이렇게 기록했다. "플러머리가 크림을 간절히 원했다. 우리도 그랬다."[14]

가장 좋아하는 디저트를 만들 날을 고대하는 건 힘든 나날을 버티는 데 도움이 되었다. 토클라스는 1940년에 구한 건포도, 설탕에 절인 시트론, 파인애플, 체리, 오렌지, 레몬 껍질을 유리 단지 두 개에 가득 채우고 보물처럼 여겼다. 그녀는 언젠가 '해방 과일 케이크'를 만들 날만을 기다리며 단지를 보관했다. "갈수록 우울해지던 1943년 겨울부터 이듬해 초봄까지, 이 단지는 나에게 굉장히 큰 힘이 되었다."[15] 독일 병사들이 블리니에 있는 그들의 집에 임시 숙소를 차렸을 때는 리넨 찬

7년 동안의 배급제가 끝난 뒤에야, 마침내 이 런던의 아이들은 단것을 조금이라도 즐길 수 있게 되었다.

장 안에 단지를 숨겼다. 그리고 병사들이 떠나고 프랑스가 해방되자마자, 토클라스는 소망대로 케이크를 만들었다.

1954년에 집필한《앨리스 B. 토클라스의 요리책》에서 토클라스는 "아직까지도 프랑스 음식은 옛 기준을 회복하지 못했다"고 말한다.[16] 같은 해 영국에서 배급제가 끝났으나 그 이후로도 몇 년 동안 특정 음식은 구경하기 힘들었다. 유럽과 영국과는 달리 미국에는 배급제도 식량 부족 현상도 거의 없었다. 유독 설탕에 한해서는 배급제를 실시하긴 했지만, 옥수수 시럽, 꿀, 당밀, 메이플 시럽, 젤리 같은 대체품들은 공급에 제한이 없었다. 기업들과 요리 애호가들은 단맛을 내기 위해 마시멜로를 사용했다. 그들은 마시멜로를 녹여서 연유와 섞은 뒤 다양한 냉동 디저트를 만들었다. 이를 marlobet, mallobet 또는 marlow라고 불렀는데, 샐러드부터 푸딩까지 모든 음식에 마시멜로가 들어갔다.

대공황과 전쟁은 미국인들의 베이킹 방식에도 일부 영향을 미쳤는데, 이 변화는 시절이 좋아진 후에도 지속되었다. 아래에서 소개할 과일 케이크 레시피는 수년 동안 애용하고, 손질하고, 공유한 것이다. 매사추세츠주 렉싱턴에 거주하는 작가이자 교육자인 도리스 럭 풀런은 궁핍하던 대공황기와 전시 배급제가 끝난 이후에도 가족과 친구들을 위해 이 케이크를 만들었다. 이 레시피는 그녀가 친구들에게 준 것으로, 케이크의 기원과 보존 방법을 설명하는 노트를 덧붙여 완성했다.

: 도리스의 과일 케이크 :

이것은 제1차 세계대전 시절, 계란도 없고 버터도 없고 우유도 없이 만들었던 케이크를 축일용 과일 케이크로 변형시킨 것이다. 원래는 (설탕에 절인 과일을 넣지 않은) 단순한 향신료 케이크였다. 그러므로 전통적인 과일 케이크와는 다르다. '술'은 브랜디나 럼주를 사용하고, 케이

제2차 세계대전 기간 동안, 배급제가 실시된 설탕을 대신해 가볍고 폭신한 마시멜로가 수많은 미국 디저트들의 단맛을 책임졌다.

크를 완전히 식힌 뒤 윗면에 원하는 양만큼 바른다. 케이크를 새해까지 잘 보존하기 위한 전통 비법이다.

15분 동안 뭉근히 끓여라: 건포도 1파운드(약 460그램)

물 2컵

추가할 것: 베이킹소다 1테이블스푼

차가운 물 1컵

마가린 1/4파운드(한 덩어리 약 113그램)

설탕 2컵

정향, 시나몬, 넛맥, 소금 각각 1티스푼

저을 것: 밀가루 4컵, 과일 1단지(약 1파운드), 넛맥(선택사항)

175도에서 45~60분 동안 굽는다. 팬과 오븐의 크기에 따라 조절한다. 작은 빵틀 크기의 케이크 5개를 만들 수 있다.

케이크가 식으면 붓으로 원하는 만큼 술을 바른다.

수많은 요리 서적과 음식에 대한 예리한 시선으로 유명한 미국 작가 M.F.K. 피셔는 1942년 처음 출간한《늑대를 요리하는 법》에서 "놀랍도록 훌륭한" 전쟁 케이크 레시피를 소개했다. 이 케이크에는 쇼트닝 반 컵이 들어갔는데, 피셔는 케이크에 들어가는 향신료가 그 맛을 가려버리므로 베이컨 기름을 써도 무방하다고 적고 있다. 그녀는 시나몬과 "정향, 말린 육두구 껍질, 생강 등"을 다진 건포도 및 기타 건과일과 함께 넣으라고 제안한다. 또한 중세 시대에 먹었음직한 디저트도 추천했는데, 그 레시피는 다음과 같다.

호두 몇 개를 껍질째 굽는다. 아직 뜨거울 때, 가능하면 신선하고 차가운 사과와 포트와인을 곁들여 먹는다. 훌륭한 대화를 나누는 데 세상에서 가장 도움이 되는 디저트 중의 하나다.[17]

전쟁을 치르는 동안 아이스크림은 영국과 이탈리아에서 금지 음식이었다. 하지만 미국에서는 필수 식품으로 선포했는데, 아이스크림 제조업체들이 로비를 한 덕분이었다. 그 결과 아이스크림은 미국 국내에선 애국심을 상징하고 해외에선 파병 군인의 사기를 진작시키는 음식이 되었다. 그렇지만 미국의 아이스크림 회사들도 전시 상황에 포기할 건 포기해야 했다. 재료가 부족해서 맛의 가짓수를 줄이고, 포장비와 인건비 지출을 삭감하고, 유지방 함량을 14퍼센트에서 10퍼센트로 줄이고, 배급품인 설탕 대신 옥수수 시럽을 사용했다. 그 결과 아이스크림의 풍미가 떨어졌지만 미국의 아이스크림 소비는 전시에 더욱 증가했다. 1940년에 1인당 9.5리터가 넘던 아이스크림 소비량은 1945년에는 거의 16리터에 육박했고, 그 이듬해에는 18.9리터를 살짝 넘겼다.[18] 재료를 절감하는 현실타협적인 생산 방식은 전후에도 일부 계속되었는데, 재료 부족이나 배급제 탓이 아니라 유지방을 적게 쓰고 공기를 더 많이 주입하면 이윤이 훨씬 많이 남기 때문이었다. 1960년대에 들어서야 유지방 함량이 높은 아이스크림(슈퍼프리미엄이라고 불렸으나, 사실 전쟁 전에 먹던 종류에 제품 이름만 바꾼 것이었다)이 시장에 다시 도입되었고 큰 성공을 거두었다.

젤리의 부상

오늘날 형형색색의 말랑말랑한 젤리는 아이들이 좋아하는 간식이다. 또한 과일과 크림과 합쳐져 풍성한 디저트를 만들기도 하고, 바바루아, 무스, 차가운 수플레와 같은 우아한 음식 곁에서 힘을 실어주기도 한다. 화가들은 젤라틴으로 조각을 하고, 교사들은 젤리를 그림물감으로 변신시키고, 어떤 이들은 그 속에 몸을 담고 몸싸움을 벌인다. 하지만 이런 저렴하고 사용하기 쉬운 판젤라틴과 가루젤라틴이 영국과 미국에 소개된 것은 19세기부터였다. 처음 시중에 나왔을 때는 신뢰를 얻지 못해 외면당했으나, 설탕과 과일향을 첨가해 제품을 개선하면서 비로소 가루젤라틴이 소비자의 선택을 받기 시작했다. 1902년 젤로Jell-O 브랜드의 광고에는 "미국에서 가장 유명한 디저트"라는 문구가 실렸다.

제2차 세계대전 동안, 젤라틴 디저트는 특히 미국에서 각광받았다.

20세기에 접어들 무렵, 젤리는 화려함이 줄어든 대신 만들기 쉽고 값도 저렴해졌다.

설탕과 달리 젤라틴 소비에는 제한이 없었기 때문이다. 제너럴 푸드사는 《괜찮은 전시 음식: 배급제를 고려한 66가지 레시피》라는 소책자를 통해 '젤로'로 만든 달콤한 또는 짭짤한 음식 레시피를 소개했고, 인기 브랜드인 '젤로'의 전시 판매를 촉진했다. 하지만 설탕 배급제로 인해 결국 제품 생산을 축소해야했고, 미국의 식료품점 선반에서 젤로 상표는 점점 사라져갔다. 위기를 기회로 전환시키기 위해 회사는 유머러스한 젤로 광고를 제작했다. 그중 일부는 《뉴요커》지의 만화가 헬렌 호킨슨이 만든 것으로, '젤로'가 부족한 상황을 현명하게 대처하는 여성의 모습을 묘사하고 있다.[19]

쉽고 빠른 인스턴트 제품의 등장

전쟁이 끝난 뒤, 유럽 대륙이 식량 부족 문제를 해결하려고 골몰하는 동안 미국 식품 산업은 여성들에게 믹스제품으로 케이크와 디저트를 만들라고 부추겼다. 광고에 따르면 믹스제품은 빠르고 쉽고 시간도 절약해줘서 바쁜 주부들의 고민을 해결해주는 물건이었다. 당시 여성들이 바빴던 건 사실이다. 많은 여성들이 밖으로 나가 직업을 얻었고, 직업이 없는 여성들도 포스트가 수년 전 지적했던 것처럼 여전히 "1인 3역 부인"의 책임을 감당해야 했다. 무엇보다도 믹스제품은 밀가루를 생산하던 제너럴 밀, 제너럴 푸드, 필스버리와 같은 회사들에게 구원의 동앗줄이었다. 직접 빵을 굽는 여성들이 줄어들자 기업들은 밀가루 판매 감소를 보완하기 위한 조치를 취해야 했고, 케이크, 머핀과 같은 믹스제품들을 홍보해서 해결책을 마련했다.

그렇지만 일부 여성들은 믹스제품이라는 지름길을 택한 것에 죄책감을 느꼈다. 이 사실을 깨달은 기업들은 믹스제품을 좀 더 창의적으로 사용하는 방법을 홍보했다. 젤라틴 회사들이 그랬던 것처럼, 그들은 팸플릿, 요리책, 잡지, 신문뿐 아니라 포장지에도 레시피를 실었다. 어떤 제품은 여성들이 직접 베이킹을 하는 듯한 기분이 들도록 계란을 추가하라고 지시했다. 하지만 《오븐에서 탄생한 것들: 1950년대 미국의 정찬의 재발명》(2004)이라는 당시 시대를 포괄적으로 연구한 책에서 저자 로라 셔피로가 지적하듯이, 건조 계란이 들어 있는 믹스제품도 그에 못지않게 인기가 좋았다. 셔피로는 "창의성이라는 마법의 가루가 상자를 여는 행위를 실제 요리 행위로 변형시켜주었다"라고 설명한다.[20] 회사들이 제공한 레시피들은 밋밋한 케이크를 식탁에 자랑스럽게 올릴 만한 근사한 디저트로 탈바꿈시키는 마법을 부리겠다고

약속했다. 믹스제품으로 만든 단순한 노란 케
이크만 덜렁 내놓기 불편하면, 가게에서 산
아이스크림을 올리거나 홈메이드 머랭으로
덮은 뒤 오븐에서 노릇노릇하게 구우면 되
었다. 과정은 쉬웠지만 설명대로만 따라하
면 멋들어진 베이크드 알래스카가 탄생했다.

　　모든 사람이 믹스제품을 사용하고 싶어 한 것
은 아니었다. 적어도 항상 원했던 건 아니다.《보스턴
글로브》의 '은밀한 수다Confidential Chat'와 같은 코너에 레시
피나 건의사항을 보낸 여성들은 하나부터 열까지 직접 디저트를 만
든다는 사실에 자부심을 느꼈다.《글로브》지는 1884년에 '주부의 칼
럼'이라는 코너를 신설했다가 1922년에 '은밀한 수다'로 제목을 바
꿨다. 크라우드 소싱의 초기 형태인 이 코너는 2006년 1월에 폐지될
때까지 남녀를 불문하고 많은 사람들이(하지만 여성이 훨씬 많았다) 고민거
리를 공유하고, 인간관계에 대해 조언하고, 무엇보다 레시피를 공개
하는 장이었다. 그들은 남편이 제일 좋아하는 브라우니, 아이들을 위
한 특별한 생일 케이크, 어머니가 물려주신 비법 파이 레시피를 소개
했다. 서로 레시피를 부탁하고 답하면서, 치즈가 들어가지 않는 치즈
케이크부터 '그램 린치의 검드롭 케이크Gram Lynch's Gum Drop Cake'까지
모든 레시피를 공유했다.[21] 이 여성들도 이따금 믹스제품을 사용하긴
했지만, 그보단 처음부터 직접 디저트를 만드는 것을 선호했다.

　　1960년에 출간된《집과 정원 꾸미기: 디저트 요리책》에는 모든 경
우에 어울리는 베이킹 레시피를 담고 있다. 사과 덤플링, 레몬 머랭 파
이 같은 가정식 디저트부터, 퍼프 페이스트리, 슈 페이스트리, "프랑스
페이스트리 셰프의 기술 끝판왕!"인 클래식 나폴레옹처럼 아주 섬세

인스턴트 푸딩 믹스제품을 이용하면 누구나 멋진 레몬 파이를 만들 수 있다.

한 제과도 포함했다.[22] 또한 "한결 수월하게 요리하도록" 포장 음식으로 만드는 "1-2-3 디저트" 모음을 선보였다. "먹음직스러운 커피-토피 토르테"의 경우, 엔젤 푸드 케이크 믹스, 초콜릿 푸딩 믹스, 인스턴트 커피, 영국식 토피바, 휘핑크림이면 완성이었다.[23] "순식간에" 디저트를 만들려면 인스턴트 푸딩에 우유 대신 파인애플 주스나 살구 주스를 넣고, 휘핑크림을 첨가해 맛을 한층 강화시키면 되었다.[24] 가게에서 산 아이스크림은 얼린 과일, 마시멜로, 초콜릿 칩이나 콘플레이크로 장식했다.

수년 동안 케이크 믹스와 인스턴트 제품들은 거의 변하지 않았다. 아주 오래 전부터 우리 곁에 자리 잡아온 음식들처럼 그 자리를 지켰다. 그러던 21세기 초반, 새로운 믹스제품들이 등장하기 시작했다.

말차와 케이크 믹스제품으로 만든 케이크들.

글루텐 프리 제품, 옥수수 시럽이나 대두 또는 유제품을 사용하지 않은 제품은 물론 비유전자변형NON-GMO 제품도 등장했다. 설명하자면 이런 상품은 쉽고 빠르게 요리하고 싶으나 인공 향료나 발음하기도 힘든 화학물질이 든 제품은 원치 않는 젊은 요리사들을 겨냥한 것이다. 새로 등장한 제품들은 사용자가 과정에 참여하고 싶어 한다는 오래된 이론을 바탕으로 재료를 추가하도록 지시하면서 동시에 창의성이라는 마법도 부린다. 이매큘레이트 베이킹사는 계란, 우유, 버터를 추가해야하는 믹스제품에 '스크래치 베이킹 믹스'('기본부터 직접 만든다'는 의미로 붙인 이름이다 — 옮긴이)라는 용어를 사용한다. 이 회사는 웹사이트를 통해 케이크 믹스제품을 '손쉬운 초콜릿 가나슈 주키니 케이크Easy Chocolate Ganache Zucchini Cake'와 '스모어 퍼지 브라우니S'mores Fudgy Brownies'와 같은 디저트로 탈바꿈시키는 방법을 소개하고 있다.[25]

2014년에 설립한 미스 존스 베이킹사는 유기농 인증을 받은 케이크 믹스와 인스턴트 프로스팅을 생산한다. 이 회사는 웹사이트에 로제 올데이 케이크Rosé All Day Cake, 캔디드 니그로니 케이클릿Candied Negroni Cakelets, 말차 케이크Matcha Tea Cakes와 같은 레시피를 올리고 고객들이 소셜미디어에서 자신들의 아이디어를 공유하도록 유도하고 있다.[26]

1960년에 줄리아 차일드는 책, 신문 칼럼, 텔레비전 프로그램을 통해서 미국인들에게 프랑스 음식을 요리하는 것이 얼마나 즐거운 일인지를 보여주었다. 첫 번째 책《프랑스 요리 예술 마스터하기》(1961)의 서문에서 그녀는 다음과 같이 말했다.

> 이 책은 예산도, 허리 두께도, 시간표도, 아이들 식사도, 운전기사 노릇에 지친 엄마 증후군도, 그 밖에 근사한 음식을 만드는 즐거움을 방해할 어떤 것도 신경 쓸 필요 없는, 하인이 없는 미국인 요리사를 위한 책이다.[27]

《집과 정원 꾸미기: 디저트 요리책》이 나온 지 겨우 한 해 뒤에 출간 되었는데도 차일드는 자신의 책에서 믹스제품을 사용하지 않고 요리 하는 데는 시간이 필요하다는 사실을 받아들였다. 그리고 독자들에게 빠르고 쉬운 레시피 대신에 환상적인 맛을 제공할 것을 약속했다. 디 저트는 차일드의 전공 분야가 아니지만, 이 책은 초콜릿 무스, 크레이 프 수제트crêpes Suzette, 시바의 여왕reine de saba(아몬드 초콜릿 케이크)과 같은 기본적인 프랑스 클래식 디저트들을 소개하고 있다. 후속 요리책에서는 프랑스식 크리스마스 플럼 푸딩을 비롯해 더 많은 디저트 레시피를 실었다.

사람들은 그녀의 레시피를 따라했는지 여부와 상관없이 차일드의 따뜻한 인간성에 반응했다. 그녀는 요리사 지망생부터, 믹스제품에 의존하던 주부들, 요리가 여성의 전유물이냐며 못마땅해하던 페미니스트까지 수많은 사람들의 요리와 식사에 대한 인식을 바꾸어놓았다. 차일드는 미국인들이 요리를 즐기고 정찬의 즐거움을 발견하기를 원했다. 자신이 그랬던 것처럼 말이다. 《프랑스 요리 예술 마스터하기》의 서문은 이렇게 끝난다. "무엇보다, 즐거운 시간 보내세요."[28]

한편에서 차일드가 미국인들에게 전통 프랑스 요리 기술을 가르치고 있을 때, 프랑스의 셰프들은 전통을 뒤집어엎고 누벨퀴진nouvelle cuisine(현대식 요리)의 복음을 전파하고 있었다. 어찌 보면 피할 수 없는 당연한 흐름이었다. 1960년대와 70년대는 문화적 대격변의 시기였다. 대학생들은 거리로 뛰쳐나갔고, 반전과 인권을 부르짖는 운동이 격렬하게 일어났다. 스커트는 어느 때보다 짧아졌고, 장발이 유행했다. 젊은 프랑스 셰프들도 반란을 일으켰다. 폴 보퀴즈, 트루아그로 형제, 알랭 샤펠, 로제 베르제 같은 셰프들이 음식을 가볍고 단순하게 변형시키며 다른 요리사들에게 영감을 불러일으켰다. 미식 평론가인 앙리고, 크리스티앙 미요는 이런 움직임에 '누벨퀴진'이라는 신조어를 붙이면서, 그들의 식탁 철학을 옹호했다. 이 새로운 경향의 특징을 꼽자면 신선한 제철 식재료, 짧아진 메뉴, 프랑스 요리의 중추였던 밀가루를 베이스로 한 소스 사용 자제, 새로운 기술과 장비에 대한 포용이었다. 그중에서도 가장 중요한 건 일본의 회화에서 영향을 받아 각 접시 위에 음식을 예술적으로 배치하는 플레이팅법이었다. 커다란 접시에 음식을 새모이 만큼 올린다고 누벨퀴진을 더러 풍자하기도 했지만,

위아래가 바뀐 사과 타르트, 타르트 타탱. 19세기에 오를레앙의 여인숙에서 이 타르트를 대중화시킨 두 자매의 이름에서 유래했다. 프랑스인들이 가장 좋아하는 디저트 중 하나다.

이는 러시아식 접대법이 도입된 19세기 이후 상차림에 처음으로 생긴 중요한 변화였다. 결국 누벨퀴진은 프랑스 국경을 넘어 다른 여러 나라들의 요리 습관까지 바꿔놓았다.

젊은 셰프들이 이룬 업적 중 또 하나는 음식 언어를 해학적으로 비틀었다는 점이다. 그 덕에 메뉴판을 능숙하게 읽을 줄 아는 전통적인 미식가들도 음식의 이름에 지금까지 몰랐던 또 다른 의미가 있다는 점을 깨닫게 되었다. 커넬Quenelle(고기완자)이라고 해도 꼭 다진 생선이나 고기가 들어가는 우아한 덤플링이 아니라, 그와 비슷하게 생긴 아이스크림 덩어리를 가리킬 수도 있었다. 마멀레이드에 오렌지뿐 아니라 양파를 사용하기도 했다. 밀푀유는 우리에게 친숙한, 페이스트리 크림이

윌리엄 컬리가 현대적으로 재해석한 몽블랑. 몽블랑은 알프스 최고봉의 이름을 딴 디저트로 밤과 휘핑크림으로 만든다.

층층이 발려 있고 얇게 벗겨지는 퍼프 페이스트리일 수도 있지만, 얇은 감자 슬라이스를 층층이 쌓아 만든 음식일 수도 있었다. 이러다 보니 이름을 안다고 자신만만해하던 사람들도 더 이상 프랑스어 메뉴를 읽지 못하는 초심자들을 내려다보며 우쭐해하는 일이 불가능해졌다. 새로운 어휘의 등장은 모두가 배우고 질문하고, 시중을 드는 사람과

격의 없이, 보다 민주적으로 대화를 나누어야 함을 의미했다.

디저트는 과거처럼 정교하게 장식한 케이크와 페이스트리의 틀에서 벗어났다. 호사스러움은 줄었지만 더욱 신선해졌으며, 제철 과일을 사용하는 것에 더욱 집중했다. 디저트를 접시에 담은 뒤 가끔 설탕이나 초콜릿으로 예쁘게 장식하긴 했지만 소이어가 만든 수퇘지처럼 눈이 돌아갈 만큼 거대한 장식품은 찾아볼 수 없었다. 누벨 디저트들(신선한 복숭아 수플레, 우아한 라즈베리 쿨리스 웅덩이에 놓인, 신선한 라즈베리를 흩뿌린 바닐라 아이스크림 커넬, 캐러멜화된 배 슬라이스를 맨 위에 얹은 원반 모양의 섬세한 퍼프 페이스트리)은 가볍고 매력적이었다. 저술가 요세프 베흐스베르크는 《뉴요커》지에서 미셸 게라르를 소개하면서 파리에 위치한 게라르의 레스토랑 르 포토풔Le Pot au Feu에서 먹었던 디저트를 다음과 같이 묘사했다.

> 나는 보통 디저트를 건너뛴다. 하지만 (⋯) 잠시 나약해진 순간 '씁쓸한 초콜릿 얼음과 브리오슈 로티(brioche rôtie)'를 주문했다. 이 디저트는 씁쓸한 초콜릿을 얼린 뒤 곱게 갈아 만든 셔벗에 뜨겁고 달콤한 브리오슈를 곁들이는 음식이다. (⋯) 게라르가 물었다. "충분히 가벼웠나요?"[29]

새로운 스타일은 유럽전역을 비롯해 영국, 미국, 그 밖의 나라들로 퍼져나갔다. 1982년에 파리의 명망 높은 라 바렌 요리학교의 책임자였던 요리책 저자 앤 윌런은 다음과 같이 언급했다. "미국에는 주요도시마다 누벨퀴진 레스토랑이 하나 이상 있다. 그리고 프랑스에서는 미슐랭이나 고미요Gault-Millau에 이름을 올리고 싶어 하는 모든 레스토랑들이 새로운 스타일을 주력으로 내세우고 있다."[30] 미국 작가 레이먼드 소콜로프는 1983년에 잡지 《내추럴 히스토리》에서 다음과 같이 말했다. "이러한 새로운 요리방식의 성공은 현대의 실체를 잘 보여준다.

누벨퀴진은 프랑스에서 성공을 거둔 뒤 유럽 전역과 미국까지 퍼져나 갔다가 일본으로 되돌아왔다."[31]

누벨퀴진의 영향은 '뉴 아메리칸 퀴진'이라는 경향에서도 찾아볼 수 있다. 그 전형적인 예가 앨리스 워터스다. 캘리포니아에 위치한 자신의 레스토랑 셰파니스Chez Panisse에서 그녀는 가장 신선한 재료로 요리하고 지역 농부들이 일군 농작물로 식사와 디저트 음식을 실험하는 데서 기쁨을 느낀다. 영국에서는 마르코 피에르 화이트, 고든 램지, 퍼거스 헨더슨과 같은 새로운 셰프들이 누벨 기술과 아이디어를 이용해서 영국 정찬 문화를 변화시켰다. 모든 사람들이 '누벨퀴진'이라는 단어를 사용하지는 않았지만, 거의 모든 사람들이 이 방식의 핵심 요소들을 받아들이거나 변형해서 수용했다. 고리타분함과 화려함을 누르고 맛과 신선함이 거둔 승리였다.

화학 실험실이 된 주방

적어도 두 세기 동안 고급 요리의 세계는 프랑스를 중심으로 돌아갔다. 프랑스 요리사들이 스타일과 기준을 확립하면 나머지는 그대로 따르기 바빴다. 역사적으로 러시아든, 영국이든, 이탈리아든, 돈이 있는 사람들은 모두 프랑스 셰프를 고용해서 프랑스 음식을 먹었고, 전 세계의 레스토랑에선 프랑스어로 적힌 메뉴판을 선보였다. 누벨퀴진과 같은 새로운 경향 역시 프랑스에서 탄생했다.

그러다 20세기가 끝날 무렵 요리계의 축이 이동했다. 새로운 중심은 스페인의 한적한 시골 마을에 위치한 엘 불리El Bulli라는 레스토랑이었다. 셰프인 페란 아드리아와 페이스트리 셰프인 알베르트 아드

슈트루델은 '소용돌이'란 뜻이다. 전통적인 사과 슈트루델은 페이스트리, 사과, 시나몬, 건포도, 향신료가 마구 섞여 있다.

리아 형제는 놀랍도록 새로운 요리 세계를 개척하고 세상에 알렸다. 2003년《뉴욕타임스 매거진》은 커버스토리에서 이 사실을 공식적으로 못박았다. 제목은 다음과 같았다. "새로운 누벨퀴진: 어떻게 스페인이 새로운 프랑스가 되었나." 셰프이자 작가인 앤서니 보데인은 이 형제들이 쓴 책《엘 불리에서의 하루》를 읽고서 이렇게 말했다. "전 세계의 페이스트리 셰프들이 이 책을 읽는다면, 두려움에 입이 쩍 벌어지면서, 경외심과 궁금증이 솟구칠 것이다. 그들이 가엽다는 생각이 든다. (…) 어쩌면 이렇게 자문할지도 모른다. '이젠 어떻게 해야 하지?'"[32]

'모더니스트 퀴진' '분자 요리' '구성주의' '아방가르드 퀴진' 등 다양한 이름으로 불리는 이 새로운 방식은 요리에 화학과 물리학을 접목시킨다. 과학 실험실에서 장비를 빌리고, 식품 개발실이나 약국에서

바르셀로나의 유명 아이스크림 가게 아모리노에서는 아이스크림을 원뿔 모양으로 빙 둘러서 예쁜 꽃잎 모양으로 만든다.

재료를 공수한다. 셰프들은 거품기, 그릇, 시트팬에 원심분리기, 탈수기, 주사기를 사용한다. 계란, 밀가루, 설탕, 바닐라와 더불어 알긴산나트륨, 크산탄 검, 덱스트로오스 가루, 타피오카 말토덱스트린을 재료로 쓴다. 크리밍과 베이킹은 기본이고, 건조 기술과 구체화 기술까지 접목시킨다. 그 결과 눈이 휘둥그레지고 미각이 깨어나는 놀라운 음식이 탄생한다.

엘 불리는 미슐랭 가이드에서 별 세 개를 획득한 뒤 언젠가 다시 열겠다는 약속을 남긴 채 2011년 문을 닫았다. 하지만 그들의 영향력은 거기서 그치지 않고 계속 퍼져나갔다. 그 영향을 받은 레스토랑이 영국의 헤스턴 블루멘솔이 운영하는 팻덕The Fat Duck, 뉴욕의 와일리 듀프레인이 운영하는 WD-50, 시카고의 그랜트 애커츠가 운영하는 알리니아Alinea, 파리의 피에르 가니에르가 운영하는 동명의 레스토랑, 코펜하겐의 레네 레제피가 운영하는 노마Noma다. 이 복잡한 신기술은 특정 나라나 요리에 머물지 않고 전 세계를 휩쓸었다. 책, 세미나, 대학 커리큘럼, 특히 웹사이트와 블로그, 이 모든 곳에서 새로운 요리법을 널리 퍼트렸다.

모더니스트 디저트는 진정 기발하고 색다른 트롱프 뢰유trompe l'oeil 의 놀라운 개가다. 산호 줄기부터 이끼 낀 정원, 기타 앰프까지 어떤 사물이든 진짜와 똑같이 구현한다. 셰프들은 이런 실물 같은 설탕이나 초콜릿 조각을 만들기 위해 3D 프린터를 이용한다. 또한 과일로 폭신한 거품을 만들고 코코아와 우유로 단단한 거품을 만들어서, 초콜릿이 뒤덮인 체리를 체리가 뒤덮인 초콜릿으로 변신시키기도 한다. 의외겠지만 새로운 아이스크림 맛을 개발하는 것도 셰프들이 좋아하는 놀이 중 하나다. 사실 크게 새로운 작업은 아니다. 18세기에 빈첸초 코라도도 이미 재능 있는 제과사라면 어떤 채소든 셔벗으로 만들 수 있다고 말한 바 있다. 그러니 요즘 셰프들이 비트, 통카콩 또는 시소잎으로 아이스크림을 만드는 것은 그다지 실험적인 시도는 아니다. 물론 담배맛 아이스크림은 실험적이다 못해 괴상하다.

액체질소로 얼음을 얼리는 것도 새로운 기술은 아니지만 예전에 비하면 훨씬 보편화되었다. 1901년, 애그니스 마셜 부인이 이미 이 기술의 가능성을 언급한 바 있다. 묘사 과정에 오류가 있어 실제 요리에 적용하기 힘들다는 점을 감안하면 그녀가 직접 시도해봤는지는 의문

액체질소를 사용하면 아이스크림을 만드는 속도가 빨라질 뿐 아니라 극적인 효과를 연출할 수 있다.

이다. 하지만 그녀는 액체질소로 얼음을 얼릴 수 있다는 사실을 분명히 인지하고 이 방법으로 손님들을 접대하라고 권유했다. 한 세기 후에 그녀의 제안이 옳았음이 밝혀졌다. 파인 다이닝 레스토랑의 셰프들이 손님이 원하는 맛의 아이스크림을 액체질소로 즉석에서 만들어 대접하기 시작했으니 말이다.

액체질소로 만든 디저트를 맛보려면 꼭 비싼 레스토랑에 가야만 하는 건 아니다. 최근 매사추세츠주 캠브리지의 젊은 기업가들이 선적용 컨테이너를 이용해 천2Churn2라는 아이스크림 가게를 차렸다. 그들은 액체질소로 맞춤 아이스크림을 만들어 나이를 불문하고 손님들을 즐겁게 하고 있다. 이 선적용 컨테이너는 그 기술에 어울리게 하버드대학 과학센터 바로 앞 광장에 위치하고 있다.

모더니스트 기술을 이용해 새로운 디저트를 시도하고 싶은 요리 애호가들은 온라인에서 장비와 레시피를 찾을 수도, 휘핑용 사이펀과 아산화질소 용기를 구매할 수도, "전자레인지에 1분만 돌리면 되는 케이크 믹스제품처럼 폭신폭신하고 인상적인 디저트"를 단번에 만들 수도 있다. 글루콘산젖산칼슘, 알긴산나트륨, 실리콘 틀을 구입해 냉동 역逆구체화 기술을 이용하면 당근, 오렌지, 망고 주스를 계란 노른자 모양으로 변형한 뒤 장미 결정체를 뿌려서 식탁에 올릴 수도 있다.[33] 실험을 할 시간과 돈만 있다면, 그 가능성은 무궁무진하다.

경계선이 무너지다

모든 사람이 주방을 화학 실험실로 바꾸고 싶어 하지도 않고, 모든 디저트 메뉴가 혁신적이어야 하는 것도 아니다. 새로운 장비에 투자할 자금이 없는 레스토랑도 있다. 고객들이 최신 기술을 접목한 디저트를 원하지 않을 수도 있다. 호텔, 베이커리, 레스토랑들은 전부 저마다 취향이 다른 손님들을 보유하고 있다. 그러니 오늘날 디저트 셰프의 역할도 굉장히 다양할 수밖에 없다. 17세기에는 셰프와 페이스트리 셰프의 역할을 엄격하게 구분했다. 셰프는 짭짤한 코스를 준비하고 감독한 반면, 페이스트리 셰프는 차가운 주방인 가사실에서 달콤한 디저트, 차가운 음식, 설탕 조각을 준비했다. 하지만 21세기에는 이렇게 분명하게 경계를 나누지 않는다. 프랑스식 주방의 엄격한 구분은 훨씬 느슨해졌다.

많은 레스토랑에서 셰프들이 직접 디저트를 만든다. 페이스트리 셰프의 인건비를 줄이려는 경우도 있고, 직접 만드는 것을 좋아해서인 경우도 있다. 이전에는 짭짤한 음식에만 어울린다고 여겼던 재료들을 이따금 디저트에 접목하기도 한다. 페이스트리 셰프들은 어디서 일하느냐에 따라 특기가 다르다. 레스토랑에서 일하면 개별 디저트 접시를 만드는 반면, 거대한 케이크나 인상적인 전시품을 만드는 것은 호텔이나 연회장에 소속된 페이스트리 셰프의 몫이다. 어떤 페이스트리 셰프들은 두세 개의 레스토랑에 자문을 해주면서 디저트 메뉴를 개발해주고 실제 음식 준비는 요리사에게 맡긴다. 전통적인 정찬 메뉴를 대접하는 레스토랑은 대개 기존의 전형적인 디저트 메뉴를 고수한다. 이곳의 페이스트리 셰프들은 손님들에게 갓 구운 비스코티나 진저브레드를 고르도록 하면서 이상적인 엄마표 과자에 경의를 표할 수도 있고, 여름에는 과일 타르트와 같은 제철 디저트, 겨울에는 크렘 브릴레나 초콜릿 푸딩처럼 특정 디저트를 전문으로 다룰 수도 있다. 취향이 좀 더 세련된 손님들이 찾는 레스토랑은 재치가 번득이는 작고 맛있는 디저트처럼 좀 더 창의적인 음식을 제공해야 한다. 이를테면 에스프레소 무스를 휘감아 올리고 맨 위에 가니시로 초콜릿 리본을 얹은 아주 작은 모카 스펀지케이크나 커피 거품이 올라간 화이트 초콜릿 아이스크림 한 스쿠프 정도가 될 것이다. 그들은 맛만큼이나 예술적인 플레이팅도 강조한다.

소매 제과점에서는 파이와 케이크뿐 아니라, 마카롱, 컵케이크와 같은 디저트를 개별적으로 판매한다. 고난도의 기술이 필요한 초콜릿 작품을 전문으로 만드는 쇼콜라티에는 레스토랑보다는 개인 가게를 차리는 경우가 더 많다. 이따금 의뢰를 받고 연회에 쓸 정교한 초콜릿 조각품을 만들기도 한다. 식품회사에서 일하는 페이스트리 셰프는 대량 생산용 디저트를 만든다.

레스토랑 산업에 종사하는 많은 사람들이 페이스트리 셰프를 고용하는 것보다 식품회사에 외주를 주고 디저트를 납품받는 것이 훨씬 편하고 이득이라고 생각한다. 납품받은 디저트는 보통 냉동된 상태로 도착하는데, 해동해서 바로 대접하거나 전자레인지나 오븐에 넣고 익히면 완성이다. 제품의 종류는 엄청나게 다양하다. 프티 푸르, 사과 타르트, 무스 케이크, 브라우니, 푸딩 등 모든 종류의 디저트가 이미 완성품 형태로 냉동되어 국내외로 판매된다. 때론 이 제품들을 "보이지 않는 냉동 제품"이라 부르기도 한다. 많은 레스토랑, 호텔, 베이커리, 케이터링 서비스에 납품 판매되지만, 손님들은 자신이 즐기는 치즈케이크나 에클레어가 해당 점포에서 만들어지지 않고 먼 길을 달려와 자신의 접시 위에 올랐다는 사실을 모르는 경우가 많기 때문이다.[34] (물론 슈퍼마켓 냉동식품 칸에서도 찾을 수 있는데, 이땐 제품 설명서에 그런 세부 정보가 명확하게 쓰여 있다.)

냉동 디저트는 일본 도쿄부터 미국 댈러스까지, 프랑스 파리에서 영국 런던까지 전 세계 모든 곳에서 생산 판매된다. 디저트를 생산하는 회사들은 자사 제품의 품질과 독창성, 가치에 자부심을 느낀다. 업계 간행물인《유러피언 푸드 저널》에서는 프랑스 식품회사 봉콜락 Boncolac 대표의 말을 다음과 같이 인용했다.

우리에겐 열정적인 셰프와 베이킹을 사랑하는 파티시에 팀이 있습니다. 이들 모두 프랑스식 페이스트리 베이킹의 전통을 익히 잘 알고 있습니다. (…) 우리는 정교한 레시피를 개발합니다. 하지만 식품이 냉동되기 전에 가졌던 그 맛 그대로 보존하는 최신식 제조공정도 고안해 왔습니다.[35]

미국의 식품회사인 다이앤스 파인 디저트사는 스스로를 "최고의 파인 디저트를 구현하는 창조자들"이라 부르며, "한 번에 한 명의 고객을 만족시키는 디저트 사업을 구축하도록" 돕겠다고 약속한다.[36] 영국의 디저트사 역시 자사에 대해 다음과 같이 설명한다.

> 우리는 다양한 종류의 럭셔리한 가공 디저트를 요식업계에 납품합니다. 수익률을 극대화하기 위해 상품 가격을 경쟁력 있게 책정했고, 조리에 걸리는 시간을 단축시켰으며, 무엇보다 빠르고 안정적인 배달 서비스를 제공합니다. 모든 디저트는 완제품입니다.[37]

그럼에도 소비자들은 디저트가 어디서 만들어졌는지 좀 더 분명히 안다면 더욱 고마워 할 것이다.

전통과 혁신 사이에서

1549년, 벨기에의 뱅슈성에서는 네덜란드의 필리페 2세를 맞이하는 연회가 열렸다. 행사가 열린 곳은 향수 램프로 만든 별이 천장에 주렁주렁 달려 빛을 발하는 '마법의 방'이었다. 정교한 설탕 만찬이 펼쳐진 식탁이 천장에서 내려왔고, 그와 동시에 천둥소리가 울려 퍼지며 감미로운 당과가 우박처럼 쏟아졌다.[38]

2015년, 도미니크 앙셀이 뉴욕에 차린 레스토랑, 도미니크 앙셀 키친의 천장에서도 식탁이 내려왔다. 영업종료 후에 열리는 정기 디저트 시식회 '무한한 가능성Unlimited Possibilities'의 첫 번째 시간이었다. 딱 여덟 명의 손님에게 여덟 코스를 대접한 이 첫 시식회 메뉴의 주제는 '첫 기억은 영원히 지속된다'였다. 그중 '첫 단어'라는 코스는 플로팅 아일

클로드 모네가 그린, 시간이 흘러도 변치 않는 클래식한 프랑스 타르트들. 지베르니 정원의 사과나무에서 영감을 받은 듯하다.

랜드를 아기의 첫 이유식을 상기시키는 맛으로 변주한 음식이었다. 바닐라를 우린 스위트피 라이스 밀크로 크렘 앙글레즈를 만들고, 그 위에 아기가 먹는 당근즙을 표현한 작고 네모난 당근 케이크를 띄웠다. 또 다른 코스인 '첫 실연'에는 머랭 꽃잎에 둘러싸인 록키로드 아이스크림이 나왔다. 손님들은 셰프의 요청으로 아이스크림이 녹도록 꽃잎에 불을 붙였다. 활활 타다가 금방 녹아버리는 첫사랑의 속성을 형상화한 것이었다.[39]

오늘날 일부 유명한 디저트 셰프들은 전통적인 디저트를 재해석하거나 해체해서 현대적인 버전으로 혁신하는 것을 좋아한다. 스코틀랜드 셰프이자 초콜릿 아카데미가 수여하는 영국 최고의 쇼콜라티에 상을 네 번이나 수상한 윌리엄 컬리는 블랙 포레스트처럼 오랜 세월 사랑받았던 디저트들을 재해석하는 것으로 유명하다. 그의 블랙 포레스트는 초콜릿과 체리로 거대한 케이크가 아니라 낱개로 된 작은 케이크들이다. 각 케이크들은 전부 초콜릿 스펀지케이크, 키르시 시럽, 초콜릿 무스, 체리 콤포트, 초콜릿 웨이퍼로 구성되어 있다. 케이크의 형태가 갖춰지면 얼린 다음 겉면에 초콜릿을 발라 윤기를 낸다. 겉으로는 아주 단순해 보이지만, 속에는 다양한 맛과 질감이 한데 어우러진 케이크다.[40]

르 코르동 블루의 파리 캠퍼스에서 제과장을 맡고 있는 장프랑수아 드기니에는 전통적인 파리 브레스트를 미니어처 형태로 재창조했다. 재료는 같은 슈 페이스트리이지만, 이 작은 공 모양의 페이스트리가 원반 모양의 쇼트브레드와 화이트 초콜릿 위에 올라가 있다. 페이스트리 속에는 일본풍을 접목시켜 망고, 패션 프루츠, 유자 쿨리스, 초콜릿 크림을 채운 뒤 얼렸다. 그리고 그 작은 돔 위에 연두색으로 물들인 화이트 초콜릿을 붓고 조그만 은색 이파리로 장식했다. 기술은 전통적이지만 재료는 세계적이며, 해석은 독창적이다.[41]

옛것을 재해석하든 새로이 창조하든, 디저트의 유행에는 국경이 없다. 디저트가 전파되는 다양한 경로들 중 하나는 역사 깊은 페이스트리 대회들이다. 페이스트리 대회는 적어도 19세기에 파리에서 시작해 런던, 비엔나를 비롯한 다른 도시들로 퍼져나갔다. 오늘날 전 세계의 페이스트리 셰프팀들이 다양한 장소에 모여서 수상의 영광을 놓고 솜씨를 겨룬다. 프랑스, 영국, 일본, 한국, 미국, 독일 등 각국에서 온 셰프들은 나흘 동안 기술과 창의력과 체력을 전부 쏟아 붓는다. 경쟁 분야는 설탕 공예, 마지팬 공예, 단품 디저트, 프티 푸르, 초콜릿 쇼피스,

영국의 파티시에 겸 쇼콜라티에인 윌리엄 컬리가 블랙 포레스트 케이크를 맵시 있게 변신시켰다. 하지만 맛은 옛날 그대로다.

얼음과자, 베린verrine(유리컵에 층층이 쌓은 디저트), 그리고 앙트르메다. 앙트르메는 더 이상 코스 사이에 여흥을 돋우기 위해 나오던 음식이 아니라 엄연한 디저트다. 심판들은 국제적으로 유명한 디저트 전문가로 예술성, 기술성, 맛을 기준으로 출품작에 점수를 매긴다. 이런 대회들은 수상자들에게 상금과 영예를 주는 것을 넘어, 아이디어를 샘솟게 하고, 새로운 재료를 소개하고, 지식을 널리 퍼트린다. 전문가와 비전문가를 대상으로 하는 텔레비전 경쟁 프로그램들도 재미만 주지 않고 시청자의 지식을 고양시키고 디저트에 대한 기대치를 높여준다. 궁극적으로 이런 대회들은 디저트 애호가들에게 새로운 경험과 미각의 세계를 선물한다.

소이어와 에스코피에는 요즘 셰프들이 사용하는 기술이나 장비는 커녕 그 많은 식재료들도 접해보지 못했을 것이다. 그렇지만 만약 알았더라면 새로운 창작품이 주는 극적인 효과와 재미를 매우 좋아했으리라 생각한다. 디저트 조형물의 대가였던 카렘이 설탕 공예품을 창조하는 3D 프린터를 봤다면 놀라 자빠지지 않았을까. 에미는 액체질소로 아이스크림을 얼린다는 사실에 회의적인 반응을 보였을지도 모르겠다. 아이스크림에 리큐어를 첨가하는 것도 못마땅해하던 사람 아니던가. 하지만 그 역시 이 기술을 직접 시도해봤다면 몹시 감동하며 자신의 레퍼토리에 새로운 기술을 추가했을 것이다. 오늘날의 페이스트리 셰프들은 입맛을 유혹하는 새로운 비법을 찾아 이름을 남기려 한 선배 셰프들의 오랜 발자취를 그대로 따르고 있다.

명절의 완성은 디저트다

명절 디저트는 우리 마음속에서 특별한 자리를 차지하고 있다. 명절 디저트를 진부하다고 여길 수도 있다. 1년에 한두 번밖에 안 먹을 수도 있다. 심지어 그다지 좋아하지 않을 수도 있다. 그럼에도 전통에 따라 우리는 추수감사절엔 호박 파이를, 크리스마스엔 크리스마스(또는 플럼) 푸딩을, 라마단에는 바클라바를, 힌두교 등명제에는 달콤한 치즈 산데쉬sandesh를 먹어야 한다.

만약 명절 디저트를 금지한다면, 사람들은 이들 디저트를 더욱 소중히 여길 것이다. 설령 공산국가의 독재자라 해도 명절 디저트를 즐기

잡지 《퍽》(1903)의 표지. 추수감사절 파이가 만들어지기를 기다리는 풍경.

는 우리의 마음을 막을 수는 없다. 벨기에 작가인 알베나 시코드로바가 어린 시절을 보낸 공산주의체제 하 불가리아에서는 크리스마스를 즐기는 일이 법적으로 금기였다. 그래서 그녀의 어머니는 그들이 가장 좋아하는 크리스마스 디저트인 티크베니크tikvenik를 새해 전날에 만들어주셨다. 티크베니크를 먹지 않고 넘어가는 건 생각도 할 수 없는 일이었기 때문이다.

티크베니크는 달콤한 호박과 견과류로 속을 채우고 시나몬을 뿌린 뒤, 황금빛으로 바삭바삭하게 구워내는 페이스트리다. 시코드로바 가족에겐 작은 종이에 운세를 적은 뒤 빵 속에 넣어 굽는 나름의 전통이 있다. 이 전통 때문에 당혹스럽고 우스운 일들도 가끔 벌어졌다. 알베나의 어머니가 명절 음식을 장만하고 운세 쪽지까지 준비하느라 너무 피곤했던 나머지, 사람들에게 엉뚱한 운세가 들어 있는 빵을 대접하곤 했던 것이다. 한번은 쪽지를 열었더니 일곱 살이던 알베나는 여름이 오기 전에 교수가 되고, 아기였던 사촌동생은 조만간 낯선 외국으로 출장을 갈 거라는 운세가 나왔다. 하지만 중요한 건 티크베니크 그 자체였다. 시코드로바는 아직까지 빵 굽는 냄새만 맡아도 고향과 명절을 떠올린다. 아래는 그녀가 공개한 가족 레시피다.

: 티크베니크 :

필로 페이스트리 반죽 기성품 1팩 —— 해동된 것(1팩 전부 필요하지 않을 수도 있음)

채썬 호박 1킬로그램 또는 호박 퓌레 캔 1파운드(약 460그램, 호박 파이 필링은 안 됨)

굵게 다진 호두 1컵(150그램)

입자가 굵은 설탕 1/3컵(65그램)

시나몬 2티스푼

카놀라유 대략 4테이블스푼

슈거파우더(또는 정제 설탕)

사용하지 않는 필로 반죽은 약간 축축한 천으로 꼭 덮어놓는다. 오븐을 175도로 예열하고, 시트팬에 기름을 바르거나 양피지를 깐다.

그릇에 호박, 호두, 설탕, 시나몬을 넣고 섞는다.

필로 반죽을 한 장 깔고 기름을 조금 바른다. 그 위에 반죽을 한 장 더 깐다. 반죽 위에 속재료를 1테이블스푼만큼 바르되, 가장자리는 제외한다. 작은 원통 모양으로 반죽을 돌돌 말고 팬에 놓는다. 속재료를 다 사용할 때까지 위의 과정을 반복한다. 티크베니크 롤 위에 기름을 조금 바른다.

바삭바삭한 갈색이 될 때까지 25~30분 동안 굽는다.

정제 설탕을 살짝 뿌리고 따뜻할 때, 또는 미지근할 때 대접한다.

롤 12개 정도 분량이다.

크리스마스 시즌만 되면 수많은 나라에서 비스킷과 쿠키가 넘쳐난다. 러시아부터 독일까지, 이탈리아부터 스페인까지, 프랑스부터 미국까지, 모두가 성 니콜라스, 크리스마스트리, 별, 진저브레드맨처럼 생긴 비스킷을 굽고, 교환하고, 트리에 매단다. 많은 가족에겐 저마다 가장 좋아하는 전통 비스킷이 있다. 미네소타대학에서 박사과정을 밟고 있는 에밀리 벡은 할머니가 만들어주신 소박한 슈거쿠키가 자신에겐 아직도 크리스마스를 의미한다고 말한다. "할머니가 오랫동안 사용해온 거대한 녹색 과자그릇에서 꺼낸 게 지금도 제일 맛있어요!"[42]

작은 구슬 모양의 빵을 튀겨서 꿀을 묻힌 과자 스트루폴리Struffoli는 나폴리식 크리스마스 디저트의 정수다. 보스턴에서 교육자로 일하는 로즈 예수는 과거 어린 자신과 자매들에게 디저트를 기다렸다 먹는 게 얼마나 힘든 일이었는지를 회상했다. 자매들은 인형놀이로 티파티를 벌이면서 엄마가 허락해주신 스트루폴리를 몽땅 해치웠다. 안타깝게도 어머니가 레시피를 사용하지 않았기 때문에 딸들은 만드는 법을 배우지 못했다. 요즘 들어 친구나 요리책, 인터넷에 물어 레시피를 찾고 있지만 "똑같은 맛을 찾을 수가 없다"고 그녀는 말한다.

프랑스와 캐나다 퀘백처럼 프랑스어를 사용하는 지역에서는 크리스마스에 부슈드노엘bûche de Noël을 먹는다. 부슈드노엘은 속에는 크림이 들어 있고 겉에는 초콜릿을 바른 스펀지 롤케이크로, 겨울의 어둠 속에 온기와 빛을 가져다주는 통나무 모양을 하고 있다. 프로방스 지역의 경우, 크리스마스마다 종류가 다른 디저트 열세 개를 즐기는 즐거운 전통이 있다. 그 열셋은 그리스도와 열두 제자를 상징하며, 다양한 과일, 견과류, 누가, 케이크, 비스킷 등을 포함한다.

몬필렌Mohnpielen이라는 브레드푸딩은 독일의 전통 크리스마스 디저트다. 《비욘드 브라트부르스트》(2014)의 저자 우르줄라 하인첼만은 커다란 몬필렌 그릇 없는 크리스마스는 "상상도 할 수 없다"고 말한다. 그녀의 엄마도, 그녀의 엄마의 엄마도, 크리스마스에는 항상 몬필렌을 만들었다. 그녀의 외할아버지는 과거 슐레지엔 동부에서 베를린으로 이주하면서 잊지 않고 레시피를 챙겼다. 하인첼만에 따르면 많은 가족들이 크리스마스이브에 교회 예배가 끝난 뒤 "신나는 선물 증정식을 알리는 잔잔한 서막"으로, 빵, 양귀비 씨앗, 건포도, 우유로 만든, 넉넉한 빵을 아이들에게 나누어주었다고 한다. 하지만 그녀의 가족은 크리스마스 정찬에서 리슬링 와인을 곁들여 디저트로 즐긴다고 한다.

나의 가족은 크리스마스 디저트를 먹고 난 뒤에 언제나 과일, 견과류, 토로네torrone 또는 피젤을 느긋하게 즐긴다. 어릴 적에는 이런 전통이 중세와 비슷하다는 사실을 꿈에도 생각하지 못했다. 그렇지만 알고 나니 그 시간이 훨씬 즐겁다.

유대교에서는 신년제인 나팔절을 보통 가을에 지내는데, 아슈케나지 유대인(중유럽이나 동유럽 등지에 이주해 살았던 유대인 — 옮긴이)의 전통에서 허니케이크는 다가오는 한 해는 더욱 달콤하게 보내라는 소망을 상징한다. 어떤 이들은 허니케이크가 없는 나팔절은 나팔절이 아니라고 말한다. 그러고 나서 사실 허니케이크를 좋아하지 않는다고 털어놓는다. 익명을 부탁한 한 친구는 "아무도 허니케이크를 좋아하지 않는다"고 주장한다. 그리고 다들 허니케이크를 만들거나 사서 몇 조각 먹은 뒤, 그대로 내버려두고 상해서 버리기를 기다린다고 말한다. 어떤 이에겐 크리스마스의 과일 케이크가 이와 같은 존재다.

유대인의 봄철 명절인 유월절에는 밀가루와 이스트를 사용해 발효시킨 음식을 엄격히 금한다. 하지만 오랜 세월을 거치면서 창의적인 요리사들은 밀가루가 필요 없는 토르테, 코코넛 마카롱, 머랭, 초콜릿을 입힌 무교병, 아몬드와 레몬으로 만든 사랑스런 이탈리아식 스펀지케이크 '보카 디 다마bocca di dama(귀부인의 입)' 등을 만들어 이 난제를 해결해왔다. 캘리포니아에서 피아노 수리 사업체를 운영하고 있는 로런스 뉴하우스는 엄격한 제한에도 불구하고 유월절 디저트를 사랑한다고 말한다. 자신이 가장 좋아하는 디저트는 유래를 알 수 없는 아주 흥미로운 이름의 맛있는 디저트로, 파이보다는 무스를 올린 케이크에 더 가깝다.

: 다크니스 인 이집트 초콜릿 무스 파이 :

버터 200그램*

설탕 200그램

코코아 2테이블스푼

달콤쌉싸름한 초콜릿 100그램

브랜디 1테이블스푼

계란 4개(흰자와 노른자 분리)**

갈아서 으깬 무교병 4테이블스푼

다진 호두 2테이블스푼

오븐을 175도로 예열하고, 파이 접시에 버터를 바른다.

버터, 설탕, 코코아, 초콜릿을 녹인 뒤 식힌다. 여기에 가볍게 휘저은 계란 노른자와 브랜디를 넣고 섞는다.

계란 흰자를 별도로 단단해질 때까지 저은 다음, 식힌 초콜릿 반죽에 천천히 섞는다.

초콜릿 반죽 1컵에 갈아서 으깬 무교병을 추가한다. 버터를 바른 파이 팬에 완성된 반죽을 붓고(남는 반죽은 남겨둔다) 30분 동안 굽는다. 그런 다음 식힌다.

남겨둔 초콜릿 반죽으로 프로스팅을 하고 견과류를 뿌린 뒤 대접한다.

* 채식주의자용으로 만들려면 버터 대신 마가린을 사용한다.
** 계란 흰자를 익히지 않는 점이 신경 쓰인다면, 저온 살균한 계란 흰자로 대체할 수도 있다.

봄은 만물이 깨어나 새로이 약동하는 계절이다. 종교계도 세속계도 온 세상이 봄이 왔음을 축하한다. 사계절 내내 모든 재료를 구할 수 있는 시절이 오기 전만 해도, 봄은 더 많은 음식을 즐길 수 있음을 의미했다. 마침내 긴 겨울이 끝나고 언 땅이 잠에서 깨어나 초록빛 새순을 싹틔웠다. 동물들이 새끼를 낳으니 계란과 우유 공급량도 다시 늘어났다. 이젠 이런 재료들이 사방에 널렸는데도 봄이 되면 여전히 우리는 계란, 우유, 치즈를 중심으로 하는 디저트와 간식을 즐긴다. 아이들에게 계란 모양 초콜릿과 병아리 모양 마시멜로를 주기도 한다. 아이들은 무슨 뜻인지도 모른 채 그저 신이 나서 맛있게 먹기 바쁘다. 나 같은 경우, 봄이 오면 돌아가신 팬지 맨젤라 이모님이 가르쳐주신 리코타 파이를 만든다. 전통적인 이탈리아식 부활절 디저트인데, 집집마다 만드는 방식이 조금씩 다르다. 언젠가 이탈리아 풀리아에서 베이커리를 운영하는 여성에게 이 파이에 대해 얘기했더니, 혹시 파이를 만들때 밀알을 쓰냐고 물었다. 나는 아니라고 답했다. 그녀는 상관없다면서 웃으며 말했다. "비슷하네요." 아래는 이모님의 레시피다. 내가 설탕에 절인 시트론 양을 조금 늘렸다.

: 리코타 파이 :

8~9인치(약 20센티미터) 파이 접시 두 개에 당신이 가장 좋아하는 파이 크러스트 반죽을 채운다.
오븐을 175도로 예열한다.

지방을 온전히 함유한 리코타 치즈 2파운드(약 900그램)
설탕 1컵(약 200그램)
계란 큰 것 4개
아니스(또는 바닐라) 엑스트랙트 2티스푼
설탕에 절인 시트론이나 오렌지껍질 3테이블스푼

리코타 치즈와 설탕을 큰 그릇에 담고 전동 믹서로 아주 부드러워질 때까지 젓는다. 한 번에 계란을 하나씩 추가하되 넣을 때마다 잘 젓는다. 엑스트랙트와 설탕에 절인 과일 껍질을 섞는다.

페이스트리 반죽을 깔아놓은 파이팬에 내용물을 붓고 35분 동안 굽는다. 그다음 식힌다. 식탁에 올리기 직전, 파이에 정제 설탕을 살짝 뿌리면 아주 좋다.

그리스 정교회의 부활절 디저트 또한 계란과 치즈가 중심이다. 몇 년 전 어느 늦은 5월, 키프로스의 토치니라는 마을에서 한 동네 주민이 키프로스섬의 전통 부활절 페이스트리인 플라우네스flaounes를 어떻게 만드는지 보여주겠다고 했다. 이 페이스트리에는 할루미halloumi(키프로스산 치즈), 민트, 설탕, 그리고 보통 건포도가 들어간다. 우리는 만드는 과정을 직접 보고 맛도 볼 수 있다는 사실에 매우 신이 났다. 하지만 우리보다 더 들뜬 건 그녀의 남편이었다. 그는 1년에 플라우네스를 두 번 먹는 건 처음이라고 말했다. 아내가 요리를 시작한 순간부터 마지막 남은 플라우네스를 해치우고도 한참 후까지 그의 얼굴에선 함박웃음이 가시지 않았다.

명절 디저트는 행복한 순간, 가족의 축하모임, 소중한 추억과 떼려야 뗄 수 없다. 그런 이유로 명절 디저트를 그토록 소중히 여기는 것이다. 그리고 어쩌면 1년에 딱 한 번만 만든다는 사실(타국에서 손님이 찾아올 때처럼 아주 드문 경우를 제외하고) 때문에 더욱 귀하게 여기는지도 모르겠다.

디저트의 시대

마지막 코스가 최고의 코스라고 생각하는 사람들에게 지금보다 나

'셔츠를 입은 무어인(Mohr im Hend)'은 초콜릿 예복을 입고 휘핑크림 왕관을 쓴 초콜릿 케이크다. 비엔나가 디저트로 유명하다는 건 두말하면 잔소리다.

은 시절은 없었다. 디저트를 직접 만들든 가게에서 사든, 우리에게는 과거의 부유층은 상상도 못할 만큼 다양한 재료와 장비와 선택지가 있다. 우리는 중세의 선조들과 똑같이 달콤한 와인, 시럽을 입힌 견과류, 건과일로 식사를 마무리할 수 있다. 스티키 토피 푸딩Sticky Toffee Pudding과 같은 오래된 디저트를 즐길 수도, 새로운 디저트를 실험할 수도, 휘핑용 사이펀으로 폭신한 망고 코코넛 거품을 만들 수도 있다. 신물 나도록 손잡이를 돌리지 않고 버튼 하나만 누르면 아이스크림을 얼릴 수도 있다. 체리 파이를 구울 수도, 살 수도 있다.

디저트 만드는 법을 배우고 싶으면 기회는 수도 없이 널려 있다. 과거 그 어느 때보다 레시피는 자세하고 분명하며, 책, 잡지, 신문마다 레시피로 가득하다. 텔레비전 요리쇼와 온라인 동영상들은 퍼프 페이스트리부터 프티 푸르까지 온갖 디저트를 어떻게 만드는지 보여준다. 컴퓨터 자판 하나만 누르면 필요한, 때로는 그다지 필요하지 않은 모든 장비들을 구입할 수 있다. 세상이 점점 작아지면서 레시피와 아이디어는 국경을 무시하고 창공을 가로질러 순식간에 원하는 모두에게 가닿는다.

또한 디저트를 만들어 생계를 꾸리는 사람들도 대개 과거보다 나은 삶을 산다. 월급이 노력에 항상 비례하진 않지만, 오늘날 페이스트리 셰프나 디저트 셰프는 전문가로 대접받는다. 성별에도, 국적에도 제한이 없다. 과거에도 소이어처럼 명성이 자자한 셰프들이 있긴 했으나, 대부분 힘들고 열악한 환경에서 이름 없이 노동해야 했다. 하지만 오늘날 셰프들은 사람들의 존경을 받으며, 때로는 레스토랑 메뉴에 자신의 이름을 올리고, 잡지와 신문에 소개되고, 텔레비전과 소셜미디어에서 주목받는다.

세월이 흐르면서 다이닝 에티켓도 여유로워졌다. 오늘날 우리는 디저트의 종류와 스타일을 원하는 대로 자유롭게 고를 수 있다. 장미 꽃다발로 장식한 테이블에 앉아서 가장 우아한 도자기 접시에 담아 즐길 수도, 소풍처럼 종이 접시에 덜어 즐길 수도 있다. 현대의 디저트는 격식 있는 자리, 편안한 뷔페, 포트럭 등 어디에나 어울리는 코스다. 포크로 찍어 먹고, 스푼으로 떠먹고, 손가락으로 집어먹고, 모두 가능하다.

무엇보다도 디저트는 과거 그 어느 때보다 많은 사람들이 부담 없이 즐길 수 있는 음식이 되었다. 개중엔 유독 주머니 사정이 넉넉한 사람들도 있지만, 그렇지 않은 대부분도 달콤한 디저트로 식사를 마무리할 수 있다. 아이스크림도 왕의 식탁에만 오르지 않는다. 누구나 아이스크림을 맛볼 수 있다. 바야흐로 디저트의 시대가 열렸다.

주

1장 디저트의 탄생

1. Eileen Power, *The Goodman of Paris* (New York, 1928), p.226, p.173.

2. Nicole Crossley-Holland, *Living and Dining in Medieval Paris* (Cardiff, 1996), p.163.

3. Rachel Laudan, *Cuisine and Empire: Cooking in World History* (Berkeley, CA, 2013), p.177.

4. Jessica Mudry, 'Sugar and Health', in *The Oxford Companion to Sugar and Sweets*, ed. Darra Goldstein (New York, 2015), p.671.

5. Kate Colquhoun, *Taste: The Story of Britain Through Its Cooking* (New York, 2007), 킨들 에디션(페이지가 매겨져 있지 않음).

6. Anonymous, *Good Huswifes Handmaide, for the Kitchin* (London, 1594), p.32.

7. Gervase Markham, *The English Housewife Containing the inward and outward Vertues which ought to be in a compleate Woman* (London, 1631), p.107.

8. Anonymous, *Good Huswifes Handmaide*, pp.31-2.

9. Terrence Scully, ed. and trans., *Chiquart's 'On Cookery': A Fifteenth-century Savoyard Culinary Treatise* (New York, 1986), pp.17, 61.

10. Thomas Dawson, *The Good huswifes jewell* (London, 1587), p.13.

11. Kate Atkinson, *A God in Ruins* (2015), 킨들 에디션(페이지가 매겨져 있지 않음).

12. Jean-Louis Flandrin, *Arranging the Meal: A History of Table Service in France* (Berkeley, CA, 2007), pp.103-4.

13. Ephraim Chambers, *Cyclopaedia: Or an Universal Dictionary of Arts and Sciences*

(London, 1741), 페이지가 매겨져 있지 않음, https://books.google.com, 2016년 8월 31일에 접속했다.

14. Massimo Montanari, *Cheese, Pears, and History* (New York, 2010), p.52.

15. Ibid., p.8.

16. Elizabeth Field, *Marmalade: Sweet and Savory Spreads for a Sophisticated Taste* (Philadelphia, PA, 2012), p.25.

17. Alan and Jane Davidson, trans., *Dumas on Food: Recipes and Anecdotes from the Classic Grand Dictionnaire de Cuisine* (Oxford, 1987), p.210.

18. Mireille Johnston, *The Cuisine of the Sun* (New York, 1979), p.238.

19. Power, *The Goodman of Paris*, pp.305-6.

20. John Florio, *Queen Anna's New World of Words, or Dictionarie of the Italian and English Tongues* (London, 1611), p.385, www.pbm.com, 2016년 2월 15일에 접속했다.

21. William Younger, *Gods, Men, and Wine* (Cleveland, OH, 1966), p.284.

22. Ibid., p.340.

23. Thomas Heywood, *The Fair Maid of the West* (London, 1631), https://archive.org, 페이지가 매겨져 있지 않음, 2016년 8월 31일에 접속했다.

24. Hannah Woolley, *The Queene-like Closet or Rich Cabinet: Stored with All Manner of Rare Receipts For Preserving, Candying and Cookery. Very Pleasant and Beneficial to all Ingenious Persons of the Female Sex* (London, 1684), pp.106-8.

25. 셰익스피어의 《헨리 4세》 1부에서 핫스퍼는 아내 케이트가 사탕과자 제조인(comfit-maker)의 아내처럼 욕을 한다고 꾸짖는다. 하지만 사실은 그녀의 말투가 너무 고상하다는 속뜻을 내포하고 있다. 엘리자베스 시절 사람들은 호색적인 욕설에 관대했다. 핫스퍼는 오히려 아내가 '입에 착 감기는 욕설'을 하기를 원했다.

26. Sir Walter Scott, *The Journal of Sir Walter Scott* (New York, 1891), https://archive.org, 페이지가 매겨져 있지 않음, 2016년 11월 28일에 접속했다.

27. Johann Wolfgang von Goethe, *Italian Journey*, trans. Robert R. Heitner (New York, 1989), pp.402-4.

28. Charles Dickens, *Pictures from Italy* (Boston, MA, 1868), pp.116-20.

2장 눈으로 먹는 디저트

1. Terrence Scully, 'The Mediaeval French Entremets', *Petits Propos Culinaires, XVII* (Totnes, 1984), pp.44-56.

2. Marcia Reed, 'Feasting in the Streets', in *The Edible Monument: The Art of Food for Festivals*, ed. Marcia Reed (Los Angeles, CA, 2015), pp.90-91.

3. Robert May, *The Accomplisht Cook, or the Art & Mystery of Cookery* (London, 1685),

pp.11-12.

4. Colin Spencer, *British Food: An Extraordinary Thousand Years of History* (London, 2001), p.131.

5. Anonymous, *A Closet for Ladies and Gentlewomen. Or, The Art of Preserving, Conserving, and Candying* (London, 1611), pp.30-34 and 39.

6. Gervase Markham, *The English Housewife* (London, 1631), p.136.

7. Kathleen Curtin, 'Gervase Markham', in *Culinary Biographies*, ed. Alice Arndt (Houston, TX, 2006), pp.254-5.

8. Markham, *The English Housewife*, p.125.

9. Joseph Imorde, 'Edible Prestige', in *The Edible Monument: The Art of Food for Festivals*, ed. Marcia Reed (Los Angeles, CA, 2015), pp.106-9.

10. Marcia Reed, 'Court and Civic Festivals', in *The Edible Monument: The Art of Food for Festivals*, ed. Marcia Reed (Los Angeles, CA, 2015), pp.29-32.

11. Peter Brears, *Food and Cooking in 17th Century Britain: History and Recipes* (Birmingham, 1985), pp.24-5.

12. Mary Işin, *Sherbet and Spice: The Complete Story of Turkish Sweets and Desserts* (London, 2013), pp.52-7.

13. Tor Eigeland, 'Arabs, Almonds, Sugar and Toledo', *Saudi Aramco World* (Houston, TX, 1996), pp.32-9.

14. Anonymous, *The Compleat Cook: Expertly prescribing the most ready ways, whether Italian, Spanish, or French, For dressing of Flesh, and Fish, ordering of Sauces or making of Pastry* (London, 1659), pp.116-17.

15. Sir Kenelme Digby, *The Closet of the Eminently Learned Sir Kenelme Digby Kt. Opened* (London, 1671), pp.213-14.

16. Jane Stevenson and Peter Davidson, eds, Introduction in *The Closet of Sir Kenelm Digby Opened* (Totnes, 1997), p.31.

17. Digby, *The Closet*, p.134.

18. Peter Brears, 'Rare Conceits and Strange Delights: The Practical Aspects of Culinary Sculpture', in *Banquetting Stuffe*, ed. C. Anne Wilson (Edinburgh, 1991), p.61.

19. William Rabisha, *The Whole Body of Cookery Dissected, Taught, and fully manifested Methodically, Artificially, and according to the best Tradition of the English, French, Italian, Dutch, &c.* (London, 1673), p.269.

20. Digby, *The Closet*, p.142.

21. T. Hall, *The Queen's Royal Cookery*, 2nd edn (London, 1713), pp.166-70.

22. Digby, *The Closet*, pp.247-8.

23. Darra Goldstein, 'Implements of Easting', in *Feeding Desire: Design and the Tools of the Table* (New York, 2006), p.118.

24. Barbara Ketcham Wheaton, *Savouring the Past: The French Kitchen and Table from 1300 to 1789* (London, 1983), p.163.

25. Anne Willan with Mark Cherniavsky and Kyri Claflin, *The Cookbook Library* (Berkeley, CA, 2012), pp.166-7.

26. Nicola Humble, *Cake: A Global History* (London, 2010), p.32.

27. François Massialot, *The Court and Country Cook*, trans. J. K. (London, 1702), p.2.

28. François Massialot, 'New Instructions for Confectioners', in *The Court and Country Cook*, trans. J. K. (London, 1702), pp.1-130.

29. Bartolomeo Stefani, *L'arte di ben cucinare, et instruire* (Mantua, 1662), pp.119-27.

30. Wheaton, *Savouring the Past*, p.188.

31. Charles Carter, *The Compleat City and Country Cook: or Accomplish'd Housewife* (London, 1732), pp.iii-viii.

32. Arthur Young, *Travels during the Years 1787, 1788, and 1789, Undertaken more particularly with a View of ascertaining the Cultivation, Wealth, Resources, and National Prosperity of the Kingdom of France* (Dublin, 1793), pp.580-81.

33. Michael Krondl, 'Dessert', in *The Oxford Companion to Sugar and Sweets*, ed. Darra Goldstein (New York, 2015), pp.212-13.

34. Ian Kelly, *Cooking for Kings: The Life of the First Celebrity Chef* (New York, 2003), pp.192-4.

35. Anonymous, *The Whole Duty of a Woman, Or, an infallible Guide to the Fair Sex* (London, 1737), pp.625-30.

36. Alexis Soyer, *The Modern Housewife or Ménagère* (London, 1851), p.398.

37. Mrs W. M. Ramsay [Lady Agnes Dick (Marshall) Ramsay], *Every-day Life in Turkey* (London, 1897), pp.150-55.

38. 1718년 4월 아드리아노플에서 보낸 편지를 보면, 레이디 램지와 마찬가지로 레이디 메리 워틀리 몬터규 역시 수프가 터키 정찬의 마지막 음식이라고 착각했다. 달콤한 음식에 대한 언급은 없었지만, 수프도 필라프도 마지막 음식이 아니었다. 그보다는 과일인 경우가 더 많았다. 레이디 몬터규의 편지는《터키 대사관의 편지》(*Turkish Embassy Letters*, London, 1993, pp. 87-8)에 실려 있다.

3장 크림, 크림, 크림

1. Carolin Young 'La Laiterie de la Reine at Rambouillet', in *Milk: Beyond the Dairy: Proceedings of the Oxford Symposium on Food and Cookery, 1999*, ed. Harlan Walker (Blackawton, Devon, 2000), pp.361-2.

2. Meredith Martin, *Dairy Queens: The Politics of Pastoral Architecture from Catherine de*

Medici to Marie-Antoinette (Cambridge, MA, 2011), pp.29-31, 186.

3. Ashlee Whitaker, 'Dairy Culture: Industry, Nature and Liminality in the Eighteenth-century English Ornamental Dairy' (2008), paper 1327, http://scholarsarchive.byu.edu, 2016년 3월 2일에 접속했다.

4. Isabella Beeton, *The Book of Household Management* (London, 1861), Entry 2358, www.gutenberg.org, 2016년 3월 28일에 접속했다.

5. Mary Eales, *Mrs Mary Eales's Receipts* (London, 1985), pp.80-93. 1733년 판의 모사본이다. 원본은 1718년에 출판되었다.

6. François Massialot, *The Court and Country Cook* (London, 1702), pp.93-7.

7. Ibid., p.97.

8. Ardashes H. Keoleian, *The Oriental Cook Book: Wholesome, Dainty and Economical Dishes of the Orient, especially adapted to American Tastes and Methods of Preparation* (New York, 1913), p.287. 저자는 '콘스탄티노플의 후예'라고만 알려져 있다. 그가 쓴 바에 따르면 '오리엔트'에 해당하는 민족은 아르메니아인, 불가리아인, 코카시아인, 이집트인, 그리스인, 유태인, 페르시아인, 시리아인, 터키인 등이다.

9. E. Donald Asselin, *A Portuguese-American Cookbook* (Rutland, VT, 1966), p.31.

10. C. Anne Wilson, *Food and Drink in Britain From the Stone Age to the 19th Century* (Chicago, IL, 1991), p.173.

11. Elizabeth Raffald, *The Experienced English Housekeeper* [1769] (Lewes, 1997), p.159.

12. Elizabeth David, *Syllabubs and Fruit Fools* (London, 1969), p.14.

13. Ivan Day, 'Syllabub Revisited and Sugar Plumb Theories', http://foodhistorjottings.blogspot.co.uk, 2016년 1월 26일에 접속했다. 데이는 자신의 블로그와 웹사이트(www.historicfood.com)에서 실러버브를 비롯해 역사 속 음식에 대한 정보를 풍부하게 다루고 있다.

14. Hannah Glasse, *The Art of Cookery Made Plain & Easy* [1796] (Hamden, CT, 1971), pp.327-8.

15. Charlotte Bronte, *Shirley* [1849] (London, 1993), p.459.

16. Raffald, *The Experienced English Housekeeper*, p.94.

17. Ibid., p.95.

18. Holly Arnold Kinney, *Shinin' Times at The Fort* (Morrison, CO, 2010), pp.234-5.

19. Mark Twain, *Life on the Mississippi* [1883] (New York, 2000), p.179.

20. Doreen G. Fernandez, 'Carabao Milk in Philippine Life', in *Milk: Beyond the Dairy: Proceedings of the Oxford Symposium on Food and Cookery 1999,* ed. Harlan Walker (Totnes, 2000), p.120.

21. Hannah Glasse, *The Art of Cookery Made Plain and Easy* [1796] (Wakefield, Yorkshire, 1971), pp.330-35.

22. Louisa May Alcott, *Little Women* (New York, 1962), p.62.

23. Maria Parloa, *Miss Parloa's Young Housekeeper* (Boston, MA, 1894), p.291.

24. Terence Scully, ed., *The Viandier of Taillevent* (Ottawa, 1988), p.166.

25. Alcott, *Little Women*, p.62.

26. Henry William Lewer, ed., *A Book of Simples* (London, 1908), p.128.

27. Martin, *Dairy Queens*, pp.136-7.

28. Carol Wilson, 'Cheesecake', in *The Oxford Companion to Sugar and Sweets*, ed. Darra Goldstein (New York, 2015), pp.125-6.

29. Terence Scully, *The Neapolitan Recipe Collection* (Ann Arbor, MI, 2000), pp.158-9.

30. Irvin Cobb, 'Speaking of Operations-', in *This is My Best* (New York, 1942), p.844.

31. Allison Meier, 'The Frost Fair: When the River Thames Froze Over Into London's Most Debaucherous Party', www.atlasobscura.com, 2016년 3월 2일에 접속했다.

32. Joseph Addison, *The Tatler*, no. 148 (London, 1709), p.124, http://quod.lib.umich.edu, 2016년 3월 2일에 접속했다.

33. Anonymous, *A Propre New Booke of Cookery* (London, 1545), 페이지가 매겨져 있지 않음.

34. Hannah Woolley, *The Queen-like Closet or Rich Cabinet Stored with All Manner of Rare Receipts for Preserving, Candying and Cookery. Very Pleasant and Beneficial to all Ingenious Persons of the Female Sex* (London, 1672), recipe number 93.

35. Wayne Heisler, 'Kitsch and the Ballet Schlagobers', *Opera Quarterly*, XXII/I (Winter 2006), pp.38-64.

36. Woolley, *The Queen-like Closet*, recipe number 57.

37. John Florio, *A Worlde of Wordes, or, Most Copious, and Exact Dictionarie in English and Italian* (London, 1598), p.216.

38. Randle Holme, *The Academy of Armory* (Chester, 1688), Early English Books Online에서 이용할 수 있다. http://quod.lib.umich.edu, 2016년 3월 2일에 접속했다.

39. Estelle Woods Wilcox, *Buckeye Cookery: With Hints on Practical Housekeeping* (Minneapolis, MN, 1881), p.163.

40. Oliver Wendell Holmes, *Elsie Venner: A Romance of Destiny* (Boston, MA, 1891), vol. II, p.110.

41. Helen Saberi and Alan Davidson, *Trifle* (Totnes, 2001), pp.95-104.

42. Amelia Simmons, *American Cookery* (Hartford, CT, 1798), p.33, http://digital.lib.msu.edu, 2016년 3월 14일에 접속했다.

43. Ibid., p.105.

44. Rachel Laudan, 'Tres Leches Cake', in *The Oxford Companion to Sugar and Sweets*, pp.740-41.

45. John Earle, *Microcosmography; Or, A Piece of the World Discovered; in Essays and Characters* (London, 1811), p.106, www.gutenberg.org, 2016년 3월 2일에 접속했다.

46. Alan Davidson, *The Oxford Companion to Food* (Oxford, 1999), pp.237-8.

47. H. Syer Cuming, 'Syllabub and Syllabub-vessels', in *The Journal of the British Archeological Association*, vol. XLVII (London, 1891), pp.212-15.

48. 커밍은 또한 글래스 부인이 영국의 저술가이자 식물학자인 존 힐 경의 필명이라고 주장한 사람이기도 하다. 물론 그건 사실이 아니다. 당시 일부 남자들은 여자가 글래스 부인의 저서와 같은 책을 쓸 능력이 없다고 굳게 믿었다. 많은 여성 저자들이 그들이 틀렸음을 증명했는데도 말이다.

4장 모두를 위한 디저트

1. Isabella Beeton, *The Book of Household Management* (London, 1861), Entry #1509, www.gutenberg.org, 2016년 4월 24일에 접속했다.

2. John Florio, *Queen Anna's New World of Words, or Dictionarie of the Italian and English Tongues* (London, 1611), p.513.

3. Elizabeth Raffald, *The Experienced English Housekeeper* (Manchester, 1769), p.228.

4. M. Emy, *L'Art de bien faire les glaces d'office* (Paris, 1768), p.210.

5. George Sala, *The Thorough Good Cook* (London, 1895), p.73.

6. Chitrita Banerji, *Eating India: An Odyssey into the Food and Culture of the Land of Spices* (New York, 2007), pp.138-40.

7. Pellegrino Artusi, *Science in the Kitchen and the Art of Eating Well*, trans. Murtha Baca and Stephen Sartarelli (Toronto, 2004), p.545.

8. Andrew W. Tuer, *Old London Street Cries* (London, 1885), pp.59-60.

9. Frederick T. Vine, *Ices: Plain and Decorated* (London, [1900?]), p.6.

10. Ralph Selitzer, *The Dairy Industry in America* (New York, 1976), p.99.

11. Jules Gouffé, *The Royal Book of Pastry and Confectionery* (London, 1874), pp.v-vi.

12. Ibid., p.vi.

13. Alexis Soyer, *The Gastronomic Regenerator* (London, 1847), p.628.

14. Raffald, *The Experienced English Housekeeper*, p.226.

15. Eliza Acton, *Modern Cookery in all Its Branches* (Philadelphia, PA, 1845), p.373.

16. Ibid., p.358. *The Oxford Companion to Food* (London, 1999), p.654에서, 로라 메이슨 (Laura Mason)에 따르면, 래터피어는 17세기와 18세기에 즐겨 마시던 술로, 코디얼 (cordial) 또는 브랜디를 베이스로 하며 보통 고편도로 향을 입혔다. 또한 마카롱처럼 생긴 비스킷 또는 쿠키를 지칭하기도 했는데, 이것 역시 고편도로 맛을 냈다. 이 과자에 '래터피어'라는 이름이 붙은 이유는 이들이 해당 술과 향이 비슷해서거나, 그 술과 함께 대접했기 때문으로 보인다.

17. Henriette Davidis, *German National Cookery for American Kitchens* (Milwaukee, WI, 1904), p.371.

18. T. Percy Lewis and A. G. Bromley, *The Victorian Book of Cakes* [1904] (New York, 1991), p.60.

19. Sam Sifton, 'The Melting Point', *New York Time Magazine* (New York, 2016), pp.28-9.

20. Marion Harland, *Breakfast, Luncheon and Tea* (New York, 1875), p.327.

21. Mrs A. B. Marshall, *Fancy Ices* (London, 1894), p.117.

22. Soyer, *The Gastronomic Regenerator*, p.495.

23. Theodore Francis Garrett, ed., *The Encyclopædia of Practical Cookery: A Complete Dictionary of all Pertaining to the Art of Cookery and Table Service* (London, 1898), p.157.

24. Ursula Heinzelmann, 'Oetker', in *The Oxford Companion to Sugar and Sweets*, ed. Darra Goldstein (New York, 2015), p.491.

25. Mrs Stephen Gilman, 'Election Cake (My Great Grandmother's, in Royal Baking Powder, Co., *My Favorite Receipt Co.* (New York, 1895), p.95.

26. Royal Baking Powder, Co., *My Favorite Receipt*, p.50.

27. 개인적인 연락, 2016.

28. A. A. Milne, *When We Were Very Young* (New York, 1992), p.48.

29. Urbain Dubois, *Artistic Cookery: A Practical System for the Use of the Nobility and Gentry and for Public Entertainments* (London, 1887), p.162.

30. Beeton, *The Book of Household Management*, Entry #1237.

31. Peter Brears, *Jellies and their Moulds* (Totnes, 2010), pp.121-3.

32. Michael Krondl, 'Baker's', in *The Oxford Companion to Sugar and Sweets*, p.45.

33. Alexandra Leaf, 'Chocolate, Post-Columbian', in *The Oxford Companion to Sugar and Sweets*, pp.144-7.

34. Maria Willett Howard, *Lowney's Cook Book* (Boston, MA, 1907), p.265, https://ia601406.us.archive.org, 2016년 6월 22일에 접속했다.

35. Francine Kirsch, 'Over the Top: The Extravagant Confectionery of J. M. Erich Weber', *Gastronomica*, IV (2004).

36. Lewis and Bromley, *The Victorian Book of Cakes*, p.51.

37. Frederick T. Vine, *Saleable Shop Goods for Counter-tray and Window: (Including 'Popular Penny Cakes'). A Practical Book for All in the Trade* (London, 1907), p.7.

38. Ibid., p.11.

39. Maria Parloa, *Miss Parloa's New Cook Book and Marketing Guide* (Boston, MA, 1880), p.iv.

40. Rare Book Division, The New York Public Library, 'dinner [held by] astor house [at] "[new york, ny]" (hotel)', *New York Public Library Digital Collections*, 1851-1859, http://digitalcollections.nypl.org, 2016년 6월 13일에 접속했다.

41. Rare Book Division, The New York Public Library, 'daily menu [held by] the granville [at] "st. lawrence-on-sea, thanet, england" (hot;)', *New York Public Library Digital*

Collections, 1886, http://digitalcollections.nypl.org/items, 2016년 6월 13일에 접속했다.

42. Rare Book Division, The New York Public Library. 'dinner [held by] [king leopold II of belgium and queen marie-henriette] [at] bruxelles (foreign;)', *New York Public Library Digital Collections*, 1894, http://digitalcollections.nypl.org/items, 2016년 6월 13일 접속했다.

5장 다채로운 케이크의 세계

1. Gillian Riley, *The Oxford Companion to Italian Food* (New York, 2001), pp.358-9.

2. William Woys Weaver, 'Gugelhupf', in *The Oxford Companion to Sugar and Sweets*, ed. Darra Goldstein (New York, 2015), pp.311-12.

3. Michael Krondl, 'Baba au rhum', in *The Oxford Companion to Sugar and Sweets*, p.41.

4. Michael Krondl, *Sweet Invention: A History of Dessert* (Chicago, IL, 2011), p.188.

5. Marcel Proust, *Remembrance of Things Past, trans. C. K. Scott Moncrieff and Terence Kilmartin* (New York, 1981), p.50.

6. Nicola Humble, *Cake: A Global History* (London, 2010), pp.42-3.

7. Trine Hahnemann, 'Scandinavia', in *The Oxford Companion to Sugar and Sweets*, pp.597-9.

8. Joyce Toomre, *Classic Russian Cooking: Elena Molokhovets' A Gift to Young Housewives* (Bloomington, IN, 1992), pp.406-7.

9. Ursula Heinzelmann, 'Black Forest Cake', in *The Oxford Companion to Sugar and Sweets*, p.65.

10. Anne Willan, 'France', in *The Oxford Companion to Sugar and Sweets*, pp.268-74.

11. Greg Patent, 'Chiffon Cake', in *The Oxford Companion to Sugar and Sweets*, p.131.

12. Barbara Wheaton, 'The Endangered Cuisinière Bourgeoise', in *Disappearing Foods*, ed. Harlan Walker, Oxford Symposium on Food and Cookery 1994 Proceedings (Blackawton, Devon, 1995), pp.221-6.

13. 진하고 촉촉한 케이크다. 나의 경우에는 맛을 고양시키기 위해 아몬드 농축액 반 티스푼을 추가하고 그 위에 굵은 설탕을 조금 뿌렸다. 그리고 밑바닥이 빠지는 20센티미터짜리 스프링폼 팬에 섭씨 175도로 1시간 50분 동안 구웠다.

14. Krondl, *Sweet Invention*, pp.286-94.

15. Celestine Eustis, *Cooking in Old Creole Days* (New York, 1903), p.82.

16. Carolyn Bánfalvi, *The Oxford Companion to Sugar and Sweets*, pp.223-4.

17. Greg Patent, 'Angel Food Cake', in *The Oxford Companion to Sugar and Sweets*, p.14.

18. 개인적인 연락, 2013.

19. Eric Rath, 'Japanese Baked Goods', in *The Oxford Companion to Sugar and Sweets*, pp.374-5.

20. Nina Simonds, ‘Mooncake’, in *The Oxford Companion to Sugar and Sweets*, pp.461-2.

21. ‘사는 이야기’ 코너의 ‘은밀한 수다’를 참고하라. http://archive.boston.com. 2016년 8월 6일에 접속했다.

22. Alan Davidson, *The Oxford Companion to Food* (Oxford, 1999), p.440.

23. Joseph Wechsberg, *The Cooking of Vienna's Empire* (New York, 1968), p.197.

24. Michael Krondl, *Sweet Invention*, p.252.

25. Alexis Soyer, *The Gastronomic Regenerator: A Simplified and Entirely New System of Cookery* (London, 1847), p.478.

26. Ibid., p.550.

27. Ibid., p.558.

28. Robert May, *The Accomplisht Cook or The Art and Mystery of Cookery* (London, 1685), p.238.

29. Amelia Simmons, *The First American Cookbook* [1796] (New York, 1958), p.34.

30. Geraldene Holt, ‘Icing’, in *The Oxford Companion to Sugar and Sweets*, pp.353-4.

31. Agnes Marshall, *Mrs A. B. Marshall's Cookery Book* (London, 1888), p.41.

32. Theodore Francis Garrett, *The Encyclopaedia of practical cookery: a complete dictionary of all pertaining to the art of cookery and table service: including original modern receipts for all kinds of dishes for general, occasional, and exceptional use, the making of every description of table confectionery, the home manufacture of wines, liqueurs, and table waters, the laying, decorating, and preparing of banquets, wedding breakfasts, luncheons, teas, celebration and ball suppers, picnics, garden- party refreshments, race and boating baskets, &c.: the care and good management of the cellar, butler's pantry, larder, ice rooms and chests, &c.* (London, 1898), pp.136-48.

33. Anastasia Edwards, ‘Biscuits, British’, in *The Oxford Companion to Sugar and Sweets*, pp.63-4.

34. Stuart and Jenny Payne, *Nicey and Wifey's Nice Cup of Tea and a Sit Down* (Bath, 2004), p.67.

35. University of Oxford Text Archive, https://ota.ox.ac.uk, 2016년 6월 15일에 접속했다.

36. Hannah Glasse, *The Art of Cookery Made Plain and Easy* [1796] (Hamden, CT, 1971), pp.200-260.

37. A Practical Housekeeper and Pupil of Mrs Goodfellow, *Cookery As It Should Be* (Philadelphia, PA, 1856), p.220.

38. Mrs D. A. Lincoln, *Mrs Lincoln's Boston Cook Book: What To Do and What Not To Do in Cooking* (Boston, MA, 1891), p.391.

39. Marion Harland, *Breakfast, Luncheon and Tea* (New York, 1875), pp.205-6.

40. *The New York Times* (3 May 1902), p.8, http://timesmachine.nytimes.com, 2016년 6월 21일에 접속했다.

41. Darra Goldstein, 'Implements of Eating', in *Feeding Desire: Design and The Tools of the Table, 1500-2005*, ed. Darra Goldstein (New York, 2006), p.139.

42. William C. Conant, 'The Silver Age', *Scribner's Monthly, An Illustrated Magazine for The People*, IX/2 (December 1874), pp.193-209, http://ebooks.library.cornell.edu, 2016년 5월 16일에 접속했다.

43. Goldstein, 'Implements of Eating', p.148.

44. Ibid., p.143.

45. Conant, 'The Silver Age', p.208.

46. Ibid.

6장 그렇게 세상은 디저트가 되었다

1. Darra Goldstein, 'Implements of Eating', in *Feeding Desire: Design and the Tools of the Table, 1500-2005* (New York, 2006), p.155.

2. Margery Wilson, *Pocket Book of Etiquette* (New York, 1937), cited in Arthur M. Schlesinger, *Learning How to Behave: A Historical Study of American Etiquette Books* (New York, 1946), p.62.

3. Schlesinger, *Learning How to Behave*, p.50.

4. A member of the royal staff, *The Private Life of King Edward VII (Prince of Wales, 1841-1901)* (New York, 1901), pp.257-8, https://books.google.com, 2016년 7월 5일에 접속했다.

5. Lady Jekyll, DBE, *Kitchen Essays* (London, 1969), p.135.

6. Emily Post, *Etiquette: 'The Blue Book of Social Usage'* (New York, 1937), pp.242-3.

7. Ibid., p.779.

8. Ibid., pp.817-23.

9. Ibid., p.261.

10. Emily Post, *Etiquette in Society, in Business, in Politics and at Home* (New York, 1922), pp.207-8.

11. Irma S. Rombauer and Marion Rombauer Backer, *Joy of Cooking* (New York, 1975), pp.760-61.

12. Alice Bradley, *Electric Refrigerator Menus and Recipes* (Cleveland, OH, 1927), p.40.

13. Elizabeth David, *Syllabubs and Fruit Fools* (London, 1971), p.11.

14. Alice B. Toklas, *The Alice B. Toklas Cook Book* (New York, 1984), pp.203-6.

15. Ibid., p.218.

16. Ibid., p.3.

17. M.F.K. Fisher, 'How to Cook a Wolf', in *The Art of Eating* (New York, 1990), p.203.

18. Wendell Sherwood Arbuckle, *Ice Cream* (Westport, CT, 1966), pp.6-7.

19. Carolyn Wyman, *JELL-O: A Biography* (New York, 2001), pp.44-5.

20. Laura Shapiro, *Something from the Oven: Reinventing Dinner in 1950s America* (New York, 2004), p.64.

21. '사는 이야기' 코너의 '은밀한 수다'를 참고하라. http://archive.boston.com, 2016년 8월 6일에 접속했다.

22. *Better Homes and Gardens Dessert Cook Book* (New York, 1960), p.144.

23. Ibid., p.118.

24. Ibid., p.125.

25. 믹스제품에 대해서는 이매큘레이트 베이킹사의 웹사이트를 참조하라. www.immacu-latebaking.com, 2016년 8월 20일에 접속했다.

26. Miss Jones Baking CO, www.missjones.co/recipes, 2016년 8월 16일에 접속했다.

27. Simone Beck, Louisette Bertholle and Julia Child, *Mastering the Art of French Cooking* (New York, 1963), pp.vii-viii.

28. Ibid., P.X.

29. Joseph Wechsberg, 'Profiles: La Nature des Choses', *New Yorker* (28 July 1975), p.34.

30. Anne Willan, 'After Nouvelle: The Changing Look in France', *Monthly Magazine of Food and Wine* (January 1982), p.16.

31. Raymond Sokolov, 'A Tasteful Revolution', *Natural History* (July 1983), p.83.

32. *Anthony Bourdain: No Reservations*, Season 4, Episode 17, 'Spain' (18 August 2008).

33. 'Carrot, Orange and Mango Spheres with Rose Crystals', www.molecularrecipes.com, 2016년 8월 16일에 접속했다.

34. Mary B. Davis, '"Invisible" Frozen Sweet Goods Sales on Rise in French Catering Sector', *Quick Frozen Foods International* (April 2001).

35. 'Boncolac sas', *European Food Journal*, www.european-food-journal.com, 2016년 8월 14일에 접속했다.

36. Dianne's Fine Desserts, http://diannesfinedesserts.com, 2016년 8월 14일에 접속했다.

37. The Dessert Company, http://thedessertcompany.co.uk, 2016년 8월 14일에 접속했다.

38. Roy Strong, *Feast: A History of Grand Eating* (New York, 2002), p.197.

39. York Avenue, 'U. P.: An Eight Course Dessert Tasting with Dominique Ansel', http://yorkavenueblog.com, 2016년 8월 16일에 접속했다.

40. 'William Curley Master Class: Fôret Noire', www.youtube.com, 2016년 8월 13일에 접속했다.

41. Carlos Barrachina, ed., 'Savoir-faire and Something Else', *So Good … The Magazine of Haute Pâtisserie* (July 2016), pp.150-59.

42. 이메일을 통한 개인적인 연락, 2016.

참고문헌

A Member of the Royal Household, *The Private Life of King Edward VII (Prince of Wales, 1841-1901)* (New York, 1901)

Alcott, Louisa May, *Little Women* (New York, 1962)

Anonymous, *A Closet for Ladies and Gentlewomen; or, The Art of Preserving, Conserving, and Candying* (London, 1611)

Anonymous, *Better Homes and Gardens Dessert Cook Book* (New York, 1960)

Anonymous, *The Compleat Cook: Expertly prescribing the most ready ways, whether Italian, Spanish, or French, For dressing of Flesh, and Fish, ordering of Sauces or making of Pastry* (London, 1659)

Anonymous, *Good Huswifes Handmaide, for the Kitchin* (London, 1594)

Anonymous, *The Whole Duty of a Woman; or, an Infallible Guide to the Fair Sex* (London, 1737)

Arbuckle, Wendell Sherwood, *Ice Cream* (Westport, CT, 1966)

Arndt, Alice, ed., *Culinary Biographies* (Houston, TX, 2006)

Artusi, Pellegrino, *Science in the Kitchen and the Art of Eating Well*, trans. Murtha Baca and Stephen Sartarelli (Toronto, 2004)

Atkinson, Kate, *Life After Life* (New York, 2013)

Banerji, Chitrita, *Eating India: An Odyssey into the Food and Culture of the Land of Spices* (New York, 2007)

Beck, Simone, Louisette Bertholle and Julia Child, *Mastering the Art of French Cooking* (New York, 1963)

Beeton, Isabella, *The Book of Household Management* (London, 1861)

Bradley, Alice, *Electric Refrigerator Menus and Recipes* (Cleveland, OH, 1927)

Brears, Peter, *Food and Cooking in 17th Century Britain: History and Recipes* (Birmingham, 1985)

———, *Jellies and Their Moulds* (Blackawton, Devon, 2010)

Briffault, Eugene, *Paris à table* (Paris, 1846)

Brontë, Charlotte, *Shirley* (London, 1993)

Brown, Peter, and Ivan Day, *Pleasures of the Table: Ritual and Display in the European Dining Room, 1600–1900* (York, 1997)

Bunyard, Edward A., *The Anatomy of Dessert: With a Few Notes on Wine* (New York, 2006)

Carter, Charles, *The Compleat City and Country Cook: or Accomplish'd Housewife* (London, 1732)

Chambers, Ephraim, *Cyclopaedia: Or an Universal Dictionary of Arts and Sciences* (London, 1741)

Clarkson, Janet, *Pie: A Global History* (London, 2009)

Cobb, Irvin, *This is My Best* (New York, 1942)

Coffin, Sarah D., ed., *Feeding Desire: Design and the Tools of the Table, 1500–2005* (New York, 2006)

Colquhoun, Kate, *Taste: The Story of Britain Through Its Cooking* (New York, 2007)

Crossley-Holland, Nicole, *Living and Dining in Medieval Paris* (Cardiff, 1996)

Cuming, H. Syer, 'Syllabub and Syllabub-vessels', in *Journal of the British Archeological Association*, XLVII (London, 1891)

Davidis, Henriette, *German National Cookery for American Kitchens* (Milwaukee, WI, 1904)

Davidson, Alan, *The Oxford Companion to Food* (Oxford, 1999)

Davidson, Alan and Jane, trans., *Dumas on Food: Recipes and Anecdotes from the Classic Grand Dictionnaire de Cuisine* (Oxford, 1987)

Dawson, Thomas, *The Good Huswifes Jewell* (London, 1587)

Dickens, Charles, *Pictures from Italy* (Boston, MA, 1868)

Digby, Sir Kenelme, *The Closet of the Eminently Learned Sir Kenelme Digby Kt. Opened* (London, 1671)

Dubois, Urbain, *Artistic Cookery: A Practical System for the Use of the Nobility and Gentry and for Public Entertainments* (London, 1887)

Eales, Mary, *Mrs Mary Eales's Receipts* (London, 1985)

Earle, John, *Microcosmography; or, A Piece of the World Discovered; in Essays and Characters* (London, 1811)

Emy, M., *L'Art de bien faire les glaces d'office* (Paris, 1768)

Eustis, Celestine, *Cooking in Old Creole Days* (New York, 1903)

Field, Elizabeth, *Marmalade: Sweet and Savory Spreads for a Sophisticated Taste* (Philadelphia, PA, 2012)

Fisher, M.F.K., *The Art of Eating* (New York, 1990)

Flandrin, Jean-Louis, *Arranging the Meal: A History of Table Service in France* (Berkeley, CA, 2007)

Florio, John, *A Worlde of Wordes; or, Most Copious, and Exact Dictionarie in English and Italian* (London, 1598)

_____, *Queen Anna's New World of Words; or, Dictionarie of the Italian and English Tongues* (London, 1611)

Garrett, Theodore Francis, ed., *The Encyclopædia of Practical Cookery: A Complete Dictionary of all Pertaining to the Art of Cookery and Table Service* (London, 1898)

Glasse, Hannah, *The Art of Cookery Made Plain and Easy* (Hamden, CT, 1971)

Goethe, Johann Wolfgang von, *Italian Journey*, trans. Robert R. Heitner (New York, 1989)

Goldstein, Darra, *Fire and Ice* (New York, 2015)

_____, ed., *The Oxford Companion to Sugar and Sweets* (New York, 2015)

Gouffé, Jules, *The Royal Book of Pastry and Confectionery* (London, 1874)

Hall, T., *The Queen's Royal Cookery* (London, 1713)

Harland, Marion, *Breakfast, Luncheon and Tea* (New York, 1875)

Heinzelmann, Ursula, *Beyond Bratwurst: A History of Food in Germany* (London, 2014)

Hess, Karen, *Martha Washington's Booke of Cookery* (New York, 1981)

Heywood, Thomas, *The Fair Maid of the West* (London, 1631)

Hieatt, Constance B. and Sharon Butler, eds, *Curye on Inglysch: English Culinary Manuscripts of the Fourteenth Century (Including The Forme of Cury)* (London, 1985)

Holme, Randle, *The Academy of Armory* (Chester, England, 1688) at Early English Books Online, http://quod.lib.umich.edu

Holmes, Oliver Wendell, *Elsie Venner: A Romance of Destiny* (Boston, MA, 1891)

Howard, Maria Willett, *Lowney's Cook Book* (Boston, MA, 1907)

Humble, Nicola, *Cake: A Global History* (London, 2010)

Işin, Mary, *Sherbet and Spice: The Complete Story of Turkish Sweets and Desserts* (London, 2013)

Jekyll, Lady Agnes, *Kitchen Essays* (London, 1969)

Johnston, Mireille, *The Cuisine of the Sun* (New York, 1979)

Kelly, Ian, *Cooking for Kings: The Life of the First Celebrity Chef* (New York, 2003)

Keoleian, Ardashes H., *The Oriental Cook Book: Wholesome, Dainty and Economical Dishes of the Orient, especially adapted to American Tastes and Methods of Preparation* (New York, 1913)

Kinney, Holly Arnold, *Shinin' Times at the Fort* (Morrison, CO, 2010)

Krondl, Michael, *Sweet Invention: A History of Dessert* (Chicago, IL, 2011)

Latini, Antoni, *Lo scalco alla moderna* (Milan, 1993)

Laudan, Rachel, *Cuisine and Empire: Cooking in World History* (Berkeley, CA, 2013)

Levene, Alysa, *Cake: A Slice of History* (New York, 2016)

Lewis, T. Percy, and A. G. Bromley, *The Victorian Book of Cakes* (New York, 1991)

Lincoln, Mrs D. A., *Mrs Lincoln's Boston Cook Book: What To Do and What Not To Do in Cooking* (Boston, MA, 1891)

Markham, Gervase, *The English Housewife* (London, 1631)

Marshall, Agnes, *Mrs A. B. Marshall's Cookery Book* (London, 1888)

Martin, Meredith, *Dairy Queens: The Politics of Pastoral Architecture from Catherine de Medici to Marie-Antoinette* (Cambridge, MA, 2011)

Massialot, François, *The Court and Country Cook* (London, 1702)

May, Robert, *The Accomplisht Cook; or, the Art and Mystery of Cookery* (London, 1685)

Montanari, Massimo, *Cheese, Pears, and History in a Proverb* (New York, 2008)

Moss, Sarah, and Alexander Badenoch, *Chocolate: A Global History* (London, 2009)

Nasrallah, Nawal, *Delights from the Garden of Eden: A Cookbook and a History of the Iraqi Cuisine* (Bloomington, IN, 2004)

Parloa, Maria, *Miss Parloa's New Cook Book and Marketing Guide* (Boston, MA, 1880)

_____, *Miss Parloa's Young Housekeeper* (Boston, MA, 1894)

Payne, Stuart and Jenny, *Nicey and Wifey's Nice Cup of Tea and a Sit Down* (Bath, 2004)

Post, Emily, *Etiquette: 'The Blue Book of Social Usage'* (New York, 1937)

_____, *Etiquette in Society, in Business, in Politics, and at Home* (New York, 1922)

Power, Eileen, *The Goodman of Paris* (New York, 1928)

Proust, Marcel, *Remembrance of Things Past*, trans. C. K. Scott Moncrieff and Terence Kilmartin (New York, 1981)

Rabisha, William, *The Whole Body of Cookery Dissected, Taught, and fully manifested Methodically, Artificially, and according to the best Tradition of the English, French, Italian, Dutch, &c.* (London, 1673)

Raffald, Elizabeth, *The Experienced English Housekeeper* (Lewes, 1997)

Ramsay, Mrs W. M., *Every-day Life in Turkey* (London, 1897)

Reed, Marcia, ed., *The Edible Monument: The Art of Food for Festivals* (Los Angeles, CA, 2015)

Richardson, *Tim, Sweets: A History of Candy* (New York and London, 2002)

Riley, Gillian, *The Oxford Companion to Italian Food* (New York, 2001)

Robertson, Helen, Sarah MacLeod and Frances Preston, *What Do We Eat Now: A Guide to Wartime Housekeeping* (New York, 1942)

Roca, Jordi, *The Desserts of Jordi Roca* (New York, 2015)

Rombauer, Irma S., and Marion Rombauer Backer, *Joy of Cooking* (New York, 1975)

Routhier, Nicole, *Foods of Vietnam* (New York, 1989)

Royal Baking Powder Co., *My Favorite Receipt* (New York, 1895)

Saberi, Helen, and Alan Davidson, *Trifle* (Blackawton, Devon, 2001)

Sala, George, *The Thorough Good Cook* (London, 1895)

Schlesinger, Arthur M., *Learning How to Behave: A Historical Study of American Etiquette Books* (New York, 1946)

Scott, Sir Walter, *The Journal of Sir Walter Scott* (New York, 1891)

Scully, Terence, ed. and trans., *Chiquart's 'On Cookery': A Fifteenth-century Savoyard Culinary Treatise* (New York, 1986)

_____, *The Neapolitan Recipe Collection* (Ann Arbor, MI, 2000)

_____, *The Viandier of Taillevent* (Ottawa, 1988)

Selitzer, Ralph, *The Dairy Industry in America* (New York, 1976)

Shapiro, Laura, *Something from the Oven: Reinventing Dinner in 1950s America* (New York, 2004)

Simmons, Amelia, *American Cookery* (Hartford, CT, 1798)

_____, *The First American Cookbook* (New York, 1958)

Solomon, Charmaine, *The Complete Asian Cookbook* (South Yarra, Australia, 1982)

Soyer, Alexis, *The Gastronomic Regenerator: A Simplified and Entirely New System of Cookery, With Nearly Two Thousand Practical Receipts Suited to the Income of All Classes* (London, 1847)

_____, *The Modern Housewife or Ménagère* (London, 1851)

Spencer, Colin, *British Food: An Extraordinary Thousand Years of History* (London, 2001)

Stefani, Bartolomeo, *L'arte di ben cucinare, et instruire* (Mantua, 1662)

Strong, Roy, *Feast: A History of Grand Eating* (New York, 2002)

Toklas, Alice B., *The Alice B. Toklas Cook Book* (New York, 1984)

Toomre, Joyce, *Classic Russian Cooking: Elena Molokhovets' A Gift to Young Housewives* (Bloomington, IN, 1992)

Tuer, Andrew W., *Old London Street Cries* (London, 1885)

Twain, Mark, *Life on the Mississippi* (New York, 2000)

Vehling, Joseph Dommers, *Apicius: Cookery and Dining in Imperial Rome* (New York, 1977)

Vine, Frederick T., *Ices: Plain and Decorated* (London, [1900?])

_____, *Saleable Shop Goods for Counter-tray and Window: (Including 'Popular Penny Cakes'). A Practical Book for All in the Trade* (London, 1907)

Walker, Harlan, ed., *Disappearing Foods: Proceedings of the 1994 Oxford Symposium on Food and Cookery* (Blackawton, Devon, 1995)

_____, *Milk: Beyond the Dairy: Proceedings of the 1999 Oxford Symposium on Food and Cookery* (Devon, 2000)

Wechsberg, Joseph, *The Cooking of Vienna's Empire* (New York, 1968)

Wheaton, Barbara Ketcham, *Savouring the Past: The French Kitchen and Table from 1300 to 1789* (London, 1983)

Wilcox, Estelle Woods, *Buckeye Cookery: With Hints on Practical Housekeeping* (Minneapolis, MN, 1881)

Willan, Ann, with Mark Cherniavsky and Kyri Claflin, *The Cookbook Library* (Berkeley, CA, 2012)

Wilson, C. Anne, ed., *Banquetting Stuffe: The Fare and Social Background of the Tudor and Stuart Banquet* (Edinburgh, 1991)

Woloson, Wendy, *Refined Tastes: Sugar, Confectionery, and Consumers in Nineteenth-century America* (Baltimore, md, 2002)

Woolley, Hannah, *The Queene-like Closet or Rich Cabinet: Stored with All Manner of Rare Receipts for Preserving, Candying and Cookery. Very Pleasant and Beneficial to all Ingenious Persons of the Female Sex* (London, 1684)

Wyman, Carolyn, JELL-O: *A Biography* (New York, 2001)

Young, Arthur, *Travels during the Years 1787, 1788, and 1789, Undertaken more particularly with a View of ascertaining the Cultivation, Wealth, Resources, and National Prosperity of the Kingdom of France* (Dublin, 1793)

Young, Carolin C., *Apples of Gold in Settings of Silver: Stories of Dinner as a Work of Art* (New York, 2002)

Younger, William, *Gods, Men, and Wine* (Cleveland, OH, 1966)

정기간행물

Addison, Joseph, *The Tatler*, 148 (1709)

Barrachina, Carlos, ed., 'Savoir-faire and Something Else', *So Good ... The Magazine of Haute Pâtisserie* (July 2016)

Conant, William C., 'The Silver Age', *Scribner's Monthly, An Illustrated Magazine for The People*, IX/2 (December 1874)

Davis, Mary B., '"Invisible" Frozen Sweet Goods Sales on Rise in French Catering Sector', *Quick Frozen Foods International* (April 2001)

Eigeland, Tor, 'Arabs, Almonds, Sugar and Toledo', *Saudi Aramco World* (May/June 1996)

Kirsch, Francine, 'Over the Top: The Extravagant Confectionery of J. M. Erich Weber', in *Gastronomica: The Journal of Food and Culture* (2004)

Sifton, Sam, 'The Melting Point', *New York Times Magazine* (2016)

Sokolov, Raymond, 'A Tasteful Revolution', *Natural History* (July 1983)

Wechsberg, Joseph, 'Profiles: La Nature des Choses', *The New Yorker* (28 July 1975)

Willan, Anne, 'After Nouvelle: The Changing Look in France', *Monthly Magazine of Food and Wine* (January 1982)

Whitaker, Ashlee, 'Dairy Culture: Industry, Nature and Liminality in the Eighteenth-century English Ornamental Dairy', *All Theses and Dissertations*, Paper 1327 (2008), http://scholarsarchive.byu.edu.

소책자

Auto Vacuum Frozen Dainties (New York, c. 1910)

David, Elizabeth, *Syllabubs and Fruit Fools* (London, 1971)

웹사이트

Boston.com 'Your Life'
http://archive.boston.com

The Dessert Company
http://thedessertcompany.co.uk

Dianne's Fine Desserts
http://diannesfinedesserts.com

European Food Journal
www.european-food-journal.com

Feeding America
http://digital.lib.msu.edu/projects/cookbooks/index.cfm

Immaculate, Honestly Delicious
www.immaculatebaking.com

Ivan Day, 'Syllabub Revisited and Sugar Plumb Theories'
http://foodhistorjottings.blogspot.co.uk

Miss Jones Baking Co.
www.missjones.co/recipes

Molecularrecipes.com
www.molecularrecipes.com

The National Trust
www.nationaltrust.org.uk

New York Times archive
https://timesmachine.nytimes.com/browser

Rare Book Division, The New York Public Library
http://digitalcollections.nypl.org

University of Oxford Text Archive
http://ota.ox.ac.uk

'William Curley Master Class — Fôret Noire — You Tube'
www.youtube.com

York Avenue, U. P.: An Eight Course Dessert Tasting with Dominique Ansel
http://yorkavenueblog.com

찾아보기

디저트의 모험

달콤하고 황홀한 해피엔딩의 인문학

1판 1쇄 펴냄 2019년 4월 5일
1판 4쇄 펴냄 2024년 5월 5일

지은이   제리 퀸지오
옮긴이   박설영
편집   안민재
디자인   어쩜(표지), 한향림(본문)
제작   세걸음

펴낸곳   프시케의숲
펴낸이   성기승
출판등록   2017년 4월 5일 제406-2017-000043호
주소   (우)10874, 경기도 파주시 책향기로 371, 상가 204호
전화   070-7574-3736
팩스   0303-3444-3736
이메일   pfbooks@pfbooks.co.kr
SNS   @PsycheForest

ISBN   979-11-89336-05-9   03900

이 도서의 국립중앙도서관 출판시도서목록CIP은
서지정보유통지원시스템 홈페이지 http://seoji.nl.go.kr와
국가자료공동목록시스템 http://www.nl.go.kr/kolisnet에서 이용하실 수 있습니다.
CIP제어번호: 2019009796